本书受国家社科基金(项目名称"民营企业董事会多元化的治理有效性研究",编号 17BGL080)资助

国家社科基金丛书
GUOJIA SHEKE JIJIN CONGSHU

民营企业董事会多元化的治理有效性研究

A Research on the Governance Effectiveness of Diversification of
Board of Directors in Private Enterprises

魏 锋 著

人民出版社

目　　录

绪　　论

第一节　研究问题及背景

一、研究问题

民营经济作为我国国民经济的重要组成部分,其健康发展直接关系到我国经济能否在全球经济低迷的急流旋涡中保持中高速增长。民营企业作为民营经济的重要组成部分,是社会主义市场经济的核心主体,是社会主义市场经济制度的重要实践者。民营经济在过去 40 年中取得了从"0"到"56789"的伟大成就。1978 年以前,个体经济零星存在,私营经济被禁止发展;现如今,民营企业贡献了中国经济的"56789",即 50% 以上的税收、60% 以上的 GDP、70% 以上的技术创新成果、80% 以上的城镇劳动就业、90% 以上的企业数量。但是,伴随经济全球化、技术创新的加速化以及竞争手段的现代化,我国民营企业的集权化领导和专制式决策等家族式管理却成为限制其可持续发展的制度因素。[①] 与发达国家的"百年老店"企业相比,我国民营企业的平均寿命短、猝死率高。[②] 因此,如何完善我国民营企业的治理结构,为民营企业可持续发

[①]　陈凌、王萌、朱建安:《中国家族企业的现代转型——第六届"创业与家族企业成长"国际研讨会侧记》,《管理世界》2011 年第 4 期。

[②]　章丽厚:《中国民营企业可持续性发展的实证研究——基于上市公司的数据》,南京航空航天大学博士学位论文,2009 年。

展提供相应的制度保障,就成为当前理论研究和具体实践中亟须关注和解决的一个重要问题。

《中共中央关于建立社会主义市场经济体制若干问题的决定》指出,鼓励有条件的民营企业建立现代企业制度。现代企业制度的核心是规范的公司治理结构,而董事会是公司治理的核心。因此,构建科学、有效的董事会是践行党和政府决定,破解我国民营企业治理困境和实现民营企业可持续发展的关键。学术界对董事会治理有效性的讨论在不断演变,从注重独立性到注重能力,再到注重承诺进而到现在的多元化。① 董事会多元化是董事会成员个体的性别、种族等社会背景以及教育、经验等职业背景的不同组合,虽然现有研究对董事会多元化特征进行了不同维度的考察,但学术界对下述问题尚未形成统一的认识:在我国民营企业董事会多元化过程中,不同背景董事组合的多元化是如何形成的? 哪些因素决定了这些多元化特征? 这些多元化能否影响以及如何影响企业的财务绩效、社会责任绩效以及创新绩效? 其作用机制是什么? 因此,本书拟对我国民营企业董事会多元化的治理有效性进行研究。

二、研究背景

(一)现实背景

改革开放四十多年来,民营企业在推动发展、促进创新、增加就业、改善民生和扩大开放等方面发挥了不可替代的作用。民营经济现已成为我国公有制为主体、多种所有制经济共同发展的重要组成部分。党的十五大把"公有制为主体、多种所有制经济共同发展"确立为我国的基本经济制度,明确提出"非公有制经济是我国社会主义市场经济的重要组成部分"。党的十六大提出"毫不动摇地巩固和发展公有制经济""毫不动摇地鼓励、支持和引导非公

---

① 陈德球、杨佳欣:《董事会多元化与公司治理效率问题研究》,《甘肃社会科学》2013年第5期。

有制经济发展"。党的十八大进一步提出"毫不动摇鼓励、支持、引导非公有制经济发展,保证各种所有制经济依法平等使用生产要素、公平参与市场竞争、同等受到法律保护"。党的十八届三中全会提出,公有制经济和非公有制经济都是社会主义市场经济的重要组成部分,都是我国经济社会发展的重要基础。党的十九大把"两个毫不动摇"写入新时代坚持和发展中国特色社会主义的基本方略。2019 年 12 月 4 日,中共中央、国务院《关于营造更好发展环境支持民营企业改革发展的意见》从优化公平竞争的市场环境、完善精准有效的政策环境、健全平等保护的法治环境、鼓励引导民营企业改革创新、促进民营企业规范健康发展、构建亲清政商关系、组织保障等七个方面提出了具体意见。2020 年 5 月 11 日,中共中央、国务院《关于新时代加快完善社会主义市场经济体制的意见》指出,要营造支持非公有制经济高质量发展的制度环境。2020 年 5 月 22 日,李克强总理代表国务院在十三届全国人大三次会议上作的《政府工作报告》中进一步强调,优化民营经济发展环境。经过中共中央和国务院的一系列政策部署,民营经济迎来大发展的春天,已经成为推动我国发展不可或缺的中坚力量。

　　然而,民营企业在发展过程中也面临一些比较突出的问题,正如习近平总书记于 2018 年 11 月 1 日在民营企业座谈会上的讲话中指出的,这些问题既包括市场环境等外部因素,也包括不健全的公司治理结构等内部因素。首先,企业面临严峻的外部市场环境。由于市场环境的不确定性,企业经营过程中面临较大战略风险。同时,金融市场有待健全,信贷歧视严重,导致企业外部融资成本较高,进而融资约束成为企业战略决策的关键约束问题。其次,民营企业存在自身治理结构不健全的问题。民营企业管理层和大股东身份常常重合,经营权和所有权没有分离。[1] 在"一股独大"的股权结构下,民营企业通常形成以家族为中心的任人唯亲的高管文化。公司实际控制人凭借持股优势,能在公司董

---

[1] Jiang, Fuxiu and Kim, Kenneth A., "Corporate Governance in China: A Modern Perspective", *Journal of Corporate Finance*, 32, 2015, pp. 190-216.

事的选举以及高级经理人任命中掌握股东大会表决结果。因此,企业决策过程中"一言堂"现象屡见不鲜。① 此外,国有企业股权激励和薪酬激励受到明显政府干预,相比之下,民营企业内部股权和薪酬激励较少受到政府干预和约束,②进而高管激励更多取决于董事会和股东决策。综上,在外部治理环境一定的情况下,如何通过完善公司治理机制帮助企业缓解"三座大山"是研究的重点。

董事会作为公司决策的核心机构,其结构的完善有助于企业改进公司治理机制。为了从董事会层面提高公司治理机制,笔者对国内外企业的董事会的现状进行分析。总体来说,董事会正在呈现出多元化趋势。中国民营企业董事会多元化的公司现状如表 0.1 所示。据统计,民营上市公司中至少存在一名女性董事、50 岁以下年龄、硕士以上学历、海外背景、多个职业背景经验、学术背景、政府背景以及连锁背景的比例分别为 73.44%、98.99%、69.81%、45.79%、96.13%、91.91%、75.96%以及 93.97%。进一步观察发现,董事会中女性、教育背景、海外背景、职能背景、学术背景、连锁背景的占比逐年上升。在这一形势背景下,国内已经开始有部分学者尝试将董事会多元化作为对象展开研究,但是大多针对单个指标进行,较少全面考虑相关背景特征的综合影响。

表 0.1　2008—2016 年民营企业拥有多特征董事的上市公司分布

	2008	2009	2010	2011	2012	2013	2014	2015	2016	总体
Obs	309	357	474	536	574	594	654	730	843	5071
Gender%	66.99	70.31	74.47	73.51	72.65	72.39	73.55	74.93	76.39	73.44
Gender	207	251	353	394	417	430	481	547	644	3724
Age%	100.00	100.00	100.00	99.63	99.13	98.99	98.62	98.36	97.98	98.99
Age	309	357	474	534	569	588	645	718	826	5020
Degree%	62.78	64.99	67.51	68.66	68.99	70.03	71.71	72.47	73.07	69.81
Degree	194	232	320	368	396	416	469	529	616	3540

---

① 马云飙、石贝贝、蔡欣妮:《实际控制人性别的公司治理效应研究》,《管理世界》2018 年第 7 期。

② 付强、扈文秀、康华:《股权激励能提高上市公司信息透明度吗?——基于未来盈余反应系数的分析》,《经济管理》2019 年第 3 期。

	2008	2009	2010	2011	2012	2013	2014	2015	2016	总体
Oversea%	37.86	43.14	43.46	42.35	42.16	44.44	45.57	50.82	52.55	45.79
Oversea	117	154	206	227	242	264	298	371	443	2322
Function%	93.53	93.84	95.36	95.15	95.64	95.62	96.79	97.95	97.75	96.13
Function	289	335	452	510	549	568	633	715	824	4875
Academic%	88.35	88.52	89.24	91.98	92.68	92.26	91.90	93.84	93.71	91.91
Academic	273	316	423	493	532	548	601	685	790	4661
Government%	85.11	84.87	86.29	86.01	83.97	84.68	78.75	57.95	58.48	75.96
Government	263	303	409	461	482	503	515	423	493	3852
Interlock%	93.85	93.56	90.30	93.28	93.38	92.93	94.50	95.21	96.32	93.97
Interlock	290	334	428	500	536	552	618	695	812	4765

注:Gender:存在至少一名女性董事;Gender%:存在至少一名女性董事占比;依次类推董事会 8 个指标。其中,Age:存在至少一名董事年龄低于 50 岁;Academic:存在至少一名学术背景董事;Dergree:存在至少一名硕士及以上学历董事;Oversea:存在至少一名海外背景董事;Government:存在至少一名政府背景董事;Function:存在至少一名同时具有两个职业背景董事;Interlock:存在至少一名连锁背景董事。

总而言之,面对民营企业内外部治理现状,如何通过董事会改善公司治理机制提高企业经济绩效已经成为学术界和政府关心的重点话题。本书从董事会多元化出发,通过对董事会多元化治理效率的研究发现其对企业绩效的影响。本书旨在为民营企业可持续发展提供新的公司治理路径,并且为董事会多元化的建议提供证据支持。

(二)理论背景

近二十年来,公司治理研究焦点已经从公司高管团队转向公司董事会。[①]董事会代表着股东的利益,是公司治理机制的核心。随着独立董事制度的引入,学术界对董事会是否能发挥有效治理效应进行了一系列研究。独立董事的相关研究主要是基于代理理论。研究普遍认为,独立董事是股东利益的监督

---

① Melsa Ararat, Mine Aksu and Ayse Tansel Cetin, "How Board Diversity Affects Firm Performance in Emerging Markets: Evidence on Channels in Controlled Firms", *Corporate Governance: An International Review*, 23(2), 2015, pp. 83-103.

者,可以减轻代理问题,因此独立董事的存在对提高决策制定过程以及履行监管和监督职能是必要的。当企业内部大股东和中小股东的代理问题严重时,增加独立董事的提名,将会给外部投资者提供积极的信号。① 并且,独立董事会发挥有价值的监督作用,正面影响公司的盈利能力和经营业绩。② 但是,由于研究样本的背景特征不同,对独立董事的经济效应研究尚未得出一致结论。部分研究表明,独立董事可能仅是流于形式,不能很好地发挥监督作用。萧维嘉等(2009)发现当企业存在大股东的时候,公司董事会构成受到大股东控制,从而使得独立董事制度流于形式,对企业业绩并没有影响。此外,曲亮等(2014)研究发现独立董事制度并没有发挥预期的公司治理效应,对企业长期绩效没有影响。

由于独立董事研究结果的不一致性,学术界开始从董事会能力特征角度入手分析董事会治理机制。现有研究中董事会能力主要分为专业能力以及关系能力。学术界认为,董事会的专业能力是指董事会所带来的人力资本,包括专业知识、技能和经验等;其关系能力则指董事所拥有的社会关系网络及其在团队内部的协调能力。由于董事会作为决策者,其能力将影响企业战略决策承诺,因此学术界开始关注董事会对企业治理的承诺效应。主要表现为董事会的独立性对决策和监督的有效性,给投资者以投资信心;③女性董事的存在将会提高企业盈余管理质量以及报告披露的可靠性。④

但是,董事会由不同的人构成,因此董事会群体产生重要影响将深层次追溯到董事会成员的属性特征。自此,学术界逐渐关注董事会成员的多元化。董

---

① Isabel Acero and Nuria Alcalde,"Controlling Shareholders and the Composition of the Board: Special Focus on Family Firms",*Review of Managerial Science*,10(1),2016,pp. 61-83.

② Anzhela Knyazeva,Diana Knyazeva,Ronald W.Masulis,"The Supply of Corporate Directors and Board Independence",*Review of Financial Studies*,26(6),2013,pp. 1561-1605.

③ Isabel Acero and Nuria Alcalde,"Controlling Shareholders and the Composition of the Board: Special Focus on Family Firms",*Review of Managerial Science*,10(1),2016,pp. 61-83.

④ Jin-hui Luo,Yuangao Xiang and Zeyue Huang,"Female Directors and Real Activities Manipulation:Evidence from China",*China Journal of Accounting Research*,10(02),2017,pp. 141-166.Maretno Harjoto,Indrarini Laksmana and Robert Lee,"Board Diversity and Corporate Social Responsibility",*Journal of Business Ethics*,132(4),2015,pp. 641-660.

事会多元化的研究始于性别多元化。2002 年 2 月,挪威政府颁布了一项立法建议,旨在实现上市公司董事会女性占比 40%的目标,并规定该法于 2005 年生效。① 随后,西班牙、芬兰、冰岛、南非和瑞士等国家对企业的女性董事比例也有相应的具体配额要求。基于此,大量实证研究为董事会性别多元化积极促进企业经济行为提供证据支持。另外,董事会多元化的视角从性别逐渐扩展开来,包括种族、教育背景、社会网络关系背景等特征。已有学者大多依托资源依赖理论和代理理论分析董事会多元化。资源依赖理论认为多元化的董事人才将会为企业提供更多的资源;代理理论认为董事会代表股东监督管理层,多元化的董事会提高董事会的监督职能。可见,多元化董事会增强公司治理的有效性。同时,部分研究将两个理论整合起来全面分析董事会的治理效应,②避免单个理论分析的片面性。董事会多元化成为董事会治理研究的焦点。

　　目前,董事会多元化的治理作用被广泛研究,但是尚未得出一致的结论。一方面,董事会多元化可以提升企业经营绩效、促进企业创新、提升企业社会责任披露水平;③另一方面,董事会多元化带来的决策冲突等成本也将降低企业绩效、阻碍企业创新策略的制定以及降低企业社会责任披露的积极性。在董事会治理效应层面上,董事会多元化会提高企业股利支付、降低代理成本、提升董事会监督职能、促进企业战略变革、降低企业风险、获得机构投资者偏好以及为高

　　① Mariateresa Torchia, Andrea Calabro and Morten Huse, "Women Directors on Corporate Boards: From Tokenism to Critical Mass", *Journal of Business Ethics*, 102(2), 2011, pp. 299–317.

　　② Amy J. Hillman and Thomas Dalziel, "Boards of Directors and Firm Performance: Integrating Agency and Resource Dependence Perspectives", *Academy of Management Review*, 28(3), 2003, pp. 383–396. Maria Camila De-La-Hoz, Carlos Pombo and Rodrigo Taborda, "Does Board Diversity Affect Institutional Investor Preferences? Evidence from Latin America", *Working Paper*, 2018.

　　③ Chih-shun Hsu, Wei-hung Lai and Sin-hui Yen, "Boardroom Diversity and Operating Performance: The Moderating Effect of Strategic Change", *Emerging Markets Finance and Trade*, 55(11), 2019, pp. 2248–2472. Gennaro Bernile, Vineet Bhagwat and Scott Yonker, "Board Diversity, Firm Risk, and Corporate Policies", *Journal of Financial Economics*, 127, 2018, pp. 588–612. Trang Cam Hoang, Indra Abeysekera and Shiguang Ma, "Board Diversity and Corporate Social Disclosure: Evidence from Vietnam", *Journal of Business Ethics*, 151(3), 2018, pp. 1–20.

管决策提供关键资源等。① 目前,关于董事会多元化是否可以充分发挥治理效应,促进民营企业行为绩效尚未得出一致的结论。因此,本书将在全面考虑董事会多元化特征的基础上,基于资源依赖理论、代理理论、高层梯队理论、人力资本理论以及利益相关者理论,结合中国民营企业独特背景,实证探究董事会多元化与企业经济绩效、社会责任绩效以及创新绩效之间的影响关系和作用机制。

第二节　研究目标及思路

一、研究目标

本书以代理理论、资源依赖理论、高层梯队理论、人力资本理论以及利益相关者理论为指导,立足我国特有的制度情景因素、民营企业发展的现实以及董事会多元化治理的背景,探寻我国民营企业发展及董事会治理的演进过程,确定我国民营企业董事会多元化的影响因素,考察民营企业董事会多元化的治理效率、价值效应及作用机制,从而设计出具有有效监督、战略决策和资源提供职能的董事会多元化长效治理机制,以促进我国民营企业健康、稳定、可持续发展。

二、研究思路

为了实现上述研究目标,本书遵循的逻辑思路为"理论研究—实证研究—政

① Soku Byoun, Kiyoung Chang and Young Sang Kim, "Does Corporate Board Diversity Affect Corporate Payout Policy?", *Asia-Pacific Journal of Financial Studies*, 45(1), 2016, pp. 48–101. David A. Carter, Betty J. Simkins and W. Gary Simpson, "Corporate Governance, Board Diversity, and Firm Value", *The Financial Review*, 38(1), 2003, pp. 33–53. Katalin Takacs Haynes and Amy Hillman, "The Effect of Board Capital and CEO Power on Strategic Change", *Strategic Management Journal*, 31(11), 2010, pp. 1145–1163. Gennaro Bernile, Vineet Bhagwat and Scott Yonker, "Board Diversity, Firm Risk, and Corporate Policies", *Journal of Financial Economics*, 127, 2018, pp. 588–612. Maria Camila De-La-Hoz, Carlos Pombo and Rodrigo Taborda, "Does Board Diversity Affect Institutional Investor Preferences? Evidence from Latin America", *Working Paper*, 2018. Jana Oehmichen, Sebastian Schrapp and Michael Wolff, "Who Needs Experts Most? Board Industry Expertise and Strategic Change-a Contingency Perspective", *Strategic Management Journal*, 38(3), 2017, pp. 645–656.

策研究",整个研究技术路线如图 0.1 所示。研究首先将围绕民营企业的发展背景和董事会多元化的理论背景以及董事会治理演进出发,利用已有研究相关的理论基础——代理理论、资源依赖理论、高层梯队理论、人力资本理论以及利益相关者理论等,构建本书研究的整体理论框架。在此基础上,进一步探究董事会多元化的特征和要因。接下来,基于治理效率、价值效应和治理效率作用于价值效应的作用机制三个层面分析我国民营企业董事会多元化的治理有效性。最后,基于前面各部分的理论分析和实证结果,提出董事会多元化的长效治理机制。

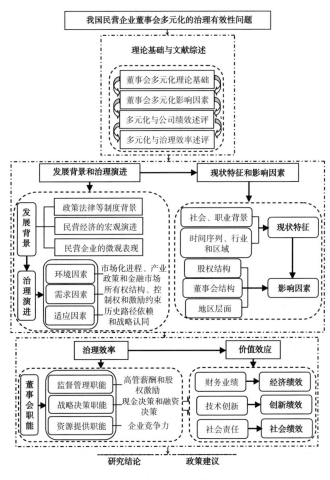

图 0.1　技术路线

第三节 研究内容及方法

一、研究内容

为实现本书的研究目标,全部研究内容由理论研究、实证研究和对策研究三大部分组成。

（一）理论研究"民营企业董事会多元化的理论基础、文献述评和演进机制"

理论研究是整个课题研究的基础和出发点。本部分力求结合民营企业发展背景,深入系统地把握董事会多元化的理论基础、治理演进机制以及多元化的特征和要因。同时,本部分也从理论分析层面为实证研究提供客观证据。

（二）实证研究"董事会多元化治理有效性的影响效应及影响机制"

实证研究是科学提供董事会多元化治理有效性政策建议的关键环节。本部分从理论推演和实证检验两个角度,基于治理效率、价值效应和治理效率作用于价值效应的作用机制三个层面分析我国民营企业董事会多元化的治理有效性。

（三）对策研究"董事会多元化的研究结论与政策建议"

应用对策研究是本书的重点与归宿,体现了本书研究的价值。基于前面各部分的理论分析和实证结果,得出我国民营企业董事会多元化的主要结论,并提出相应的政策建议。

二、研究方法

本书以代理理论、资源依赖理论、高层梯阶理论、人力资本理论以及利益相关者理论为基础,通过手工收集董事会多元化数据,以民营非金融上市企业为研究对象,对董事会多元化的治理有效性进行理论分析和实证研究。为了保证分析过程与结果的客观性、合理性,主要利用以下几种研究方法。

(一)文献研究法

文献分析法是指通过对文献的搜集、鉴别、整理与阅读分析而形成对科学事实认识的方法。通过对前人文献的阅读与整理,有助于掌握相关研究领域内已经取得的研究成果、研究现状与研究趋势,以及存在的研究不足与可供深入研究的方向。并且,文献分析将有助于加深对已有的理论基础的巩固,以及为研究设计和实证方法提供依据。本书借鉴了大量的国内外文献,通过对经典文献的阅读和梳理,了解董事会多元化相关理论的前沿研究及具体结论,寻找现有研究的局限,并且在此基础上确定本书的扩展方向。具体而言,本书在研究过程中阐述理论背景,董事会多元化相关文献综述,董事会多元化的治理效应以及价值效应都运用了这种方法。首先,通过对现有研究的理论背景分析,有利于掌握董事会研究的演变过程,突出本书处于研究前沿。其次,本书为了突出研究主题的重要性,进一步结合现有文献成果,分析董事会多元化的影响因素;阐述董事会多元化与企业绩效的研究现状;总结董事会多元化的治理效应。再次,在实证研究过程中,充分结合现有文献的研究成果,提出董事会多元化与企业财务绩效、社会责任绩效以及创新绩效的研究假设,以及探究董事会多元化与企业绩效的影响机制的中介效应假设。

(二)实证分析法

科学研究的目的是对现象寻求理解、解释,并进一步进行预测。实证分析法侧重于对研究对象客观、合理定量分析,对客观事实进行检验,并预测其发展趋势。实证分析作为一种研究工具,可以验证理论分析的正确性,确保所得结论的正确性。本书主要采用实证分析法对董事会多元化的治理有效性进行研究。具体而言,本书所采用的实证分析法主要涉及以下几种。

1.描述性统计法

描述性统计分析是用于整理、描述与解释数据的统计方法与技术。通过清晰直观的统计量刻画样本数据的集中、分散以及波动程度等特征。本书对模型中涉及的民营企业董事会多元化、财务绩效、社会责任绩效、创新绩效、所有中介变量以及控制变量进行描述性统计分析,通过各个变量的均值、标准差、最大值、最小值、中位数等指标对变量的分布情况进行整体把握。

2.相关性检验法

相关性检验是研究变量之间是否存在相关关系、相关关系的方向与程度的一种统计方法。在实证研究中运用相关分析方法可以初步判断各自变量之间是否存在会导致多重共线性问题的相关关系,以及初步检验被解释变量与解释变量之间是否存在假设的相关关系。本书在研究过程中,对董事会多元化单个特征间的相关性关系进行检验,为本书的多元化指标构建方法提供合理性;同时对模型中所涉及的所有变量进行相关性验证,排除多重共线性可能带来的实证结果偏误。

3.最小二乘法(OLS)回归分析

本书依次运用最小二乘法回归分析检验董事会多元化的影响因素以及董事会多元化对企业财务绩效、社会责任绩效以及创新绩效的影响效应,在整体结果基础上进一步进行稳健性检验。

4.中介效应检验

为了验证董事会多元化与企业经济绩效的影响机制,本书依据董事会监督、战略决策以及资源提供三大职能,探究董事会多元化影响企业绩效中公司治理效应的中介作用。此外,为了验证董事会多元化与企业创新绩效以及社会责任绩效的影响机制,本书依据董事会多元化的两个重要职能——监督和战略决策,设定相应的代理变量,进行中介效应检验。影响机制检验过程中,主要采用温忠麟等(2004)的传统中介效应验证方法。

5. 赫克曼(Heckman)两阶段检验

此方法主要用于解决自选择和样本选择偏差造成的内生性问题,为了降低样本结论可能存在的样本选择偏误问题,本书采用赫克曼两阶段法排除内生性干扰。本书在探究董事会多元化与企业财务绩效和创新绩效的关系时,认为董事会多元化可能会受到外界因素干扰自愿选择财务绩效和创新绩效较高的企业,进而可能存在样本自选择问题。因此选择此方法修正实证结果。

6. 两阶段最小二乘法(2SLS)

由于研究结论可能受到遗漏变量以及反向因果等内生性问题的干扰,本书采用两阶段最小二乘法验证本书结论的稳健性。两阶段最小二乘法的关键是找到董事会多元化的工具变量。在董事会多元化与社会责任绩效影响关系的检验过程中,本书采用当地人口多元化变量作为工具变量,采用二阶段最小二乘法,进行内生性问题检验。

7. 倾向得分匹配法(PSM)

通过倾向得分的计算,使得分相近的两个样本被分别分配到测试组和控制组,这样受测试可能性相同的两个样本可以认为被随机分配。此方法的优点是,通过匹配,研究者可以控制测试组和实验组之间可观测的混杂因素,进而构造一个"准随机"实验。本书在验证董事会多元化与财务绩效和创新绩效的内生性问题时,均采用此方法排除模型结论可能存在的遗漏变量偏误问题。

第四节　研究数据及资料

一、研究数据

本书的数据既有宏观层面数据资料,也有相关部门发布的微观调查以及

来自数据库的上市公司数据,主要来源包括以下三个方面:

（一）相关组织发布的微观调查数据

首先,樊纲等所著的《中国分省份市场化指数报告2018》旨在对我国各省、自治区和直辖市市场化改革的总体情况和不同方面进展进行评价,找出薄弱环节和制约因素,为决策和改善政府工作提供参考。此外,本书纵向主要分析市场化五个方面进展,包括政府与市场关系、非国有经济发展、产品市场的发育程度、要素市场发育程度以及市场中介组织的发育和法律制度环境;横向主要从不同角度划分我国各省市,得到地区市场化进展具体状况。本书主要使用各地区市场化指数数据。其次,和讯网公布的企业社会责任评价数据用于企业社会责任绩效研究。和讯网通过整理企业社会责任报告,将社会责任绩效分为以下五个分支,分别为股东责任（从盈利、偿债、回报、信批和创新五个角度评价）;员工责任（从绩效、安全和关爱员工三个角度评价）;供应商、客户和消费者权益责任（从产品质量、售后服务和诚信互惠三个角度评价）;环境责任（从环境治理角度出发）;社会责任（从所得税比例以及公益捐赠两个角度计算贡献价值）。本书使用了社会责任评分以及评价等级数据。

（二）一些重要网站

主要是用来核对以及补充数据,新浪财经网主要用来搜集缺失的高管学历数据;巨潮资讯网主要查看公司年报补充董事会缺失的数据;国家统计局的民营企业相关数据。

（三）重要数据库的数据

国泰安（CSMAR）的中国财经数据库,主要使用的文件有公司研究系列的财务报表、财务指标分析、财务报告审计意见、治理结构、民营上市公司;人物特征系列的上市公司人物特征等;色诺芬数据库中民营企业相关上市数据。

二、研究资料

本书研究过程中检查、查阅和引用了大量文献资料,既有官方重要政策文件,也有本领域专家学者的经典论著,具体包括以下几个部分。

(一)研究过程中参考的国家法律和政策文件

主要包括人才引进等政策文件,1981—2017年民营经济发展的相关法律和政策性文件,以及2018年9月30日证监会颁布的上市公司治理准则和2018年11月1日习近平总书记关于民营经济的重要讲话。

(二)部分资料来自相关领域学者们的论著,同时加以引用

引用的主要专著均列于参考文献中。引用论文主要来自权威性学术期刊,如《经济研究》《管理世界》《会计研究》《中国工业经济》《金融研究》《中国软科学》《管理科学》、*Journal of Management Studies*、*Academy of Management Review*、*Journal of Business Ethics*、*Emerging Markets Finance and Trade*、*Journal of Management & Governance*、*Journal of Financial Economics*、*Review of Managerial Science*、*Corporate Governance an International Review* 等。

第五节　研究特色与创新

本书专注于分析董事会多元化的治理有效性,相比之前的研究,研究贡献主要体现在以下几点:

首先,高度总结并且构建董事会多元化综合指标。本书基于相关文献资料,将董事会成员按照人口特征、人力资本和社会资本三个维度进行归类,构建综合指标。现有关于董事会多元化的研究较多关注董事会成员的单一属性,如性别、种族、年龄、连锁董事等。但是徐志顺、魏鸿来与冼惠妍(Hsu Wei and Yen,2019)认为董事会的每个属性均具有重要作用,研究其综合指标对企业业绩的影响具有重要意义。并且,根纳罗·伯尼尔、维妮特·巴格瓦特和斯科特·扬克(Bernile et al.,2018)与梅尔萨·阿拉特、迈恩·阿克苏和艾丝·坦赛尔·塞汀(Ararat et al.,2015)的实证结论以及尼娜·巴兰楚克和菲利普·戴维格(Baranchuk and Dybvig,2009)构建的董事会多元化模型均表明董事会的决策取决于董事会多元化不同维度的综合影响,单个维度的影响较小,或者没有影响。因此,现有文献中对董事会单个属性的研究具有局限性,忽略了董事会多元化产生的综合影响。此外,已有研究针对董事会多元化特征分类维度的角度也有所不同,比如将其分为人力资本和社会资本或者社会特征和职业特征等。① 并且,不同文献的分类之间存在重合的单个属性特征。为了统一化董事会多元化的划分标准,本书根据现有研究进行归纳整理,将董事会成员特征分为人口特征、人力资本和社会资本三个维度,构建综合指标,研究董事会多元化的影响因素以及治理有效性。

其次,结合中国具体情境进行研究,丰富董事会多元化的行为后果研究。随着企业发展,公司治理有效性不仅只重视财务绩效,同时还要重视社会责任绩效以及创新绩效。根据利益相关者理论,三者间的关系相辅相成,企业只有同时关注这三个方面的绩效,才可以提高利益相关者整体利益。以往大部分研究只关注公司的某一类行为,全面研究企业经济绩效的文献较少。笔者通过分析,发现董事会多元化对三者均产生促进作用,因此为董事会多元化制度设计提供了坚实的实证依据。此外,已有董事会多元化相关研究主要以美国等发达国家为样本,以中国等新兴市场为样本的研究较少。因此,本书结合中国具体情境全面分析董事会多元化的作用效果,扩展和丰富了董事会多元化的研究。

再次,从董事会主要职能角度着手研究董事会多元化治理效应。研究董

---

① Cristian Pinto-Gutiérrez,Carlos Pombo and Jairo Villamil-Díaz,"Board Capital Diversity and Firm Value:Evidence from Latin-America",*Working Paper*,2018.

事会职能的观点较多,但是学者没有达成共识,不同的学者对其进行不同的分类,并且研究侧重点也有所不同。现有研究大多聚焦于董事会的单个职能,比如监督职能、战略决策职能、资源提供职能。① 此外,学术界大多研究也只关注董事会监督和战略咨询两个职能,②往往忽略了董事会的资源提供职能。本书在研究董事会多元化的经济绩效时,从董事会的三个职能入手,考察董事会多元化治理效应对董事会多元化与财务绩效、社会责任绩效以及创新绩效关系的中介效应。

最后,有助于科学评价董事会多元化的作用以及为制定相关政策提供实证依据。证监会颁布的上市公司治理准则,明确指出董事会多元化的建议,但这一建议的影响如何,长期以来缺乏直接的经验证据检验。本书从企业财务绩效、社会责任绩效以及创新绩效三个维度为董事会多元化的公司治理效果提供解释,同时也为董事会多元化的作用提供证据支持,有助于相关部门出台相应的政策法规,以及改变利益相关者的投资偏好。

①　Melsa Ararat, Mine Aksu and Ayse Tansel Cetin, "How Board Diversity Affects Firm Performance in Emerging Markets: Evidence on Channels in Controlled Firms", *Corporate Governance: An International Review*, 23(2), 2015, pp. 83–103. Kevin Hendry and Geoffrey C. Kiel, "The Role of the Board in Firm Strategy: Integrating Agency and Organisational Control Perspectives", *Corporate Governance: An International Review*, 12(4), 2004, pp. 500–520. Chih-shun Hsu, Wei-hung Lai and Sin-hui Yen, "Boardroom Diversity and Operating Performance: The Moderating Effect of Strategic Change", *Emerging Markets Finance and Trade*, 55(11), 2019, pp. 2248–2472.

②　Jana Oehmichen, Sebastian Schrapp and Michael Wolff, "Who Needs Experts Most? Board Industry Expertise and Strategic Change-A Contingency Perspective", *Strategic Management Journal*, 38(3), 2017, pp. 645–656.

第一章 理论基础、文献述评与
理论框架

第一节 理论基础及借鉴

阿道夫·伯尔和加德纳·米恩斯(Bearle and Means,1932)以及迈克尔·
C.詹森和威廉·H.梅克林(Jensen and Meckling,1976)认为,公司治理的最终
目的是解决公司所有者和经营者之间的关系,从而使所有者和经营者的利益
趋于一致。尤金·F.法玛和迈克尔·C.詹森(Fama and Jensen,1983)进一步
提出,所有权和控制权的分离使公司治理的焦点在于解决股东和管理层之间
的矛盾,其核心问题就是怎么解决公司的代理问题。安德烈·施莱弗和罗伯
特·W.维什尼(Shleifer and Vishny,1997)将公司治理定义为公司财务供应商
确保自己获得投资回报的方式,认为公司治理的核心问题是为了保证债权人
和股东利益不受侵犯。张维迎(2000)和李维安(2000)则认为,公司治理是指
有关公司控制权和剩余索取权分配的一整套文化、法律和制度的安排。公司
治理代表着企业负责的长期价值创造管理,良好的公司治理体系有助于解决
公司控股股东与中小股东、股东与债权人、股东与高管以及股东和利益相关者
之间的冲突。潘卡吉·M.马德哈尼(Madhani,2014)认为良好的公司治理是
企业在竞争中获得长期优势和可持续成长的关键因素,它有助于企业运行更

有效率并最终提升公司业绩。

很多学者都认为，一个良好的公司治理实践结果源于一个负责任的董事会，董事会是股东用来监督管理层的最重要内部治理机制之一，一个负责任的董事会能够有效监督管理层并协调股东和管理层之间的利益关系，从而确保投资者的利益不受损害。托德·佩里和阿尼尔·希夫达萨尼（Perry and Shivdasani，2005）认为，公司董事会是股东用来监督管理层的主要机制，其应该为管理层的招聘、薪酬、考核和持续监督负责。董事会通过对高层管理人员奖惩和监督，有助于降低代理成本，确保股东价值最大化，因此董事会通常被认为是公司治理的支柱。莎克·A.萨拉和约翰·A.皮尔斯（Zahra and Pearce，1989）等人认为董事会有三个重要的职能：（1）董事会寻求监督公司高管的控制职能；（2）董事会为高管发展和公司战略提供建议和指导的战略职能；（3）董事会为公司寻求和获得外部资源渠道的服务职能。乔纳森·L.约翰逊、凯瑟琳·M.戴利和艾伦·E.埃尔斯特兰德（Johnson et al.，1996）对萨拉和皮尔斯的工作进行了精炼并提出董事会的三个角色，即"控制"角色，作为股东在公司的代表监督经理人；"服务"角色，向管理层提出合理的建议，积极参与战略的制定与启动；"资源依赖"角色，为企业提供关键资源的获取渠道以及增加企业的合法性。法比奥·佐纳和亚历山德罗·扎托尼（Zona and Zattoni，2007）认为董事会有三大任务：服务、控制和网络。董事会对企业战略决策的评估、为高管提供咨询和建议并改善决策质量是董事会的服务任务；改善企业业绩，对公司的经营活动进行监督并评估高管行为等活动是董事会的控制任务；网络任务与资源依赖角色类似，是指董事会应该积极与公司的外部环境建立联系，尽可能地寻求和获得对公司有利的外部资源。可见，学者们对董事会履行的职责范围的界定基本相同。一个高效董事会能够积极承担这类角色并最终贡献于公司绩效，但最终的结果则取决于董事会各种高度相关的属性，如董事会成员的背景特征、董事会的结构等因素都会影响到董事会职能的发挥。

公司治理伴随着迅速变化的内部和外部环境而不断发展。有许多的公司治理理论尝试解释多元化在董事会治理中所扮演的角色。然而,任何单一的公司治理理论都不能够完全解释董事会职能的异质性和复杂性,从而使利用多种理论去解释董事会多元化的有效性成为一种必然。[①] 本书拟借鉴马德哈尼(2014)的研究,基于公司层面的代理理论和资源依赖理论、利益相关者理论、董事个体的人力资本理论和高层阶梯理论作为本书的理论基础。

一、代理理论

代理理论是学术界最常用来解释董事会特征与企业价值之间联系的理论框架。伯尔和米恩斯(1932)提出的现代企业的所有权和控制权分离是代理理论的本质。该理论主要指的是企业资源的提供者与资源的使用者之间的契约关系,股东和经理人签署一份契约,该契约规定经理人如何使用股东资金,以及如何分配企业所获得的回报。[②] 但由于股东和经理人存在目标冲突,经理人经常利用他们对公司运营的控制权,以牺牲股东的长期利益为代价,增加他们的短期财富,从而产生代理成本。[③] 在这种情况下,董事会作为连接股东和管理层的正式机制,它在缓解代理成本上发挥着不可替代的作用。董事会通过对管理层的有效监督从而对公司价值产生积极的影响,许多学者都认为董事会是公司治理的核心内容,董事会凭借对股东的信托义务以及对

---

① Siri A.Terjesen and Val Singh, "Female Presence on Corporate Boards: A Multi-Country Study of Environmental Context", *Journal of Business Ethics*, 83(1), 2008, pp. 55-63. David A.Carter, Frank D.Souza, Betty J.Simkins and W.Gary Simpson, "The Gender and Ethnic Diversity of US Boards and Board Committees and Firm Financial Performance", *Corporate Governance: An International Review*, 18(5), 2010, pp. 396-414. Pankaj M.Madhani, "Corporate Governance and Disclosure Practices in India: Domestic Firms Versus Cross-Listed Firms", *IUP Journal of Corporate Governance*, 13(4), 2014, pp. 24-51.

② Michael C.Jensen and William H.Meckling, "Theory of the Firm: Managerial Behavior, Agency Costs, and Ownership Structure", *Journal of Financial Economics*, 3(4), 1976, pp. 305-360.

③ Eugene F.Fama and Michael C.Jensen, "Separation of Ownership and Control", *Journal of Law and Economics*, 26(2), 1983, pp. 301-325.

管理层提供战略指导和监督的责任,使得董事会治理在公司治理中的作用非常重要。①

多元化对董事会监督效率的提升已经在学术文献中得到了很大程度的认同。阿拉特等(2015)认为,多样化能够为董事会带来批判性审查和防止群体思维,使董事会的监督更有效率。如果董事会每个成员都拥有自己独特的知识、技能、背景和经历,那么多元化就能够推动董事会采取更加广泛的评判标准。在对高管进行评估时,每个成员都能从自己专业的角度考察管理层,这可以使董事会对高管作出更加客观、公正的评价,从而避免了因评价标准过于单一而带来的监管失效。因此,董事会多元化有利于董事会对高管实施更有效率的监管。② 大卫·A.卡特、贝蒂·J.辛金斯和W.加里·辛普森(Carter et al.,2003)认为董事会控制和监督管理层的角色是代理理论的基本概念,他们的研究表明,一个更多元化的董事会将会更有效地监督管理层,因为多元化的董事可能较少地受制于管理者从而增加了董事会的独立性。但是他们进一步指出,代理理论没有为董事会多元化和公司财务业绩提供清晰的联系。③ 比如,费迪南德·A.古尔、本·斯利尼迪和安东尼·C.吴(Gul et al.,2011)的研究表明,虽然董事会性别多元化作为弱公司治理的替代机制,能够改善企业业绩。但由于不必要的、过度的监督,董事会性别多元化可能会对治理好的公司产生不利影响。

二、资源依赖理论

资源依赖理论根植于杰弗里·菲弗和杰拉尔德·萨兰奇(Pfeffer and

---

① Stuart L.Gillan,"Recent Developments in Corporate Governance:An Overview",*Journal of Corporate Finance*,12(3),2006,pp.381-402.

② 谢绚丽、赵胜利:《中小企业的董事会结构与战略选择——基于中国企业的实证研究》,《管理世界》2011年第1期。

③ David A.Carter,Frank D.Souza,Betty J.Simkins and W.Gary Simpson,"The Gender and Ethnic Diversity of US Boards and Board Committees and Firm Financial Performance",*Corporate Governance:An International Review*,18(5),2010,pp.396-414.

Salancik,1978)等人的观点。该理论认为组织只有依赖于外部环境的资源才能获得生存与发展,组织的有效性不仅来自企业管理资源的能力,更重要的是建立与维护其从外部环境中获得关键资源的能力。① 在这个过程中,公司董事会及其个人成员是公司获取重要外部资源、与其他组织建立稳定联系的重要途径。资源依赖理论认为董事会的主要职能是:第一,与外部利益相关者建立稳定的联系并获得他们的支持;第二,为企业提供必要的建议和咨询;第三,保障企业的合法性。董事会的存在被认为是一种内部治理机制,旨在监控管理者的行为并提高管理决策的质量。很多学者都运用资源依赖理论讨论公司董事会对企业战略和绩效的影响。② 传统上,资源依赖理论强调董事的特性,如与网络、重要客户、供应商和金融机构的联系。③ 然而,随着企业外部环境不确定性的增加,董事会需要企业能够不断获得新的重要资源。例如,随着企业国际化程度的不断提高,对有国外市场知识和联系的董事要求也越来越高,以便将公司与其经营地所属国家的不同环境联系起来。④

资源依赖理论认为,组织需要多元化的董事会,因为董事会有获取资源的重要职能。艾米·J.希尔曼、阿尔伯特·A.坎内拉和雷蒙娜·L.帕佐德(Hillman et al.,2000)认为,董事会应包括多方面的董事,即内部人士、业务专

① Jeffrey Pfeffer and Gerald Salancik,"The External Control of Organizations:A Resource Dependence Perspective",*The Economic Journal*,89,1978,pp.696-970.

② Kevin Au,Mike W.Peng and Denis Wang,"Interlocking Directorates,Firm Strategies,and Performance in Hong Kong:Towards a Research Agenda",*Asia Pacific Journal of Management*,17(1),2000,pp.29-47.Mike W.Peng,Kevin Y.Au and Denis Y.L.Wang,"Interlocking Directorates as Corporate Governance in Third World Multinationals:Theory and Evidence from Thailand",*Asia Pacific Journal of Management*,18(2),2001,pp.161-181.

③ Jeffrey Pfeffer and Gerald Salancik,"The External Control of Organizations:A Resource Dependence Perspective",*The Economic Journal*,89,1978,pp.696-970.

④ Mason A.Carpenter,Gerard Sanders and Hal B.Gregersen,"Bundling Human Capital with Organizational Context:The Impact of International Assignment Experience on Multinational Firm Performance and CEO Pay",*The Academy of Management Journal*,44(3),2001,pp.493-511.

家、支持专家和有影响力的社区成员。他们认为，多元化的董事会为企业带来更多的资源，这将导致更好的公司业绩和价值。拥有更多不同董事会成员的公司有更多的资源获取、有助于减少外部依赖和提高声誉，所有这些都将导致企业价值的提高。[1] 首先，多元化的董事会可以整合更广泛的信息来作出更明智的决策。[2] 例如，年轻的董事往往受过高等教育，熟悉新技术；年纪较大的董事能够给董事会带来其在行业积累的宝贵经验。[3] 年轻和年老董事的属性相辅相成，企业可以利用这些特性来改善企业的战略决策。其次，董事会多元化有助于企业与重要的外部利益相关者（如供应商和金融机构）建立联系。如果企业能够妥善利用多元化董事会提供的全部联系，就可以减少企业对外部环境的不确定性和依赖性。[4] 最后，多元化的董事会表明了企业对多元化的承诺，有助于企业在劳动力市场中吸引多元化的人才。[5] 例如，女性和年轻的求职者可能会因为董事会多元化而被吸引，因为它们认为该企业鼓励招聘和晋升的多元化，并重视其多样化成员的贡献。[6]

---

① Amy J.Hillman and Thomas Dalziel, "Boards of Directors and Firm Performance: Integrating Agency and Resource Dependence Perspectives", *Academy of Management Review*, 28（3）, 2003, pp. 383-396.

② Amy J.Hillman, Albert A.Cannella and Ramona L.Paetzold, "The Resource Dependence Role of Corporate Directors: Strategic Adaptation of Board Composition in Response to Environmental Change", *Journal of Management Studies*, 37（2）, 2000, pp. 235-255.C.B.Ingleyand N.T.van der Walt, "Board Configuration: Building Better Boards", *Corporate Governance: The International Journal of Business in Society*, 3（4）, 2003, pp. 5-17.

③ 崔勋、武月、丁昊明：《董事会多样性与公司绩效的关系——高管薪酬中私有信息的中介机制》，《现代管理科学》2019 年第 1 期。

④ Toyah Miller and María Del Carmen Triana, "Demographic Diversity in the Boardroom: Mediators of the Board Diversity-Firm Performance Relationship", *Journal of Management Studies*, 46（5）, 2009, pp. 755-786.Jeffrey Pfeffer and Gerald Salancik, "The External Control of Organizations: A Resource Dependence Perspective", *The Economic Journal*, 89, 1978, pp. 696-970.

⑤ Spence Michael, "Job Market Signaling", *Quarterly Journal of Economics*, 87（3）, 1973, pp. 355-374.

⑥ Mary C. Mattis, "Women Corporate Directors in the United States", *Women on Corporate Boards of Directors*, 14, 2000, pp. 43-56.

三、人力资本理论

人力资本理论来源于加里·S.贝克尔(Becker,1964)的著作,它论述了一个人的教育、技能和经验的作用,这些资源可用于组织的利益。这个理论研究了个人知识和技能的存在如何使组织受益。每个单独的董事个体构成了董事会,董事会的决策不可避免地会受到董事会成员的知识背景、专业素养等人力资本的影响,具有丰富人力资本的董事会可以更好地发挥董事会自身的职能,从而促进公司治理水平的提高。① 很多学者的研究都发现了董事会成员的人力资本要素会影响公司绩效,如马里亚森塔·吉安内蒂、廖冠民和余晓云(Giannetti et al.,2015)的研究表明,如果董事会成员具有相关的知识技能和工作经验等人力资本,将有助于董事会更好地履行其职责,最终提高公司绩效。艾朴·克莱因(Klein,1998)认为公司绩效会随着董事会拥有财务和金融专业背景的内部董事比例的提高而提高。埃文·H.奥夫斯坦、德维·R.格尼瓦利和安东尼·T.科布(Offstein et al.,2005)认为,丰富的人力资本能够提高企业的竞争意识从而使得企业在复杂环境中主动参与市场竞争。专业背景和教育水平等人力资本的多元化意味着整个董事会拥有多样化的信息来源,更多样化的视角、经验和价值观,从而使董事会决策能够集思广益,增加战略决策的创新性和创造性。

以往用人力资本理论解释董事会多元化与公司绩效的研究重点涉及了董事会性别的多元化,西丽·A.泰耶森(Terjesen,2009)认为董事的性别差异带来人力资本差异。女性人力资本的证据表明,就包括教育水平在内重要特性而言,女性具有同男性一样合格的董事品质,但是女性的商业知识可能比男性有所欠缺。② 阿帕拉吉塔·辛格、卡罗尔·A.伯克、布雷特·拉里夫和萨斯特

---

① Daniel P. Forbes, Frances J. Milliken, "Cognition and Corporate Governance: Understanding Boards of Directors as Strategic Decision-Making Groups", *Academy of Management Review*, 24(3), 1999, pp. 489-505.

② Siri A. Terjesen, "Senior Women Managers' Transition to Entrepreneurship: Leveraging Embedded Career Capital", *Career Development International*, 10(3), 2009, pp. 246-259.

里(Singh et al.,2008)研究了英国董事会后发现,女性董事为董事会带来更多的国际经验,其更有可能拥有工商管理硕士学位。而男性董事在总体上拥有更多的董事会经验,女性董事在较小公司董事会上有更多的经验。总的来说,在讨论董事人力资本的教育、经历和技能如何使得组织获利时,人力资本理论补充了资源依赖理论的一些概念,这些概念认为人力资本是确定公司财务业绩的关键因素。在讨论董事会多元化与企业财务业绩的关系时,人力资本理论预测,公司业绩将受到具有不同的和独特的人力资本的董事会影响,但是这种影响的方向既可能是正向,也可能是负向。[①]

四、高层阶梯理论

由唐纳德·C.汉布里克和菲利斯·A.梅森(Hambrick and Mason,1984)提出的高层阶梯理论标志着学术界对高管团队理论研究的开始,该理论经常被用来解释公司高管的团队特征与企业绩效之间的联系。高层阶梯理论认为,企业绩效与高管的个人特征息息相关,但个人在复杂的决策过程中能力有限,公司要想在激烈的市场竞争中获取长期优势,就需要依靠高管团队的决策力量。不过,由于高管团队中个体特征如社会经历、价值观和认知基础的不同,从而使整个高管团队在企业战略选择和决策上存在差异并进一步影响企业绩效。但是,汉布里克和梅森(1984)认为,高管人员的认知能力、感官能力和价值观等心理特征比较抽象,并且很难量化。而高管团队成员的人口统计特征如性别、年龄、职业背景、教育背景和任期等数据不仅易于收集,也能够在一定程度上反映出高管人员的心理特征。所以,高层阶梯理论的研究者主张用可以量化的人口统计指标来代替难以量化的心理特征。

虽然高层阶梯理论最初聚焦于高层管理团队,但大量的研究已经把董事

---

① David A.Carter,Frank D.Souza,Betty J.Simkins and W.Gary Simpson,"The Gender and Ethnic Diversity of US Boards and Board Committees and Firm Financial Performance",*Corporate Governance:An International Review*,18(5),2010,pp.396-414.

会比作"超高级管理团队",而将该理论应用于董事会的研究中（Finkelstein et al.,2009）。① 根据高层阶梯理论,董事会多元化将反映出个体董事不同的认知基础,认知基础限制了董事会个体成员的决策视野和分析环境并影响董事会的战略选择。② 汉布里克和梅森（1984）认为,不同的董事拥有不同的认知框架,这些认知框架反过来又会影响董事会战略决策,并直接或间接地影响公司绩效。安衡、陈国荣、吴群和张霆（An et al.,2019）的研究表明,多元化为董事会带来了专业知识、丰富的管理经验和广阔的社会视角,所以提高了董事会的认知能力。因此,拥有多元化董事会的公司制定的战略往往与同行业中其他企业制定的战略不同。③ 此外,许多实证研究运用高层阶梯理论解释董事会多元化对企业绩效的积极影响。例如,宋建波和文雯（2016）认为,如果董事拥有海外学习或工作的经历,这种经历会转换为他们的认知能力,进而影响企业的战略决策和绩效表现。他们的实证研究表明,董事会海外背景多元化能够显著促进企业的创新绩效。虽然高层阶梯理论所构建的理论框架预测出高管团队特征能够影响企业的战略选择并最终影响企业绩效,但这一理论并没有详细解释企业所处的外部环境与企业高管团队特征和战略选择之间的相互关系。④

五、利益相关者理论

利益相关者理论是弗里曼（Freeman）在 1984 年提出的,与传统的股东至

---

① Sydney Finkelstein, Donald C. Hambrick and Albert A. Cannella Jr., *Strategic leadership: Theory and Research on Executives, Top Management Teams, and Boards*, New York: Oxford University Press, 2009.

② 李长娥、谢永珍:《产品市场竞争、董事会异质性对技术创新的影响——来自民营上市公司的经验证据》,《华东经济管理》2016 年第 8 期。

③ Mariassunta Giannetti and Mengxin Zhao, "Board Ancestral Diversity and Firm-Performance Volatility", *Journal of Financial and Quantitative Analysis*, 54(3), 2019, pp. 1117–1155.

④ Donald C. Hambrick and Phyllis A. Mason, "Upper Echelons: The Organization as a Reflection of Its Top Managers", *Academy of Management Review*, 9(2), 1984, pp. 193–206.

上主义理论相比,利益相关者理论认为,企业的生存和发展离不开各个利益相关者的参与和投入,所以企业追求的是利益相关者的整体利益,而不是某些主体的个体利益。一般认为企业的利益相关者包括股东、员工、供应商、客户、消费者、环境、社区等,但不局限于以上几个方面。企业作为社会中的成员,它的行为方式不能损害社会福利。利益相关者理论认为,董事会是连接企业与外部环境的重要机制,它不仅要对股东负责,还应该承担起保护利益相关者利益的任务。该理论认为多元化能提高董事会认识不同利益相关者群体的需求和利益的能力,而且,多元化的董事会能够将不同利益相关者需求结合起来,制定最优企业社会责任战略,并管理利益相关者之间的潜在冲突。也就是说,多样化的董事会能为企业决策带来不同的专业知识、管理经验和社会视角,这可以帮助企业和董事会认识不同利益相关者群体的需求和利益。①

大量的研究采用利益相关者理论来解释董事会多元化与企业绩效之间的联系,如马雷特诺·哈佐托、因德拉里尼·拉克斯马纳和罗伯特·李(Harjoto et al.,2015)以及杜勒斯·塞托帕米斯(Setó-Pamies,2015),也认为董事会性别多元化能够提高企业社会责任绩效。利益相关者理论也认为,独立董事比内部董事拥有更多的观点、经验、法律和道德义务,从而比内部董事更好地保护利益相关者的利益。以前的研究也支持性别多样性增强董事会独立性的观点,因为较传统背景的董事不会像有种族、文化背景或性别差异的董事那样提出问题。他们的研究表明,女性董事比男性董事通过举办更多的知情的讨论、更仔细的沟通、更好的独立思考、增加董事会的出席率来更好地、更有效地监督经理人和CEO的行为,这对检查机会主义活动和对管理层提供更好的控制至关重要。②

---

① Heng An,Carl R.Chen,Qun Wu and Ting Zhang,"Corporate Innovation:Does Diverse Board Help?",*Journal of Financial and Quantitative Analysis*,Forthcoming,2019.

② Renée B.Adams and Daniel Ferreira,"Women in the Boardroom and Their Impact on Governance and Performance",*Journal of Financial Economics*,94(2),2009,pp.291-309. Bin Srindhi, Ferdinand A.Gul and Judy Tsui,"Female Directors and Earnings Quality",*Contemporary Accounting Research*,28(5),2011,pp.1610-1644.

第二节　董事会多元化相关文献述评

一、董事会多元化影响因素的文献述评

董事会在公司治理中主要扮演着监督者、决策者和资源提供者的角色,是缓解企业代理问题以及制定企业发展决策的核心部门。[①] 目前国内外学者、政府和企业密切关注董事会多元化的公司绩效优势。董事会多元化对企业财务绩效产生重要影响,同时与企业社会责任的履行以及企业创新效率的提高均密切相关。但是,企业的董事会仍普遍存在同质化的现象。那么,董事会多元化主要受哪些因素影响呢? 或者说,董事会多元化形成的要因是什么呢? 本节将从四个方面具体分析影响董事会多元化的主要因素。

(一)个人因素

个体因素异质性主要表现为董事的性别、年龄、教育水平、海外背景、职业背景以及外部资源背景等的不同。[②] 在现有文献对董事的特征分类的基础上,笔者将其归纳为三个方面,具体包括人口特征、人力资本特征和社会资本特征。[③] 接下

---

① Eugene F. Fama and Michael C. Jensen, "Separation of Ownership and Control", *Journal of Law and Economics*, 26(2), 1983, pp. 301–325.

② Mehdi Nekhili and Hayette Gatfaoui, "Are Demographic Attributes and Firm Characteristics Drivers of Gender Diversity? Investigating Women's Positions on French Boards of Directors", *Journal of Business Ethics*, 118(2), 2013, pp. 227–249.

③ Amy J. Hillman and Thomas Dalziel, "Boards of Directors and Firm Performance: Integrating Agency and Resource Dependence Perspectives", *Academy of Management Review*, 28(3), 2003, pp. 383–396. Maria Camila De-La-Hoz, Carlos Pombo and Rodrigo Taborda, "Does Board Diversity Affect Institutional Investor Preferences? Evidence from Latin America", *Working Paper*, 2018. Cristian Pinto-Gutiérrez, Carlos Pombo and Jairo Villamil-Díaz, "Board Capital Diversity and Firm Value: Evidence from Latin-America", *Working Paper*, 2018. Scott Johnson, Karen Schnatterly and Aaron Hill, "Board Composition Beyond Independence: Social Capital, Human Capital, and Demographics", *Journal of Management*, 39(1), 2013, pp. 232–262.

来,本节将依据个人属性特征进行分类,从三个方面探究可能影响董事会多元化的个人因素。

1. 价值观和认知偏好差异

认知偏好主要源于性别和年龄等人口特征差异。一方面,杜兴强、赖少娟和裴红梅(Du et al.,2016)认为,相比男性,女性更具有民主性和参与性并且风险厌恶。因此,女性董事可以提升董事会监督效率,降低高管盈余操作行为,提供企业慈善决策以及提高企业信息披露水平。[1] 另一方面,董事会群体中女性过多将会带来过度监督,降低董事会效率,降低企业业绩。[2] 此外,年龄代表着个人经验和风险规避。[3] 人生阅历随着年龄不断增长,因此年长者对事物的认知相对全面;同时,年龄与决策风险程度负相关,年轻的董事思想更加活跃,更愿意制定高风险决策。因此,董事会必须具有一定的年龄差异才能实现高效分工,提升企业业绩和企业创新能力。[4]

2. 专业技能差异

首先,不同专业教育背景会带来不同的专业知识技能,为董事会提供不同的观点和认知规范。周建和李小青(2012)研究发现个人的教育程度越高,对

[1] Yadong Luo,"Industrial Dynamics and Managerial Networking in an Emerging Market:The Case of China", *Strategic Management Journal*, 24(13), 2003, pp. 1315 – 1327. Jean D. Kabongo, Kiyoung Chang and YingLi,"The Impact of Operational Diversity on Corporate Philanthropy:An Empirical Study of U.S.Companies", *Journal of Business Ethics*, 116(1), 2013, pp. 49–65. Maretno Harjoto, Indrarini Laksmana and Robert Lee,"Board Diversity and Corporate Social Responsibility", *Journal of Business Ethics*, 132(4), 2015, pp. 641–660.

[2] Renée B.Adams and Daniel Ferreira,"Women in the Boardroom and Their Impact on Governance and Performance", *Journal of Financial Economics*, 94(2), 2009, pp. 291–309.

[3] Scott Johnson, Karen Schnatterly and Aaron Hill,"Board Composition Beyond Independence: Social Capital, Human Capital, and Demographics", *Journal of Management*, 39(1), 2013, pp. 232–262.

[4] Jyoti D.Mahadeo, Teerooven Soobaroyen and Vanisha Oogarah Hanuman,"Board Composition and Financial Performance:Uncovering the Effects of Diversity in an Emerging Economy", *Journal of Business Ethics*, 105(3), 2012, pp. 375–388. Haksoon Kim and Chanwoo Lim,"Diversity, Outside Directors and Firm Valuation:Korean Evidence", *Journal of Business Research*, 63(3), 2010, pp. 284–291. Fabrice Galia and Emmanuel Zenou,"Board Composition and Forms of Innovation:Does Diversity Make a Difference?", *European Journal of International Management*, 6(6), 2012, pp. 630–650.

知识和信息识别、获取、开发、分解和使用的能力越强,进而提升决策的可靠性,降低决策风险。其次,职业经验丰富的董事会成员可以降低董事会与高管的信息不对称,有效监督管理层,提供决策建议,最终促进企业战略变革。[①] 比如,伯克·葛纳、乌尔里克·马尔门迪埃和杰弗里·泰特(Güner et al.,2008)认为具有财务专业知识的董事会对公司决策产生重要影响;胡元木和纪端(2017)研究发现技术专家型董事,对企业具有声誉效应,在决策中提供建议咨询职能。最后,海外背景高管与本土高管存在较大差异。海归董事具有广博的知识、丰富的阅历以及广泛的国际视野、较好的咨询功能,能够提升公司治理水平和经验绩效。[②]

3. 关系网络差异

董事的学术背景、政治背景以及连锁董事背景为董事会带来关键的网络资源。首先,具有学术研究背景的董事具有严谨的思维以及专业的学识,能够帮助企业提供专业化技能,促进企业申请专利,提高核心竞争力。其次,在中国社会,与政府建立联系对企业具有重要价值,特别是非国有企业。[③] 政府背景的董事可以帮助企业获得独特的资源,帮助企业进行外部融资,提升企业风险承担水平,进而提升企业业绩。[④] 但是,也可能对创新活动具有"诅咒效应",表现为降低市场竞争、加剧过度投资以及利益补偿机制降低创新效率。[⑤] 最后,董

[①] Jana Oehmichen, Sebastian Schrapp and Michael Wolff, "Who Needs Experts Most? Board Industry Expertise and Strategic Change-a Contingency Perspective", *Strategic Management Journal*, 38 (3), 2017, pp. 645-656.

[②] 宋建波、文雯:《董事的海外背景能促进企业创新吗?》,《中国软科学》2016年第11期。

[③] [美]倪志伟、[德]欧索菲、Victor Nee、Sonja Opper:《自下而上的变革》,北京大学出版社2016年版。

[④] Julie Juan Li, Laura Poppo and Kevin Zheng Zhou, "Do Managerial Ties in China always Produce Value? Competition, Uncertainty, and Domestic vs. Foreign Firms", *Strategic Management Journal*, 29 (4), 2008, pp. 383-400. 周泽将、马静、刘中燕:《独立董事政治关联会增加企业风险承担水平吗?》,《财经研究》2018年第8期。Haksoon Kim and Chanwoo Lim, "Diversity, Outside Directors and Firm Valuation: Korean Evidence", *Journal of Business Research*, 63 (3), 2010, pp. 284-291.

[⑤] 袁建国、后青松、程晨:《企业政治资源的诅咒效应——基于政治关联与企业技术创新的考察》,《管理世界》2015年第1期。

事兼任其他公司的董事会席位时,公司能从连锁董事与其他公司董事和CEO的人脉关系中挖掘出有价值的资本信息,改善企业战略决策制定。[①] 但是,"繁忙假说"认为连锁董事将会分散董事精力,更少加入委员会,削弱董事会职能。[②]

综上所述,不同的董事成员属性构成的多元化董事会将会产生不同的治理效应。董事会下设的提名委员会负责董事候选人的选聘,因此董事会为了达成董事会治理效率将会影响董事会多元化。

(二)公司特征因素

董事会、股东和管理层是公司治理机制的三个重要方面。高质量的董事会构成了公司内部治理实践的积极信号,因此,除了董事会内部的结构特征会对董事会多元化产生内部治理的影响之外,股权结构和管理层均可能对董事会多元化产生跨部门的影响。[③]

1.董事会结构特征

董事会作为公司治理机制的核心,其结构特征将会影响董事会多元化。首先,董事会规模越大,董事会成员多元化的可能性越大。其次,独立董事可以降低董事会的代理成本,董事会性别多元化可以提升董事会监督职能,因此董事会独立性可促进董事会多元化。[④] 再次,基于社会认同理论,拥有多个董

①　张维今、李凯、王淑梅:《CEO权力的调节作用下董事会资本对公司创新的内在机制影响研究》,《管理评论》2018年第4期。Natalia Ortiz‐de‐Mandojana,J.Alberto Aragón‐Correa,Javier Delgado‐Ceballos and Vera Ferrón‐Vílchez,"The Effect of Director Interlocks on Firms' Adoption of Proactive Environmental Strategies",*Corporate Governance:An International Review*,20(2),2012,pp. 164-178.

②　Roie Hauser,"Busy Directors and Firm Performance:Evidence from Mergers",*Journal of Financial Economics*,128(1),2018,pp. 16-37.

③　Maria Camila De‐La‐Hoz,Carlos Pombo and Rodrigo Taborda,"Does Board Diversity Affect Institutional Investor Preferences? Evidence from Latin America",*Working Paper*,2018.

④　Shamsul Nahar Abdullah,"The Causes of Gender Diversity in Malaysian Large Firms",*Journal of Management and Governance*,18(4),2014,pp. 1137-1159.

事会席位的男性和女性对董事会性别多元化产生不同的影响,具体表现为多个董事席位的男性董事抑制女性董事的进入,而多个董事席位的女性董事则促进女性董事的进入。最后,如果董事长与 CEO 两职兼任,则董事长和 CEO 权力较为集中,营造自由裁量权较低的决策环境,并且 CEO 权力过大将会影响董事会决策制定,主要是因为 CEO 可能选聘关系董事进入董事会,阻碍董事会多元化。

2. 股权结构特征

股权结构是公司决策最高权力机构,主要包括股东身份以及股东持股比例。股东身份按照产权性质划分,分为国有股东、民营股东以及外资股东;按照主体身份划分为机构股东和个人股东;按照股东持股比例划分为控股股东和非控股股东。一般来说,企业的根本目标是实现股东利益最大化,股东作为最高权力机构以及企业所有者,对董事会结构具有重要影响。主要表现为三个方面:一是民营企业薄弱的监督和激励机制,对董事会多元化提出更高要求;二是机构投资者往往具有积极监督作用,更偏好董事会多元化;[①]三是新兴市场产权保护机制不健全,控股股东为了掏空中小股东利益,阻碍董事会监督职能的发挥,从而不愿意实行董事会多元化。现有研究主要关注选聘女性董事的影响因素。海伦·康、郑敏仪和西德尼·J.格雷(Kang et al., 2010)认为相对于分散的股权结构,集中的股权结构在考虑不同类型股东利益方面所承受的压力较小进而不支持女性进入董事会。莱泽克·博达诺维奇(Bohdanowicz, 2012)以波兰为研究背景认为控股股东是由于隧道效应不愿意选聘女性进入董事会。迈赫迪·内赫西里和哈耶特·加特法伊(Nekhili and Gatfaoui, 2013)发现家族所有权对女性董事具有较强的促进作用。希沙姆·法拉格和克里斯·马林(Farag and Mallin, 2016)发现由于中国国有企业薄弱的监督和治理机制使得国有产权和女性董事之间存在负相关关系。

---

① Maria Camila De-La-Hoz, Carlos Pombo and Rodrigo Taborda, "Does Board Diversity Affect Institutional Investor Preferences? Evidence from Latin America", *Working Paper*, 2018.

3. 高管特征

高管和董事会共同参与决策制定,同时董事会代表股东对高管进行监管和提供政策建议,实现股东利益最大化。但是由于管理层和股东之间信息不对称,可能导致严重的代理问题。董事会设立的重要目的之一就是降低代理成本。一方面,多元化董事会的监督职能提升,管理层为了实现私利行为将可能抑制董事会多元化。另一方面,当企业同时涉及多个行业、经营较为复杂时,管理层可能受制于有限的专业知识,依赖董事会多元化带来的关键资源以及战略建议,因此管理层可能促进董事会多元化,改善管理决策。①

(三)行业因素

根据现有文献,笔者认为影响董事会多元化的行业因素主要表现为企业所处行业类型和行业竞争力。首先,企业处于与政府密切相关的行业,比如需要获取土地要素的房地产行业以及外部融资成本较高的行业等,则更愿意选聘政治关联董事,方便获得政府资源。其次,当企业所在行业面临的消费群体大多是女性时,由于女性董事更能理解女性客户的需求,董事会性别多元化将会提高。② 最后,企业的产品竞争力主要用行业竞争程度表示。③ 竞争激烈的企业中的董事会,面临较大的竞争压力,其首要职能是为企业提供战略决策建议。④ 由于董事会多元化可以提供关键决策信息,为公司高管提供有关财务和公司战略决策的合法咨询,企业将会增加对董事会多元化的资源优势的需求。⑤

---

① Ronald C.Anderson, David M.Reeb, Arun Upadhyay and Wanli Zhao, "The Economics of Director Heterogeneity", *Financial Management*, 40(1), 2011, pp. 5–38.

② Aleksandra Gregoric, Lars Oxelheim, Trond Randøy and Steen Thomsen, "Resistance to Change in the Corporate Elite: Female Directors' Appointments onto Nordic Boards", *Journal of Business Ethics*, 141(2), 2017, pp. 267–287.

③ 姜付秀、刘志彪:《行业特征、资本结构与产品市场竞争》,《管理世界》2005 年第 10 期。

④ Heng An, Carl R.Chen, Qun Wu and Ting Zhang, "Corporate Innovation: Does Diverse Board Help?", *Journal of Financial and Quantitative Analysis*, Forthcoming, 2019.

⑤ Maria Camila De-La-Hoz, Carlos Pombo and Rodrigo Taborda, "Does Board Diversity Affect Institutional Investor Preferences? Evidence from Latin America", *Working Paper*, 2018.

（四）国家层面因素

国家层面因素主要体现在国家制度环境的不同。自约翰·W.迈耶和布赖恩·罗文（Meyer and Rowan,1977）开创性地提出制度理论开始,学者认为组织的行为是制度环境的一种反应,因此广泛建议将制度因素纳入公司治理问题进行研究。[①] 一方面国家法律政策环境对董事会多元化具有重要影响;另一方面社会制度压力也将影响董事会多元化。[②] 国家的媒体舆论监督能力促进企业合法化,董事会作为企业决策的核心机构,应对企业合法化负责,促使董事会多元化。此外,国家的宗教信仰也决定了当地企业的董事会结构态势。杜兴强（Du,2014）研究中国样本,发现儒家文化氛围与女性董事数量和比例负相关。目前,学术界对性别多元化的影响因素进行研究,主要包括以下国家因素。首先,挪威、丹麦以及马来西亚等国家实施的性别配额法极大促进董事会性别多元化。[③] 其次,性别平等政策的实施对女性进入董事会具有重要作用。[④] 再次,国家宗教信仰对女性董事有潜在影响。最后,国家福利制度表现出对女性家庭成员的关爱,可能增加女性董事人才的供应。[⑤] 结合中国新兴市场背景,"海归人才引进""性别平等"以及"高等教育普及"等人才趋势的不断延伸,董事人才库变得越来越多元化。综上,国家的

[①] Klaus E.Meyer and Mike W.Peng,"Theoretical Foundations of Emerging Economy Business Research",*Journal of International Business Studies*,47(1),2016,pp. 3–22.

[②] Aleksandra Gregoric, Lars Oxelheim, Trond Randøy and Steen Thomsen,"Resistance to Change in the Corporate Elite:Female Directors' Appointments onto Nordic Boards",*Journal of Business Ethics*,141(2),2017,pp. 267–287.

[③] Shamsul Nahar Abdullah,"The Causes of Gender Diversity in Malaysian Large Firms",*Journal of Management and Governance*,18(4),2014,pp. 1137–1159.

[④] Siri A.Terjesen, Ruth V.Aguilera and Ruth Lorenz,"Legislating a Woman's Seat on the Board:Institutional Factors Driving Gender Quotas for Boards of Directors",*Journal of Business Ethics*,128(2),2015,pp. 233–251.

[⑤] Johanne Grosvold, Bruce Rayton and Stephen Brammer,"Women on Corporate Boards:A Comparative Institutional Analysis",*Business and Society*,55(8),2016,pp. 1157–1196.

制度环境对董事会多元化产生根本性影响。

二、董事会多元化对公司经济绩效影响关系的文献述评

（一）董事会多元化与企业财务绩效

董事会多元化和企业财务绩效之间的关系已经吸引了全世界学者的注意。现有研究涉及的董事会多元化特征主要包括性别、年龄、国籍、教育背景、职业背景、海外背景、学术背景以及政治背景和连锁董事背景等。其中，与其他人口多样性因素相比，性别多元化似乎是学术文献中研究最多的领域。[①]在20世纪50年代至80年代之间，公司董事会性别差异的文献主要集中在董事会多元化程度低的原因以及董事会内性别动态性的详细描述。从20世纪90年代到现在，研究人员主要关注董事会性别差异与公司行为之间的联系。在此期间，研究的主题从对这些高级职位女性的定性描述转向了女性参与这些职位产生的定量效应。例如，女性比男性更容易选择风险较小或积极的组织策略。[②] 此外，女性也比男性更倾向于将组织资源投资于更环保的项目和慈善项目。[③] 现有文献对董事会单个人口特征多元化的影响机制的研究日益普遍，但是董事会人口特征之间可能存在相互影响作用，研究单个人口特征将会忽略其他属性特征带来的影响，因此综合考虑多个维度的人口特征多样化的研究更具有代表性。

董事会多元化可能具有财务绩效优势作用。首先，董事会多元化帮助企

---

① Salim Darmadi，"Do Women in Top Management Affect Firm Performance? Evidence from Indonesia"，*Corporate Governance：The International Journal of Effective Board Performance*，13(3)，2013，pp. 288-304.

② Jasmin Joecks，Kerstin Pull and Karin Vetter，"Gender Diversity in the Boardroom and Firm Performance：What exactly Constitutes a'Critical Mass'?"，*Journal of Business Ethics*，118(1)，2013，pp. 61-72.

③ Jean D.Kabongo，Kiyoung Chang and Ying Li，"The Impact of Operational Diversity on Corporate Philanthropy：An Empirical Study of U.S.Companies"，*Journal of Business Ethics*，116(1)，2013，pp. 49-65.

业决策获得关键资源,提升董事会战略决策职能。多元化董事会成员带来关键外部资源,比如政治关联、企业高管间的关联以及学术科研人才关联。政治关联有助于民营企业降低硬预算约束,降低融资成本,为企业发展获得外部融资;同时,帮助企业获得政府内部信息,把握行业发展机遇。连锁董事有助于企业通过董事与其他企业的高管和董事保持联系,更好制订战略建议;学者董事有助于帮助企业获得专业研究人才,更加专业化提升企业的创新竞争优势。其次,董事会多元化带来认知差异,有利于董事会把握决策有用信息,提高决策效率。性别、年龄和国籍等的差异导致个体具有不同的领导风格和风险偏好;教育、留学以及职业背景等提升董事对事物的认知能力、塑造董事的个人价值观,最终导致多元化董事之间存在较大的认知差异。群体间的认知差异帮助董事会客观判断信息的有用性,提高决策效率,降低企业决策风险。再次,董事会多元化可以更好监督管理层,降低代理问题。研究普遍认为,女性董事积极加入监督委员会,有利于提升董事会独立性,提高董事会监督职能;[1]具有专业背景的董事可以更好地识别高管的私利行为,同时多元化董事增加了与 CEO 密切关系的可能性,激励高管积极参与董事会决策制定,提高企业业绩。[2] 最后,董事会多元化还能够增加董事会审查力度,提升企业合规性,塑造良好社会形象,提升企业业绩。[3]

但是,董事会多元化也可能具有隐形成本,降低企业财务绩效。主要表现为以下几个方面:首先,董事会多元化由于不同的认知模式产生决策冲突,降

[1] Mariassunta Giannetti and Mengxin Zhao, "Board Ancestral Diversity and Firm-Performance Volatility", *Journal of Financial and Quantitative Analysis*, 54(3), 2019, pp. 1117–1155.

[2] Renée B. Adams and Daniel Ferreira, "Women in the Boardroom and Their Impact on Governance and Performance", *Journal of Financial Economics*, 94(2), 2009, pp. 291–309. Collins G. Ntim, "Board Diversity and Organizational Valuation: Unravelling the Effects of Ethnicity and Gender", *Journal of Management and Governance*, 19(1), 2015, pp. 167–195.

[3] Helena Isidro and Marcia Sobral, "The Effects of Women on Corporate Boards on Firm Value, Financial Performance, and Ethical and Social Compliance", *Journal of Business Ethics*, 132(1), 2015, pp. 1–19.

低群体凝聚力。由于个人偏好和观点的不一致,多元化会导致董事会观点的内部冲突。[1] 董事会成员之间的不同特征(人口、教育、职能等)都影响他们的决策和解决问题的做法,进而可能与其他成员的解决方案产生冲突。董事会决策冲突将会带来群体凝聚力下降。其次,董事会多元化可能导致沟通减少,决策效率降低。[2] 西蒙·卡兹马雷克、佐托米·基米诺和安妮·派伊(Kacz-marek et al.,2012)研究发现兼任较多董事席位的董事将会导致没有足够精力和时间监督管理层,进而导致沟通较少,将会导致企业业绩下降。最后,董事会多元化的实施可能选聘不称职的董事,引发招聘成本,进而损坏企业业绩。比如,女性董事的选聘可能是由于强制性的性别配额的执行、象征主义和家庭关系,而不是财务绩效。[3] 凯瑟琳·法雷尔和菲利普·赫尔希(Farrell and Hersch,2005)研究发现,女性董事的选聘与绩效无关,而是企业内外部环境的多元化要求驱动。因此,由于女性董事的经验和能力不足,企业可能会存在招聘成本。此外,年轻董事的选聘可能导致企业风险较大,进而造成公司巨大战略风险损失。

综上所述,董事会多元化是一把"双刃剑",同时具有公司财务绩效优劣作用。如果董事会多元化的利大于弊,则表现为与企业业绩正相关;然而,更大的董事会异质性会增加冲突水平和降低沟通效率,弊大于利,则企业业绩可能下降。因此,学术界对董事会多元化与企业业绩的影响关系尚未得出一致的结论。在现有文献的基础上,两者之间主要有四种结论。

1.董事会多元化促进企业财务绩效

托雅·米勒和玛丽亚·德尔·卡门·特里亚纳(Miller and Triana,2009)

---

[1]　Tawei Wang and Carol Hsu,"Board Composition and Operational Risk Events of Financial Institutions",*Journal of Banking and Finance*,37(6),2013,pp. 2042-2051.

[2]　C.Chet Miller, Linda M. Burke and William H. Glick, "Cognitive Diversity among Upper-echelon Executives:Implications for Strategic Decision Processes", *Strategic Management Journal*, 19(1),1998,pp. 39-58.

[3]　Shamsul Nahar Abdullah, "The Causes of Gender Diversity in Malaysian Large Firms", *Journal of Management and Governance*,18(4),2014,pp. 1137-1159.

发现董事会多元化与企业业绩之间存在正相关关系,并且企业声誉和创新具有中介效应。罗纳德·安德森、大卫·M.里布、阿伦·乌帕迪亚和赵万里(Anderson et al.,2011)针对2003—2005年的美国样本认为董事会多元化带给董事会不同的观点和才能,是企业业绩提升的重要公司治理因素。刘煜、魏作宝、谢菲雪(Liu et al.,2014)研究发现,中国上市公司女性董事对企业业绩具有积极显著的关系,其中女性执行董事对公司业绩的影响大于女性独立董事,表明董事会的执行效应超过了监督效应。柯林斯·G.恩蒂姆(Ntim,2015)考察了2002—2007年间南非169家企业,发现公司董事会内部的种族和性别多样性与企业价值正相关。海伦娜·伊西德罗和玛西娅·索布拉(Isidro and Sobral,2015)研究欧洲公司发现董事会性别多元化对企业财务业绩和社会合规性正相关,进而提高公司价值。伯尼尔等(2018)研究发现多元化董事会通过制定有力的政策选择,降低财务风险,提高企业创新效率,最终促进企业业绩。徐志顺等(2018)研究中国高自由裁量权行业中的企业,发现董事会多元化促进企业业绩的提高。克里斯蒂安·平托-古特雷斯、卡洛斯·庞博和贾罗·比利亚米勒-迪亚斯(Pinto-Gutiérrez et al.,2018)研究拉丁美洲样本发现董事会资本多元化对企业业绩具有显著的促进作用。这些文献认为,董事会多元化积极发挥优势作用,促进企业业绩。

2.董事会多元化抑制企业财务绩效

雷内·B.亚当斯和丹尼尔·费雷拉(Adams and Ferreira,2009)研究1996—2003年间的公司,发现性别多元化和企业业绩ROA以及托宾Q之间有负向关系。卡兹马雷克等(2012)研究英国样本发现,董事会中有较多兼任其他董事席位的成员,将会导致董事"过于繁忙",减少对高管的监督,增加代理成本并最终导致企业业绩下降。罗伊·豪泽(Hauser,2018)研究美国标准普尔1500指数样本,发现连锁董事多元化将会抑制企业业绩增长。关于董事会多元化的抑制作用主要体现在董事会多元化单个属性特征的抑制作用,而综合属性特征对企业业绩的影响还有待研究。

3.董事会多元化与企业财务绩效之间存在非线性关系

阿拉特等(2015)研究土耳其新兴市场背景,发现董事会人口多元化和企业业绩之间呈现"倒U型"非线性关系。欧内斯特·贾蓬、雷扎·莫内和胡芳(Gyapong et al.,2016)研究2008—2013年南非上市公司,发现董事会的种族多样性与企业业绩之间存在"倒U型"非线性关系,但是女性董事与企业业绩之间不存在非线性关系。马里亚森塔·吉安内蒂和赵梦欣(Giannetti and Zhao,2019)研究1996—2014年美国上市公司,发现董事会文化和价值观的多样性对决策过程产生影响,由于董事会多元化对企业业绩的利弊影响,最终导致对企业业绩先促进后抑制的非线性关系。① 因此,董事会多元化与企业业绩的非线性关系主要是"倒U型",即表明过度的董事会多元化的弊端更为明显,表现为决策冲突导致企业业绩下降。

4.董事会多元化与企业财务绩效之间没有影响关系

莎克·A.萨拉和W.W.斯坦顿(Zahra and Stanton,1988)以及法雷尔和赫尔希(2005)发现企业多元化经营与企业绩效指标之间没有显著的关系。大卫·A.卡特、弗兰克·D.苏扎、贝蒂·J.辛金斯和W.加里·辛普森(Carter et al.,2010)通过理论分析发现董事会的性别和种族多元化可能在不同的情况下产生不同的影响,进一步利用美国1998—2002年的数据发现董事会人口多元化不会对企业财务绩效产生影响。弗兰克·多宾和郑智宇(Dobbin and Jung,2011)对美国1997—2005年间400家领先公司进行研究后,发现董事会多元化对随后的营利能力没有影响。萨利姆·达马迪(Darmadi,2011)考察印度尼西亚上市公司,发现国籍多元化对公司业绩影响不显著。刘煜等(2014)研究中国样本,发现在国有企业中女性董事对企业业绩的影响微不足道。综上,董事会多元化与企业业绩没有影响的研究主要表现为董事会单个属性特征,至于同时考虑多个指标构建的董事会多元化尚未发现其不显著的影响。

---

① Mariassunta Giannetti and Mengxin Zhao,"Board Ancestral Diversity and Firm-Performance Volatility",*Journal of Financial and Quantitative Analysis*,54(3),2019,pp. 1117–1155.

综上所述,董事会多元化与企业财务绩效的影响关系尚未达成共识,其中董事会构成与企业财务绩效间的内生性问题可能影响结论的一致性。董事会多元化与企业财务绩效的内生性问题,可能是导致结论不稳定的原因。[①] 首先,治理变量和公司业绩分析中的一个重要问题是由于反向因果关系导致的估计偏差,其中董事会构成的变化可能由过去公司业绩的变化来解释。[②] 表现良好的公司会吸引高质量的董事,导致因果关系逆转。其次,由于影响企业业绩的因素较为复杂,存在不可观测的指标变量,因此可能存在遗漏变量的内生问题。[③] 最后,高质量董事人才对较高企业业绩的偏好,导致样本选择偏误带来的内生问题。针对上述问题,主要的解决方式有以下几种:一是常见的工具变量法,选取的工具主要为地区董事人才库多元化和行业董事人才库多元化以及同行业同年度所有企业女性董事均值。[④] 二是采用一阶差分的方式验证因果关系的正确性,即验证董事会多元化的变化对企业业绩变化的影响。[⑤] 三是采

---

① Benjamin E. Hermalin and Michael S. Weisbach, "Endogenously Chosen Boards of Directors and Their Monitoring of the CEO", *American Economic Review*, 88(1), 1998, pp. 96–118.

② Yu Liu, Zuobao Wei and Feixue Xie, "Do Women Directors Improve Firm Performance in China?", *Journal of Corporate Finance*, 28, 2014, pp. 169–184. Cristian Pinto-Gutiérrez, Carlos Pombo and Jairo Villamil-Díaz, "Board Capital Diversity and Firm Value: Evidence from Latin-America", *Working Paper*, 2018.

③ Ronald C. Anderson, David M. Reeb, Arun Upadhyay and Wanli Zhao, "The Economics of Director Heterogeneity", *Financial Management*, 40(1), 2011, pp. 5–38.

④ Ronald C. Anderson, David M. Reeb, Arun Upadhyay and Wanli Zhao, "The Economics of Director Heterogeneity", *Financial Management*, 40(1), 2011, pp. 5–38. Gennaro Bernile, Vineet Bhagwat and Scott Yonker, "Board Diversity, Firm Risk, and Corporate Policies", *Journal of Financial Economics*, 127, 2018, pp. 588–612. Yu Liu, Zuobao Wei and Feixue Xie, "Do Women Directors Improve Firm Performance in China?", *Journal of Corporate Finance*, 28, 2014, pp. 169–184. Haishan Li and Peng Chen, "Board Gender Diversity and Firm Performance: The Moderating Role of Firm Size", *Business Ethics: A European Review*, 27(4), 2018, pp. 294–308.

⑤ Roie Hauser, "Busy Directors and Firm Performance: Evidence from Mergers", *Journal of Financial Economics*, 128(1), 2018, pp. 16–37. Maria Camila De-La-Hoz, Carlos Pombo and Rodrigo Taborda, "Does Board Diversity Affect Institutional Investor Preferences? Evidence from Latin America", *Working Paper*, 2018.

用赫克曼两阶段模型解决样本选择偏误问题。① 四是采用特殊样本排除因果因素干扰,比如吉安内蒂和赵梦欣(2019)采用合并和并购公告后企业作为样本。

此外,董事会多元化对企业业绩的研究尚未达成一致结论的原因还可能是不同的国家社会、政治和经济背景以及不同的样本区间。② 目前,相关研究主要集中在美国等发达国家,对新兴市场的研究相对较少;③并且现有研究主要集中在土耳其以及拉丁美洲等新兴市场,以中国为背景的相关研究相对较少。④ 此外,中国背景中主要针对董事会单个特征展开研究,对董事会整体多元化的研究较少。基于此,有必要针对中国样本展开董事会多元化对企业业绩的研究。

(二)董事会多元化与企业社会责任绩效

如今,很多学者和从业者都认为企业成功不能仅仅依靠它所取得的财务绩效去衡量,还应该包括环境、慈善等社会责任绩效。然而,目前关于董事会多元化的研究主要关注它对企业财务绩效的影响,对于董事会多元化是如何影响企业社会绩效的关注较少。⑤ 考虑董事会成员是否以及如何影响企业社

---

① Heng An, Carl R. Chen, Qun Wu and Ting Zhang, "Corporate Innovation: Does Diverse Board Help?", *Journal of Financial and Quantitative Analysis*, Forthcoming, 2019.

② David A. Carter, Frank D. Souza, Betty J. Simkins and W. Gary Simpson, "The Gender and Ethnic Diversity of US Boards and Board Committees and Firm Financial Performance", *Corporate Governance: An International Review*, 18(5), 2010, pp. 396-414.

③ Scott Johnson, Karen Schnatterly and Aaron Hill, "Board Composition Beyond Independence: Social Capital, Human Capital, and Demographics", *Journal of Management*, 39(1), 2013, pp. 232-262.

④ Melsa Ararat, Mine Aksu and Ayse Tansel Cetin, "How Board Diversity Affects Firm Performance in Emerging Markets: Evidence on Channels in Controlled Firms", *Corporate Governance: An International Review*, 23 (2), 2015, pp. 83 - 103. Maria Camila De-La-Hoz, Carlos Pombo and Rodrigo Taborda, "Does Board Diversity Affect Institutional Investor Preferences? Evidence from Latin America", *Working Paper*, 2018. Cristian Pinto-Gutiérrez, Carlos Pombo and Jairo Villamil-Díaz, "Board Capital Diversity and Firm Value: Evidence from Latin-America", *Working Paper*, 2018.

⑤ Kathyayini Rao and Carol Tilt, "Board Composition and Corporate Social Responsibility: The Role of Diversity, Gender, Strategy and Decision Making", *Journal of Business Ethics*, 138(2), 2016, pp. 327-347.

会责任绩效非常重要,因为董事会作为公司决策树的顶端,它对企业所取得的社会绩效负有首要责任。① 已经有大量文献显示,不同的董事会特征会影响企业社会责任绩效。②

目前有一部分研究讨论了董事会多元化对整体企业社会责任的影响,也有一部分研究侧重于董事会多元化对具体企业社会责任组成部分的影响,如环境责任、慈善捐赠、员工责任等。③ 但大多数研究都是支持董事会多元化对企业社会责任的积极作用。其原因在于:首先,多元化能够提高董事会的独立性。一般来说,外部董事比内部董事更关注社会需求,其往往对公司道德方面的决策更加敏感。④ 其次,独立董事更愿意企业遵守法律法规和积极承担社会责任,因为他们更希望企业通过较好的社会责任绩效来提升企业的名誉和

---

① Kris Byron and Corinne Post, "Women on Boards of Directors and Corporate Social Performance: A Meta-Analysis", *Corporate Governance: An International Review*, 24 (4), 2016, pp. 428-442.

② Paul Dunn and Barbara Sainty, "The Relationship among Board of Director Characteristics, Corporate Social Performance and Corporate Financial Performance", *International Journal of Managerial Finance*, 5(4), 2009, pp. 407-423. Chi-Jui Huang, "Corporate Governance, Corporate Social Responsibility and Corporate Performance", *Journal of Management and Organization*, 16 (5), 2010, pp. 641-655. Coral B. Ingley, "Company Growth and Board Attitudes to Corporate Social Responsibility", *International Journal of Business Governance and Ethics*, 4 (1), 2008, pp. 17-39.

③ Dolors Setó - Pamies, "The Relationship Between Women Directors and Corporate Social Responsibility", *Corporate Social Responsibility and Environmental Management*, 22, 2013, pp. 334-345. Maretno Harjoto, Indrarini Laksmana and Robert Lee, "Board Diversity and Corporate Social Responsibility", *Journal of Business Ethics*, 132(4), 2015, pp. 641-660. Betty S. Coffey and Jia Wang, "Board Diversity and Managerial Control as Predictors of Corporate Social Performance", *Journal of Business Ethics*, 17 (14), 1998, pp. 1595 - 1603. Robert J. Williams, "Women on Corporate Boards of Directors and Their Influence on Corporate Philanthropy", *Journal of Business Ethics*, 42 (1), 2003, pp. 1-10.

④ Nabil A. Ibrahim, Donald P. Howard and John P. Angelidis, "Board Members in the Service Industry: An Empirical Examination of the Relationship between Corporate Social Responsibility Orientation and Directorial Type", *Journal of Business Ethics*, 47(4), 2003, pp. 393-401. Richard A. Johnson and Daniel W. Greening, "The Effects of Corporate Governance and Institutional Ownership Types of Corporate Social Performance", *Academy of Management Journal*, 42, 1999, pp. 564-576.

形象,以便在未来可以继续担任其他公司的董事。① 再次,女性董事一般比男性董事更加关注社会需要,这是因为相比于男性而言,女性更仁慈宽容、更富有同情心、更讲究互惠互利,这些特征导致她们在决策时更加关注利益相关者的需求,从而提高了企业社会责任绩效。② 最后,多元化能够提高董事会识别不同利益相关者群体利益和需求的能力,从而调整最优的企业社会责任战略,并管理利益相关者之间冲突,从而提高企业社会责任绩效。③

但也有研究显示,董事会多元化在一定程度上被认为是一把"双刃剑",支持董事会多元化的人认为多元化能为董事会带来更广阔的视野,防止董事会出现群体思维。同时多元化的董事会能够更加充分地认识不同利益相关者需求,进一步平衡利益相关者的利益,从而提高企业社会绩效。④ 然而,多元化也可能会加剧董事会成员之间的冲突,使董事会难以达成共识,延长了董事会作出合理决策的过程,从而可能会降低决策效率。尽管如此,唐纳德·C.汉布里克、特蕾莎·承周和陈敏杰(Hambrick et al.,1996)的研究认为,多元化为团队带来的好处不仅仅能够抵消其带来的坏处,还能为团队带来更多的收益。因为尽管多元化可能为董事会带来了冲突和误解,但多元化也

---

① Paul Dunn and Barbara Sainty, "The Relationship among Board of Director Characteristics, Corporate Social Performance and Corporate Financial Performance", *International Journal of Managerial Finance*, 5(4), 2009, pp. 407-423. Abubakr Saeed and Muhammad Sameer, "Impact of Board Gender Diversity on Dividend Payments: Evidence from Some Emerging Economies", *International Business Review*, 26(6), 2017, pp. 1100-1113.

② Soku Byoun, Kiyoung Chang and Young Sang Kim, "Does Corporate Board Diversity Affect Corporate Payout Policy?", *Asia-Pacific Journal of Financial Studies*, 45(1), 2016, pp. 48-101. 杜颖洁、杜兴强:《女性董事、法律环境与企业社会责任——基于中国资本市场的经验证据》,《当代会计评论》2014 年第 13 期。

③ Maretno Harjoto, Indrarini Laksmana and Robert Lee, "Board Diversity and Corporate Social Responsibility", *Journal of Business Ethics*, 132(4), 2015, pp. 641-660.

④ Corinne Post and Kris Byron, "Women on Boards and Firm Financial Performance: A Meta-analysis", *Academy of Management Journal*, 58(5), 2015, pp. 1546-1571. Stephen Bear, Noushi Rahman and Corinne Post, "The Impact of Board Diversity and Gender Composition on Corporate Social Responsibility and Firm Reputation", *Journal of Business Ethics*, 97(2), 2010, pp. 207-221.

为董事会提供了不同的观点和更多的问题解决方案,最终还是能够提高企业经济绩效。

目前考虑用多维的方式来衡量董事会多元化并讨论其与企业社会责任关系的研究并不多,大多数文献都是考虑单个维度的董事会多元化。其中,许多学者尤其关注董事会性别多元化对企业社会责任的影响。例如,斯蒂芬·贝尔斯、努希·拉赫曼和科琳·波斯特(Bear et al.,2010)发现,董事会中女性董事的数量上升可以提高企业社会责任绩效。同样,理查德·伯纳迪和维罗妮卡·H.特莱吉尔(Bernardi and Threadgill,2011)也发现,董事会性别多元化能够改善企业社会责任的决策过程,使企业作出对社会负责的行为,特别是在慈善捐赠、员工福利和社区参与等方面。克里斯·拜伦和科琳·波斯特(Byron and Post,2016)认为,与男性董事相比,女性董事更加关注企业的社会责任,她们倾向于拥有更符合企业社会绩效的价值观,所以女性董事可以帮助董事会在决策时考虑其他利益相关者的需要。塞托帕米斯(2013)利用跨国企业的样本进行了实证研究,结果发现董事会中女性比例较高的公司更具社会责任感,从而得出女性董事可以发挥战略性作用,使公司能够适当地管理其社会责任和可持续实践的结论。此外,杜兴强和冯文滔(2012)、罗伯特·威廉姆斯(Williams,2003)与张杰、朱红、丁洪斌(Zhang et al.,2013)以及周泽将和修宗峰(2014)等人的实证结果都认为女性董事能够提高企业社会责任绩效。

有学者还发现外部董事和独立董事比例也能改善企业社会责任绩效。例如,张杰等(2013)发现外部董事为企业利益相关者的有效管理作出了贡献,他们认为外部董事可以增加公司资源从而更好地管理利益相关者。同时,加强利益相关者管理有助于公司获得利益相关者的接受和认可,从而提高企业社会责任绩效。纳比勒·A.易卜拉欣、唐纳德·P.霍华德和约翰·P.安吉利斯(Ibrahim et al.,2003)也认为,外部董事对社会需求表现出了更大的回应,因为他们是局外人而更少关注公司的经济目标。此外,独立董事比例也能够提高企业社会责任绩效,独立董事习惯于作出相比于经理人更客观的决策,因为独立董事的声望与企业声誉密切相关,他们总是希望企业表现出更负责的行为以此提高自己的声誉。卡德尔·萨欣、辛格登·萨欣·巴斯菲林奇和艾贡·奥扎利(Sahin et al.,2011)与肖海林和薛琼(2014)等人的研究都发现了独立董事能促进企业社会责任的履行。

此外,还有研究发现董事会成员年龄多元化、董事会成员职业背景多元化以及董事会任期影响企业社会责任绩效。[1] 还包括学历、种族、国籍等方面的多元化研究。[2] 上述关于董事会多元化的研究与企业社会责任的研究都认为董事会多元化能够提高企业社会责任绩效,不过也有研究发现董事会多元化对企业社会绩效具有负向影响或者没有影响。[3]

(三)董事会多元化与创新绩效关系研究述评

技术创新作为经济增长的重要驱动力,决定了国家经济是否可持续发展。国家自主创新的核心是要推动企业创新。如何增强企业自主创新能力不仅是企业管理者也是政策制定者以及大众关心的一个重要话题。企业创新受多种因素的影响,已有文献集中考察风险资本、融资约束、公司治理、家

---

[1]　Taieb Hafsi and Gokhan Turgut,"Boardroom Diversity and Its Effect on Social Performance:Conceptualization and Empirical Evidence",*Journal of Business Ethics*,112(3),2013,pp. 463-479. Julie I. Siciliano,"The Relationship of Board Member Diversity to Organizational Performance",*Journal of Business Ethics*,15(12),1996,pp. 1313-1320. Tiago Melo,"Determinants of Corporate Social Performance:The Influence of Organizational Culture,Management Tenure and Financial Performance",*Social Responsibility Journal*,8(1),2012,pp. 33-47.

[2]　Kathyayini Rao and Carol Tilt,"Board Composition and Corporate Social Responsibility:The Role of Diversity,Gender,Strategy and Decision Making",*Journal of Business Ethics*,138(2),2016,pp. 327-347.

[3]　Betty S. Coffey and Jia Wang,"Board Diversity and Managerial Control as Predictors of Corporate Social Performance",*Journal of Business Ethics*,17(14),1998,pp. 1595-1603. Taieb Hafsi and Gokhan Turgut,"Boardroom Diversity and Its Effect on Social Performance:Conceptualization and Empirical Evidence",*Journal of Business Ethics*,112(3),2013,pp. 463-479.

族企业所有权以及区域竞争等对企业创新绩效的影响。[①] 然而,董事会作为创新决策制定的核心机构,较少文献研究董事会对企业创新绩效的影响。其中,董事会多元化作为董事会重要治理机制将对企业创新绩效产生重要影响。

现有研究主要关注高管特征对企业创新的影响。刘凤朝等(2017)以中国 2005—2012 年计算机、通信和其他电子设备制造业为样本,发现高管团队中海外背景高管比例对企业专利申请存在积极作用。赵子夜等(2018)研究 2001—2012 年中国样本,发现通才型领导人显著提升了公司的研发费用、专利申请和专利引用。虞义华等(2018)研究 2001—2015 年中国制造业上市公司,发现发明家高管通过提供专业知识、提高管理层多元化、减轻管理层短视、向企业内部个体发明家传递激励信号等途径促进企业创新。克里斯托弗·布恩、鲍里斯·洛克辛、汉内·根特和勒内·贝尔德博斯(Boone et al.,2019)研究发现在社会分层较低的高管团队中,国籍多样性促进企业创业和创新。通过分析发现,国内学者在研究高管特征时主要考虑董事长和 CEO 两个个体的特征,国外学者主要考虑高层管理者、董事会秘书以及执行董事等。但是,由于董事会对企业决策的制定和执行负责,因此有必要研究董事会特征的创新效应。

基于资源依赖理论,董事会资本通过提供优势资源影响企业创新绩效。已有文献将董事会资本分为人力资本和社会资本。首先,人力资本提高董事会认知能力。学者普遍认为,教育程度较高和具有特定行业经验的董事能够为公司提供知识和技能,有利于公司创新;拥有海外背景的董事具有丰富的阅

---

① Thomas J.Chemmanur, Elena Loutskina and Xuan Tian, "Corporate Venture Capital, Value Creation, and Innovation", *Review of Financial Studies*, 27(8), 2014, pp. 2434-2473. Yunshi Liu, Yi-Jung Chen and Linda C.Wang, "Family Business, Innovation and Organizational Slack in Taiwan", *Asia Pacific Journal of Management*, 34(1), 2017, pp. 193-213.李长娥、谢永珍:《产品市场竞争、董事会异质性对技术创新的影响——来自民营上市公司的经验证据》,《华东经济管理》2016年第 8 期。

历和国际视野,可发挥较好的咨询功能。① 其次,社会资本提供广泛的外部关系。政治关联董事的存在帮助企业获得政府研发补助支持,降低外部融资成本以及提升企业的外部监管环境;②有学术背景董事的存在有助于企业获得与专业研发团队的联系,帮助企业研发设计新产品,了解学术前沿发展动态;③连锁董事的存在通过与其他企业董事和高管的密切联系帮助企业更好地评估创新决策风险,制定研发投资最优策略。但是,董事会的性别、种族和国籍等人口特征也将对企业创新产生积极作用。法布里斯・加利亚和伊曼纽尔・泽诺(Galia and Zenou,2012)研究法国公司发现董事会性别和年龄多样化对企业产品、组织和营销创新具有显著的影响。因此,进一步将董事会多元化全面划分为人口特征、人力资本和社会资本三个层面进行研究,将更能体现其对创新绩效的优势作用。

但是,董事会多元化也可能存在创新劣势。袁建国等(2015)发现企业的政治关联会通过降低市场竞争、助长过度投资等导致企业技术创新乏力、资源分散并产生挤出效应,最终无益于改善经济增长质量。李长娥和谢永珍(2016)发现过度异质化的董事会群体难以针对相关问题达成共识,而同质性董事会的受教育程度影响着决策效率,因此教育水平异质性对企业创新战略呈现负向作用。此外,多元化董事之间的差异可能在董事会中产生沟通和协调问题,从而拖长决策过程,降低创新决策效率。④

---

① 张维今、李凯、王淑梅:《CEO 权力的调节作用下董事会资本对公司创新的内在机制影响研究》,《管理评论》2018 年第 4 期。周建、李小青:《董事会认知异质性对企业创新战略影响的实证研究》,《管理科学》2012 年第 6 期。宋建波、文雯:《董事的海外背景能促进企业创新吗?》,《中国软科学》2016 年第 11 期。

② 范建红、陈怀超:《董事会社会资本对企业研发投入的影响研究——董事会权力的调节效应》,《研究与发展管理》2015 年第 5 期。

③ 李玲、白昆艳、张巍:《董事会异质性、组织冗余与企业创新战略》,《科技管理研究》2018 年第 2 期。

④ Heng An,Carl R.Chen,Qun Wu and Ting Zhang,"Corporate Innovation:Does Diverse Board Help?",*Journal of Financial and Quantitative Analysis*,Forthcoming,2019.

正是由于董事会多元化同时存在正负两个方面的影响,目前研究尚未得出一致结论。当董事会多元化的收益大于成本时,董事会多元化将会促进企业创新。米勒和特里亚纳(2009)研究发现董事会性别和种族多元化均积极促进企业创新,并且间接提升企业绩效。董事会职业背景和教育背景异质性对企业创新存在积极影响。① 法比奥·佐纳、马里奥·米诺亚和维托里奥·科达(Zona et al.,2013)研究意大利上市公司,采用问卷调查法根据 CEO 对董事多元化的感知获得董事会多元化指标,发现董事会多元化积极促进企业创新,但是企业规模对两者之间的关系呈现抑制作用。伯尼尔等(2018)发现董事会多元化有利于制定最优战略决策,降低财务风险,提高企业创新活动效率。吉安内蒂和赵梦欣(2019)发现董事会文化多样性导致更多的实验以及更高的被引用专利。对于单个董事会多元化指标特征,董事会可以通过连锁董事关系网络获取有利于企业创新的外部知识,并进一步提升企业创新绩效。②

然而,董事会多元化的成本大于收益时,董事会多元化将会阻碍企业创新。范建红和陈怀超(2015)发现董事会在网络中嵌入程度越深,将会阻碍多样化信息获取,对企业研发投入产生负向影响。袁建国等(2015)研究发现政治关联抑制企业技术创新。李玲等(2018)发现董事会教育水平差异将会阻碍团队间的有效沟通和交流,降低信息甄别、获取和开发能力,进而决策冲突较多从而削弱团队凝聚力,不利于企业进行创新决策。此外,由于董事会多元化的成本和收益同时存在,因此董事会多元化对企业创新存在非线性关系。安衡等(2019)基于董事会战略提供职能发现董事会异质性对企业创新存在先促进后抑制的非线性关系;严若森和朱婉晨(2018)发现董

① 周建、李小青:《董事会认知异质性对企业创新战略影响的实证研究》,《管理科学》2012年第 6 期。

② 段海艳:《连锁董事、组织冗余与企业创新绩效关系研究》,《科学学研究》2012 年第 4 期。张维今、李凯、王淑梅:《CEO 权力的调节作用下董事会资本对公司创新的内在机制影响研究》,《管理评论》2018 年第 4 期。

事会性别多元化和企业研发强度之间呈现"倒 U 型"非线性关系。最后,李长娥和谢永珍(2016)发现董事会性别多元化对公司科技创新没有显著的影响;董事会教育水平异质性和专业知识异质性与民营企业研发支出没有显著性影响。

综上所述,董事会多元化与企业创新的关系尚未形成一致结论。可能的原因有:研究时选取的样本国家和年份不同,可能存在的内生性影响以及多元化指标的不一致;董事会成员具有多个特征,而且特征间可能存在正负作用相互抵消,然而单个属性特征多元化创新绩效的研究结论尚未明确董事会多元化的创新效应。此外,部分研究的研究年限较短,或者使用截面数据,导致样本结论不具有代表性,因此需要从研究样本、多元化指标构建以及模型设计等方面进行文献扩展,进而为董事会多元化的创新绩效提供新证据。①

三、董事会多元化对公司治理效率影响关系的文献述评

董事会多元化对企业财务业绩、社会责任绩效以及创新绩效的影响,学者们尚未得出一致结论,主要是由于董事会多元化与企业经济绩效变量之间可能存在间接关系。因此为了更好了解董事会多元化治理效应,本书认为有必要直接研究董事会多元化对公司治理效率的影响。② 结合不同的制度背景,董事会性别多元化对组织绩效产生不同的影响,因此分析女性董事对公司治理影响的研究已经成为焦点。③ 卡特等(2010)认为董事会性别和种族多元化的影响在不同的背景和时间内有所不同,并且多元化董事的任命决定基于未

---

①　周建、李小青:《董事会认知异质性对企业创新战略影响的实证研究》,《管理科学》2012年第 6 期。段海艳:《连锁董事、组织冗余与企业创新绩效关系研究》,《科学学研究》2012 年第4 期。

②　Scott Johnson,Karen Schnatterly and Aaron Hill,"Board Composition Beyond Independence:Social Capital,Human Capital,and Demographics",*Journal of Management*,39(1),2013,pp. 232-262.

③　刘绪光、李维安:《基于董事会多元化视角的女性董事与公司治理研究综述》,《外国经济与管理》2010 年第 4 期。

来财务业绩以外的标准。佐纳等(2013)认为研究董事会特征与组织行为的关系必须考虑组织具体特征。根据以往文献,笔者总结发现董事会主要的职能是监督、战略咨询以及提供资源。董事会职能发挥的表现即为董事会的治理效应。因此本书主要从三个方面对董事会多元化的治理效率进行分析。

(一)董事会多元化与监督职能

董事会的监督职能已经被广泛研究,目前的研究主要涉及第一类代理问题,即董事会多元化对高管的监督。[1] 首先,CEO 权力对董事会行为的双向调节作用。一方面,CEO 权力越高,董事会多元化的优势作用越受到抑制。[2] 卡塔林·塔卡克斯·海恩斯和艾米·希尔曼(Haynes and Hillman, 2010)研究发现强权 CEO 往往施加权力反对董事会决策,因此董事会资本广度对战略变更的正向作用受到抑制。另一方面,CEO 权力促进董事会多元化的优势作用。张维今等(2018)发现 CEO 权力激发了具备人力与社会资本的董事们为公司创新提供持续不断的建议和资源。其次,董事会多元化提高董事会的监督效应。较多研究认为女性董事更愿意加入监督委员会,提升监督职能。[3] 沙姆苏尔·纳哈尔·阿卜杜拉(Abdullah, 2014)发现独立董事积极促进女性董事和女性独立董事的比例的提高,进而增加董事会监督职能。阿拉特等(2015)发现董事会多元化提升了董事会监督效能,进而影响企业业绩。此外,董事会多元化增加董事会辩论和审查能力,识别高管私利行为。[4]

---

① Melsa Ararat, Mine Aksu and Ayse Tansel Cetin, "How Board Diversity Affects Firm Performance in Emerging Markets: Evidence on Channels in Controlled Firms", *Corporate Governance: An International Review*, 23(2), 2015, pp. 83-103.

② Ronald C. Anderson, David M. Reeb, Arun Upadhyay and Wanli Zhao, "The Economics of Director Heterogeneity", *Financial Management*, 40(1), 2011, pp. 5-38.

③ Mehdi Nekhili and Hayette Gatfaoui, "Are Demographic Attributes and Firm Characteristics Drivers of Gender Diversity? Investigating Women's Positions on French Boards of Directors", *Journal of Business Ethics*, 118(2), 2013, pp. 227-249.

④ Heng An, Carl R. Chen, Qun Wu and Ting Zhang, "Corporate Innovation: Does Diverse Board Help?", *Journal of Financial and Quantitative Analysis*, Forthcoming, 2019.

因此,董事会多元化增加了高管的监督职能,但是高管权力过大可能对其产生重要影响,或者积极或者消极。

(二)董事会多元化与战略决策职能

董事会在企业战略决策制定过程中起到的作用一直是学术界争论的主题。[①] 首先,董事会多元化对企业风险波动的影响。雅娜·欧姆辛、塞巴斯蒂安·施拉普和迈克尔·沃尔夫(Oehmichen et al.,2017)研究发现董事的行业专业知识和经验帮助管理者识别风险和机会增加企业战略变更,尤其是在监管薄弱的国家,这种影响更明显。关于其对业绩波动的影响,伯尼尔等(2018)研究发现由于多元化董事会采取风险较低的财务决策,使得企业政策的实质回报波动率显著降低。然而,吉安内蒂和赵梦欣(2019)研究发现董事会多元化由于更多的董事会会议、产生异于同行的决策导致决策过程效率下降以及董事会冲突进而带来较大的业绩波动。但是两个研究均表明董事会多元化促进企业创新,产生更多专利;以及董事会多元化的收益大于成本,从而提升企业业绩。其次,董事会多元化对企业战略变更的影响。海恩斯和希尔曼(2010)研究发现董事会资本异质性的广度积极促进企业战略变更,但是董事会资本异质性深度代表董事会成员在行业中的嵌入程度较高,公司发生战略变革的可能性越小。丹尼尔·基普荣·塔鲁斯和费德里科·艾姆(Tarusand Aime,2014)研究董事人口多元化对企业战略变更的影响,发现年龄多元化产生的战略变化较少,而职业背景多元化则与更高水平的战略变化相关。徐志顺等(2019)以中国高自由裁量行业为样本,认为董事会帮助管理层发展和计划公司战略,对内外部资源进行分配,因此董事会多元化通过影响战略变化最终影响企业业绩。综上,董事会多元化通过自身资本增强了对企

[①] Kevin Hendry and Geoffrey C. Kiel, "The Role of the Board in Firm Strategy: Integrating Agency and Organisational Control Perspectives", *Corporate Governance: An International Review*, 12 (4), 2004, pp. 500–520.

业风险的把控,进而提升战略变更能力,帮助企业抓住发展机遇。

(三)董事会多元化与资源提供职能

董事会的资源提供职能主要是指董事会成员人力资本以及社会关系资本为企业带来的资源优势,提高企业应对复杂环境的能力。[①] 海恩斯和希尔曼(2010)以及徐志顺等(2019)基于董事会资源提供职能,研究董事会多元化的公司治理效应。谢志明和易玄(2014)研究行政背景独立董事的资源提供和监督职能,发现董事的政治关联给民营企业和地方国有企业带来政府资产配置优势,但是其监督治理职能有限。李长娥和谢永珍(2016)认为良好的公司治理需要内部治理机制和外部治理机制共同作用,董事会作为内部治理机制受到外部治理机制的影响。产品市场竞争通过竞争压力产生的破产威胁对公司管理者进行有效的激励和监督,董事会多元化提供的资源优势帮助企业增加创新力度,提升企业竞争力。安衡等(2019)认为在竞争性较强的行业,董事会面临较强的竞争压力,因此充分利用多元化董事会提供资源优势,提高企业的创新绩效。因此,董事会的资源提供职能可以帮助企业提升竞争力,同时董事会多元化带来的多样资源,能帮助企业应对复杂的环境变化,提升竞争力。

第三节　理论框架

本节结合前面的理论基础以及文献综述部分,构建本书的理论框架,图 1.1 是理论框架。

一、委托代理理论在本书中的应用

委托代理理论认为,现代企业的基本特征是所有权和控制权的分离,这种

---

① Ronald C. Anderson, David M. Reeb, Arun Upadhyay and Wanli Zhao, "The Economics of Director Heterogeneity", *Financial Management*, 40(1), 2011, pp. 5-38.

控制权和经营权的分离容易产生道德风险问题。因为管理层和股东之间的目标冲突,管理者经常利用他们对公司运营的控制权,以牺牲股东的长期利益为代价,增加他们的短期财富,从而产生代理成本。① 董事会作为连接公司股东和管理层的正式机制,它在降低代理成本上发挥着不可替代的作用。很多学者认为,监督经理人以降低代理成本是董事会的关键职责之一,董事会能够有效地监督职业经理人的机会主义行为,从而使公司价值最大化。② 多元化有助于董事会更好地履行其监督职能并降低企业的代理成本,原因如下:首先,多元化能够提高董事会的独立性。易卜拉欣等(2003)研究认为多元化的董事会很难被管理层控制。其次,多元化带来更多审查,多元化的董事更愿意加入监督委员会对高管进行审查。③ 最后,多样化能够为董事会带来批判性审查和防止群体思维的出现,使董事会的监督更有效率。④ 因此,委托代理理论为多元化增强董事会监督效率和缓解公司代理成本并最终提高企业绩效(包括经济绩效、社会绩效和创新绩效)提供了重要的理论基础。

二、资源依赖理论在本书中的应用

资源依赖理论认为,董事会服务于公司与其他外部组织的联系,董事会被视为连接外部环境中的关键组织以及获取资源的重要机制。⑤ 安德森等

---

① Eugene F. Fama and Michael C. Jensen, "Separation of Ownership and Control", *Journal of Law and Economics*, 26(2), 1983, pp. 301-325.

② Amy J. Hillman and Thomas Dalziel, "Boards of Directors and Firm Performance: Integrating Agency and Resource Dependence Perspectives", *Academy of Management Review*, 28(3), 2003, pp. 383-396.

③ Heng An, Carl R. Chen, Qun Wu and Ting Zhang, "Corporate Innovation: Does Diverse Board Help?", *Journal of Financial and Quantitative Analysis*, Forthcoming, 2019.

④ Melsa Ararat, Mine Aksu and Ayse Tansel Cetin, "How Board Diversity Affects Firm Performance in Emerging Markets: Evidence on Channels in Controlled Firms", *Corporate Governance: An International Review*, 23(2), 2015, pp. 83-103.

⑤ Jeffrey Pfeffer and Gerald Salancik, "The External Control of Organizations: A Resource Dependence Perspective", *The Economic Journal*, 89, 1978, pp. 696-970.

（2011）认为，董事会具有资源提供职能，董事会应该为企业的生存和发展带来资源优势，增加企业应对复杂环境的能力。杰里·古德斯坦、卡纳克·高塔姆和沃伦·博克（Goodstein et al.，1994）认为，董事会多元化能够改善企业与外部环境之间的联系并维护公司重要资源的安全。多元化的董事为董事会提供广泛的知识、创造力、经验，从而有助于企业与重要的外部利益相关者（如供应商和消费者）建立联系。如果组织能够利用多元化董事会提供的全部联系，就可以帮助企业接触到更多的关键资源，并减少企业对关键资源的不确定性和依赖性，从而使企业能够获得长期的竞争优势。因此，本书拟用资源依赖理论来解释董事会多元化提高企业竞争力并促进企业经济绩效的理论基础。

三、人力资本理论在本书中的应用

人力资本理论认为，企业绩效会受到董事教育、技能和经验等人力资本的影响。具有丰富人力资本的董事会可以更好地促进董事会自身职能的发挥，从而提高公司治理水平。多元化带给董事会不同和独特的人力资本将会影响企业绩效。具体而言，多元化的董事会成员拥有不同的知识、专业和视角等丰富的人力资本，因此可以促进董事会战略职能的发挥。欧姆辛等（2017）认为，多元化董事提供的专业知识和技能，帮助管理者识别风险和机会，并根据外部环境的变化及时进行战略调整，从而能够降低企业风险。伯尼尔等（2018）也认为，多元化的董事会成员拥有不同的知识、专业和视角，它们可以从不同的角度考虑决策所带来的后果，从而避免董事会作出极端的决定，所以多元化的董事会往往会采用风险更低的战略决策，他们的实证研究表明董事会多元化能够显著降低企业风险并增加企业绩效。因此，本书拟用人力资本理论来解释董事会多元化降低企业风险并促进企业经济绩效的理论基础。

四、利益相关者理论在本书中的应用

利益相关者理论认为,企业不仅要为股东创造利润,承担对投资者的责任,同时还要对员工、社区和环境等利益相关者承担社会责任,优化企业与利益相关者的关系,从而使企业价值最大化。① 哈佐托等(2015)认为,董事会多元化程度越高,企业认识不同利益相关者需求的能力就越强。多元化的董事会能够以最佳的战略决策来平衡不同利益相关者的利益,并管理利益相关者之间的潜在冲突,最终提高企业的社会责任绩效。因此,本书利用利益相关者理论来解释董事会多元化促进企业社会责任绩效的理论基础。

五、高层阶梯理论在本书中的应用

高层阶梯理论认为,企业高层管理人员的经验、价值观和认知能力等个人心理特征会影响其对外部环境的认知和解读,进而会影响企业战略及其绩效。② 多元化董事为董事会带来了多元化思维,增加董事会制定战略决策的信息广度,同时增加企业战略决策审查力度,降低创新失败风险。如安衡等(2019)认为多元化有助于董事会跳出定向思维,鼓励企业辩论和审查文化,从而帮助企业设计和实施更具探索性的创新战略。他们的实证研究表明董事会多元化能够显著提高企业的创新绩效。因此,本书拟用高层阶梯理论来解释董事会多元化提高企业创新绩效的理论基础。

---

① Michael C. Jensen, "Value Maximization, Stakeholder Theory, and the Corporate Objective Function", *European Financial Management*, 12(2), 2002, pp. 235-256.

② Donald C. Hambrick, Theresa Seung Cho and Ming-Jer Chen, "The Influence of Top Management Team Heterogeneity on Firms' Competitive Moves", *Administrative Science Quarterly*, 41(4), 1996, pp. 659-684.

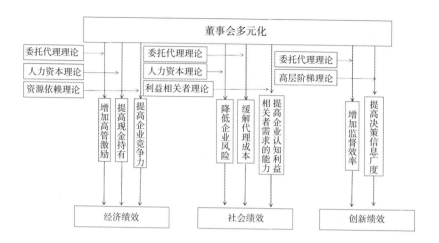

图 1.1　理论框架

第二章 民营企业董事会多元化治理的现状

第一节 民营企业发展状况分析

一、民营企业发展的制度背景

根据企业登记的注册类型的划分,人们对民营企业的理解一般有广义和狭义之分,广义的民营企业是除国有和国有控股企业以外的多种所有制企业的统称,包括个体工商户、私营企业、股份合作制企业、有限责任公司、股份有限公司,甚至乡镇企业、集体企业等;狭义的民营企业仅指个体工商户和私营企业。[①] 本书依据国家统计局的统计口径划分民营企业,将国有、国有控股以及港、澳、台企业和外商投资企业以外所有的企业看作民营企业,包括个体、私营、集体企业等。其中私营企业是民营企业的主要部分。

虽然"民营"这一概念于 1993 年 6 月才首次出现在《关于大力发展民营科技型企业若干问题的决定》中,但是在此之前就已经存在民营经济。例如,党的十一届三中全会后,农业改革进入新的发展时期,农村包产到户越来

---

① 黄速建、王钦、贺俊:《制度约束、需求驱动和适应性选择——中国民营企业治理演进的分析》,《中国工业经济》2008 年第 6 期。

多;同时在坚持公有制长期不变的情形下,城镇的就业压力使得很多人转为个体工商户;1980 年温州的章华妹领到了第一张个体工商户营业执照,成为个体工商户的第一人。早期的民营企业大致有两种类型,一种是 20 世纪 80 年代中期的国有企业员工下海潮,另一种是在沿海经济开发区和开放城市,当地人凭借贸易优势、政策倾斜以及对商机的敏感嗅觉和胆识,联合兄弟姐妹和亲戚朋友创办企业。①

对民营企业总体的发展历程,不同的学者有不同的划分结果。李亚和郝臣(2015)认为民营企业总体的发展历程可以分为起步阶段、徘徊阶段、高速发展阶段以及全面发展阶段。王春雷(2014)认为民营企业经历了如下发展阶段:个体工商户时期、民营企业萌芽期、民营企业探索期、快速发展期、地位提升期以及转型升级期。张宏军(2007)则认为民营企业的发展历程为混沌阶段、激情阶段以及理性阶段。基于上述文献,本章采用李亚和郝臣(2015)划分方法,认为民营企业总体的发展历程可以大致分为四个阶段,其中,1978—1987 年为起步阶段,在此期间民营企业开始茁壮成长,乡镇企业兴起;1988—1991 年为徘徊阶段,在此期间民营企业受政治和经济环境的影响有所停滞和徘徊;1992—2002 年为高速发展阶段,在此期间民营企业发展迅猛,增长速度极快;2003 年以后,民营企业发展速度放缓,进入整合与转型的全面发展阶段。

(一)起步阶段(1978—1987 年)

第一阶段是从 1978 年改革开放开始至 1987 年止。1981 年 7 月 7 日,国务院颁布的《国务院关于城镇非农业个体经济若干政策性规定》明确提出各地政府和财政、银行等应当认真扶持城镇非农个体经济的发展。1982 年党的十二大决定,坚持国有经济为主导和发展多种经济形式,为个体经济的发展指

---

① 徐军辉:《我国民营企业社会资本的来源及特征——基于转型期民营企业的分析》,《北方论丛》2012 年第 6 期。

明了方向。同时个体户逐渐发展起来,国家允许私人开办工厂,开始形成真正的私营企业,但是当时尚未对私营企业有明确界定。起步期的市场环境和政策环境都有利于民营企业的发展,实现了民营企业从无到有的跨时代性转变。

(二)徘徊阶段(1988—1991 年)

1988—1991 年是民营企业发展的徘徊阶段。1988 年颁布的《中华人民共和国私营企业暂行条例》为私营企业提供了法律保障,这一政策法规理论上可以促进私营企业的高速发展,但是 1989 年政治风波导致私营企业发展出现停滞,部分地区的私营企业大幅度减少,从而导致民营企业发展变慢。

(三)高速发展阶段(1992—2002 年)

我国民营企业在 1992 年之后进入高速发展阶段。1992 年邓小平先后赴武昌、深圳、珠海和上海视察,其间发表了许多重要讲话,重申深化改革和加速发展的必要性,提出了新的发展观点和思路。同年 10 月,党的十四大决定"建立社会主义市场经济体制,确定以公有制为主体,多种经济长期共同发展,不同经济成分可以实行联合经营的方针"。1993 年 11 月,党的十四届三中全会提出"国家要为各种所有制经济平等参与市场竞争创造条件,对各类企业一视同仁"和"创造平等竞争的环境,形成统一、开放、竞争、有序的大市场"的政策。这些政策为民营企业的发展提供了良好的政治环境和宽松的经营环境,民营企业迎来新的发展机遇,开始进入高速发展时期。此外,党的十四届三中全会还提出"转换国有企业经营机制,建立现代企业制度",国有企业开始进行改制,国有资本从大批中小企业中撤退,这些中小型企业逐步改制成民营企业。1997 年 9 月,党的十五大关于经济体制改革和经济发展战略的方针中明确提出"非公有制经济是社会主义市场经济的重要组成部分,需要鼓励、引导,使其健康发展",说明民营企业在我国经济中地位逐渐上升,越来越受到国家的重视并且政府加大了对其扶持力度。2001 年 12 月中国正式加入 WTO,长三角和珠三角等经济圈外贸订单增长迅猛,给民营企业带来更为广阔的发展空间。同年 11 月,党的十六大提出"改革的核心是解决产权问题",一部分国有企业开始进行私有化,这些企业私有化后成为综合实力较强的民营企业。根据《中国统计年鉴 2002》所披露的信息,截至 2001 年年底,我国民营企业就业人员增加至 64714 万人,其中城镇从业人数为 15629 万人,乡村从业人数为 49085 万人。

(四)全面发展阶段(2003 年至今)

2003 年至今,民营企业处于全面升级、优化整合的阶段。在这一阶段,国家高度重视科技创新,以高科技为代表的民营企业取得迅猛发展,同时由于具有竞争力的跨国企业进入中国市场,与民营企业形成竞争,使得民营企业有强大的动机优化发展。2005 年 2 月,国务院发布了首部以促进非公有制经济发展为主题的文件——《关于鼓励支持和引导个体私营等非公有制经济发展的若干意见》,促进民营企业的健康发展。2007 年 10 月,党的十七大提出深入落实科学发展观,再次强调"毫不动摇地鼓舞、支持、引导非公有制经济发展",提高了民营企业的发展动力。2012 年 11 月,党的十八大提出深化经济体制改革,颁布的《中共中央关于全面深化改革若干重大问题的决定》明确提出"实行统一的市场准入制度,在制定负面清单基础上,各类市场主体可依法平等进入清单以外领域",这进一步放开了民营资本准入条件,有利于民营资本与国有资本的公平竞争。2017 年 10 月,党的十九大报告第一次提出"要支持民营企业发展,激发各类市场主体活力,要努力实现更高质量、更有效率、更加公平、更可持续的发展",增强民营企业的可持续发展能力。根据国家统计局披露信息,截至 2017 年年底,民营企业户数达到 1712.36 万户,城镇就业人员数量增加至 31384 万人。

表 2.1 列举了部分关于民营经济发展的相关法律或政策性文件。

表 2.1　党和政府文件中有关民营经济的相关内容

年份	内　　容
1981	《国务院关于城镇非农业个体经济若干政策性规定》明确提出各地政府和财政、银行等应当认真扶持城镇非农个体经济的发展
1982	党的十二大指出个体经济作为公有制经济的必要的、有益的补充
1987	《城乡个体工商户管理暂行条例》
1988	国务院颁布的《中华人民共和国私营企业暂行条例》为私营企业提供了法律保障
1992	党的十四大决定"建立社会主义市场经济体制,确定以公有制为主体,多种经济长期共同发展,不同经济成分可以实行联合经营的方针"
1993	党的十四届三中全会提出"国家要为各种所有制经济平等参与市场竞争创造条件,对各类企业一视同仁"和"创造平等竞争的环境,形成统一、开放、竞争、有序的大市场"的政策
1997	党的十五大《关于经济体制改革和经济发展战略的方针》中明确提出"非公有制经济是社会主义市场经济的重要组成部分,需要鼓励、引导,使其健康发展"
1999	《中华人民共和国个人独资企业法》
2000	国务院转批《关于鼓励和促进中小企业发展的若干政策意见》
2002	党的十六大提出"毫不动摇地巩固和发展公有制经济""毫不动摇地鼓励、支持和引导非公有制经济发展"
2005	国务院发布了首部以促进非公有制经济发展为主题的文件——《关于鼓励支持和引导个体私营等非公有制经济发展的若干意见》
2007	党的十七大提出深入落实科学发展观,再次强调"毫不动摇地鼓舞、支持、引导非公有制经济发展"
2012	党的十八大提出深化经济体制改革,颁布的《中共中央关于全面深化改革若干重大问题的决定》明确提出"实行统一的市场准入制度,在制定负面清单基础上,各类市场主体可依法平等进入清单以外领域"
2017	党的十九大报告第一次提出"要支持民营企业发展,激发各类市场主体活力,要努力实现更高质量、更有效率、更加公平、更可持续的发展"

资料来源:党和政府相关文件。

二、民营企业发展的宏观状况

习近平总书记在民营企业座谈会上指出,[①] 2017 年,我国国内生产总值

---

① 习近平:《在民营企业座谈会上的讲话》,见 http://www.gov.cn/xinwen/2018-11/01/content-5336616.htm。

达 827122 亿元,其中民营经济的贡献超过 60%。"十二五"时期民营经济税收贡献大幅提升,进入"十三五"时期后增长势头不减。2017 年全国税收收入达 144360 亿元,同比增长 10.7%,其中民营经济对全国税收的贡献超过 50%。民营经济在 GDP 和固定资产投资、对外直接投资中的占比均超过 60%,在技术创新成果、城镇劳动就业方面的贡献分别达到 70% 和 80%。民营经济为我国贡献了 90% 的企业数量,并且在世界 500 强企业中,我国民营企业由 2010 年的 1 家增加到 2018 年的 28 家。除此之外,很多优秀民营企业积极参与"一带一路"建设,投身供给侧结构性改革和高质量发展,致力于科技创新,努力提高产品和服务质量,在增强我国经济质量优势、满足人民日益增长的美好生活需要方面发挥着巨大作用。由此可见,民营企业支撑着我国经济的发展,本节从民营企业的规模与就业、固定资产投资、工业销售产值和地区分布等几方面进行具体分析。

（一）规模与就业

民营企业数量规模继续增大,在市场上活跃性显著提高。截至 2017 年年底,私营企业数量达到 1436.89 万户,同比增加 36.84%,可见私营企业在市场上有巨大的活力,而民营企业整体数量在 2017 年年底则达到了 1712.36 万户,同比增加 27.43%,说明民营企业整体发展趋势良好,能在市场中占得越来越重的地位(见表 2.2)。民营企业的社会功能主要表现在增加就业,并为社会和谐与稳定起着关键作用,2017 年年底私营企业城镇就业人员数达到 13327 万人,同比增加 10.30%,民营企业整体城镇就业人员数达 31384 万人,同比增加 6.49%(见表 2.3)。私营企业和民营企业数量在近两年出现快速增长趋势,城镇就业人员呈现稳定增长态势,显示出民营经济在市场上的地位逐渐升高,综合实力不断增强,同时创造了大量的就业机会,为改善民生和促进社会和谐作出了巨大的贡献。

表 2. 2　2010—2017 年私营企业、民营企业数及增长率

年份	私营企业数（万户）	增长率（%）	民营企业数（万户）	增长率（%）
2010	468. 39		585. 35	
2011	525. 49	12. 19	657. 46	12. 32
2012	591. 77	12. 61	741. 89	12. 84
2013	560. 39	−5. 30	743. 66	0. 24
2014	726. 62	29. 66	949. 87	27. 73
2015	865. 65	19. 13	1126. 96	18. 64
2016	1050. 07	21. 30	1343. 72	19. 23
2017	1436. 89	36. 84	1712. 36	27. 43

注:民营企业数据包含私营企业数据。

资料来源:国家统计局。

表 2. 3　1999—2017 年私营企业、民营企业城镇就业人口及增长率

年份	私营企业城镇就业人员（万人）	增长率（%）	民营企业城镇就业人员（万人）	增长率（%）
1999	1053		3467	
2000	1268	20. 42	6244	80. 10
2001	1527	20. 43	6471	3. 64
2002	1999	30. 91	7217	11. 53
2003	2545	27. 31	7992	10. 74
2004	2994	17. 64	8709	8. 97
2005	3458	15. 50	9728	11. 70
2006	3954	14. 34	10614	9. 11
2007	4581	15. 86	11685	10. 09
2008	5124	11. 85	12636	8. 14
2009	5544	8. 20	13993	10. 74
2010	6071	9. 51	14964	6. 94
2011	6912	13. 85	17380	16. 15
2012	7557	9. 33	19008	9. 37
2013	8242	9. 06	22873	20. 33
2014	9857	19. 59	25594	11. 90

年份	私营企业城镇就业人员（万人）	增长率（%）	民营企业城镇就业人员（万人）	增长率（%）
2015	11180	13.42	27760	8.46
2016	12083	8.08	29472	6.17
2017	13327	10.30	31384	6.49

注:其中1999年国家统计局只披露了私营企业城镇就业人员以及个体城镇就业人员的数据,故民营企业1999年的数据只包含私营企业与个体工商户的数据。

资料来源:国家统计局。

（二）固定资产投资

民营经济的固定投资势头强劲,有效地拉动了经济增长。截至2017年年底,私营企业固定资产投资共完成20.35万亿元,同比增加8.69%,占全国固定资产投资比重为31.73%;民营企业整体的固定资产投资总额高达47.72万亿元,同比增长5.74%,占全国固定资产投资比重高达74.43%（见表2.4）。虽然私营企业和民营企业固定资产投资的增长整体呈现下降趋势,但是民营企业固定资产投资已经突破全国固定资产投资总额的70%,其投资总量远超国有企业及外资和港、澳、台企业的投资水平,说明民营企业的投资在投资市场上非常活跃,已成为投资市场上不可缺少的一部分。

表2.4　2006—2017年私营企业、民营企业固定资产投资

年份	私营企业固定资产投资（亿元）	增长率（%）	占全国固定资产投资比重（%）	民营企业固定资产投资（亿元）	增长率（%）	占全国固定资产投资比重（%）
2006	19267.18		17.52	66176.52		60.16
2007	27055.59	40.42	19.70	85263.70	28.84	62.09
2008	35575.62	31.49	20.58	108716.50	27.51	62.90
2009	46903.21	31.84	20.88	139418.50	28.24	62.07
2010	60572.30	29.14	24.07	177598.00	27.38	70.56

年份	私营企业固定资产投资（亿元）	增长率（%）	占全国固定资产投资比重（%）	民营企业固定资产投资（亿元）	增长率（%）	占全国固定资产投资比重（%）
2011	71337.98	17.77	22.90	210273.48	18.40	67.51
2012	91422.35	28.15	24.40	257651.47	22.53	68.76
2013	121217.12	32.59	27.16	314286.18	21.98	70.42
2014	149539.31	23.36	29.21	364028.41	15.83	71.10
2015	171345.37	14.58	30.49	399611.75	9.77	71.11
2016	187214.06	9.26	30.87	451357.68	12.95	74.42
2017	203474.93	8.69	31.73	477248.85	5.74	74.43

注：自1997年起，除房地产投资、农村集体投资、个人投资以外，投资统计的起点由5万元提高到50万元；自2011年起，除房地产投资、农村个人投资外，固定资产投资的统计起点由50万元提高至500万元。

资料来源：国家统计局。

（三）工业销售产值

民营工业经济拉动实体经济的发展。2016年全国工业企业工业销售产值按现价计算为115.20万亿元，同比增加4.34%，其中民营工业企业工业销售产值为86.43万亿元，同比增加6.05%，占总体工业销售产值的75.03%（见表2.5）。随着民营工业经济的发展，其占全国工业经济的比重越来越大，并且于2013年其比重首次超过70%，说明民营工业推动了工业的发展。

表2.5　2000—2016年工业销售产值

年份	工业企业工业销售产值（现价）（万亿元）	增长率（%）	民营工业企业工业销售产值（现价）（万亿元）	增长率（%）	比重（%）
2000	8.37		4.09		
2001	9.32	11.36	4.97	21.45	53.29
2002	10.86	16.53	5.96	20.01	54.88
2003	13.95	28.43	7.76	30.17	55.63
2004	19.78	41.84	10.99	41.63	55.55

续表

年份	工业企业工业销售产值（现价）（万亿元）	增长率（%）	民营工业企业工业销售产值（现价）（万亿元）	增长率（%）	比重（%）
2005	24.69	24.84	14.13	28.57	57.20
2006	31.08	25.87	18.21	28.90	58.58
2007	39.76	27.92	23.62	29.74	59.41
2008	49.47	24.42	30.34	28.45	61.33
2009	53.61	8.37	34.15	12.54	63.69
2010	68.47	27.72	44.19	29.39	64.53
2011	82.78	20.89	54.73	23.86	66.11
2012	90.98	9.91	61.72	12.77	67.84
2013	101.94	12.05	72.78	17.92	71.39
2014	109.22	7.14	79.50	9.24	72.79
2015	110.40	1.08	81.50	2.51	73.82
2016	115.20	4.34	86.43	6.05	75.03

资料来源：国家统计局。

（四）地区分布

从民营企业分布的地区来看，截至 2017 年年底，民营企业数量最多的前四个地区分别为江苏、广东、山东与浙江，分别为 206.34、160.46、160.05 和 156.47 万户（见表 2.6），这些省份都是我国经济较发达的地区，位于我国东南沿海一带。而与 2016 年的数据进行对比，笔者发现民营企业数量增长最快的四个地区却依次为青海、河北、黑龙江与云南，增长率分别为 120.48%、61.89%、51.04% 和 45.50%（见表 2.6），其中黑龙江、云南与青海都属于中西部地区。此外，笔者可以看出东部地区平均民营企业数量最多，其次是中部，最后是西部，但中西部平均民营企业户数的增长率逐渐增加，且大于东部平均民营企业户数的增长率，说明中西部地区民营企业的发展与东南沿海地区的差异正在逐渐缩小。

表 2.6　2014—2017 年各地区民营企业法人单位数和增长率统计

地区＼年份	户数（万户）				增长率（%）		
	2014	**2015**	**2016**	**2017**	**2015**	**2016**	**2017**
全国	1025.50	1222.22	1343.72	1712.36	19.18	9.94	27.43
东　部							
北京	59.72	64.08	64.53	65.38	7.30	0.70	1.32
天津	22.91	28.54	33.19	38.29	24.57	16.30	15.37
河北	38.16	48.10	56.97	92.23	26.06	18.44	61.89
上海	36.68	38.04	39.30	41.31	3.72	3.31	5.11
江苏	114.37	134.77	162.32	206.34	17.83	20.45	27.12
浙江	105.41	116.26	127.90	156.47	10.29	10.01	22.34
福建	43.65	53.43	57.99	69.33	22.42	8.53	19.56
山东	79.96	102.87	119.82	160.05	28.66	16.47	33.58
广东	103.53	113.73	119.28	160.46	9.85	4.88	34.52
海南	4.16	5.35	5.77	7.22	28.49	7.87	25.13
平均	60.86	70.52	78.71	99.71	15.88	11.61	26.68
中　部							
山西	16.61	23.79	32.11	41.90	43.23	34.97	30.49
吉林	11.00	11.98	11.72	13.09	8.87	-2.13	11.69
黑龙江	12.69	14.40	13.93	21.04	13.51	-3.26	51.04
安徽	35.58	44.70	47.81	67.68	25.62	6.96	41.56
江西	21.50	27.01	30.52	40.27	25.64	13.00	31.95
河南	39.24	52.73	49.67	64.60	34.36	-5.79	30.06
湖北	42.06	51.27	56.99	71.91	21.90	11.15	26.18
湖南	27.22	31.60	34.78	46.39	16.09	10.06	33.38
平均	25.74	32.19	34.69	45.86	25.05	7.79	32.19
西　部							
内蒙古	13.18	15.28	16.30	20.95	15.95	6.70	28.53
广西	22.50	28.56	33.10	40.27	26.93	15.90	21.66
重庆	31.28	38.86	42.83	50.15	24.24	10.22	17.09
四川	25.42	28.21	30.10	37.33	11.00	6.69	24.02
贵州	14.36	19.50	23.06	32.53	35.85	18.24	41.07

地区 \ 年份	户数（万户）				增长率（%）		
	2014	**2015**	**2016**	**2017**	**2015**	**2016**	**2017**
云南	18.79	27.83	30.35	44.16	48.13	9.06	45.50
西藏	0.83	0.87	0.77	0.78	4.67	-11.50	1.30
陕西	20.15	24.96	25.63	31.11	23.83	2.70	21.38
甘肃	9.13	11.29	10.06	10.99	23.64	-10.91	9.24
青海	2.86	3.50	3.32	7.32	22.16	-5.08	120.48
宁夏	3.32	4.41	5.10	6.13	32.63	15.77	20.20
新疆	10.68	12.56	13.76	16.67	17.59	9.54	21.15
平均	14.38	17.99	19.53	24.87	25.12	8.59	27.31

资料来源:《中国统计年鉴2015》《中国统计年鉴2016》《中国统计年鉴2017》与《中国统计年鉴2018》。

三、民营企业发展的微观表现

随着经济的发展,为解决融资需求,扩大企业知名度,越来越多的民营企业选择上市。2008年,上市的民营企业数量为599家,而到2017年,上市的民营企业已增加至2338家(见表2.7),增加了1739家,说明民营企业上市已成为一种基本趋势。在2008—2017年间,上市民营企业数量占总上市企业的比重在逐渐增加,从2008年的17.77%增加到2017年的32.78%,说明越来越多的民营企业符合上市条件,民营企业的发展体系越来越成熟,民营经济逐渐成为中国经济的支柱。

表2.7　2008—2017年上市民营企业数据

年份	上市企业整体数量	上市民营企业数量	上市民营企业比重（%）
2008	3371	599	17.77
2009	3657	734	20.07
2010	4395	1042	23.71
2011	4863	1273	26.18
2012	5071	1388	27.37

年份	上市企业整体数量	上市民营企业数量	上市民营企业比重（%）
2013	5188	1447	27.89
2014	5416	1551	28.64
2015	5791	1729	29.86
2016	6377	2085	32.70
2017	7133	2338	32.78

资料来源：色诺芬数据库。

上市民营企业在 2008 年整体总资产为 12160.92 亿元，货币资金为 1964.09 亿元；随着经济发展，在 2017 年上市民营企业整体总资产上升至 173747.40 亿元，货币资金则为 26550.29 亿元（见表 2.8），增加额分别为 161586.48 亿元和 24586.20 亿元，说明在这 9 年间，上市民营企业发展速度快，企业资产的规模迅速扩张，可以支配的货币资金也迅速增加，有利于企业规模的扩张。在 2008 年上市民营企业净利润为 0.89 亿元，在 2017 年则为 2.93 亿元（见表 2.8），增加额为 2.04 亿元，说明上市民营企业占据的市场份额逐渐增加，营利能力逐渐增强。应缴税费在 2008 年为 118.34 亿元，在 2017 年为 2111.49 亿元（见表 2.8），增长高达 16.84 倍，说明民营企业的发展势头良好，为我国的财政收入提供了保障，是我国的税收的重要来源之一。表 2.8 的第 5 列显示研发支出，特指的是开发阶段的支出。在 2008 年上市民营企业整体的研发支出只有 16 亿元，而在 2017 年则上升至 747.95 亿元，增加额为 731.95 亿元，增加了 45.75 倍。

表 2.8　2008—2017 年上市民营企业情况

年份	货币资金（亿元）	资产总计（亿元）	应缴税费（亿元）	净利润（亿元）	研发支出（亿元）
2008	1964.09	12160.92	118.34	0.89	16.00
2009	3498.86	16360.31	159.67	1.25	25.44

年份	货币资金（亿元）	资产总计（亿元）	应缴税费（亿元）	净利润（亿元）	研发支出（亿元）
2010	6801.75	26134.63	239.88	1.53	48.06
2011	8758.53	38403.38	247.96	1.71	138.09
2012	9581.19	47439.89	324.88	1.45	200.02
2013	9719.95	57590.35	483.05	1.70	250.25
2014	11381.75	71063.00	840.14	1.87	318.62
2015	16238.49	95213.88	1119.72	2.09	420.69
2016	23587.08	143918.05	1632.27	2.66	600.98
2017	26550.29	173747.40	2111.49	2.93	747.95

资料来源：色诺芬数据库。

由此可见，随着市场经济的不断发展以及政府对民营企业的扶持，我国的民营企业正处于优化整合发展阶段，越来越多的民营企业达到上市要求。同时民营企业又促进了我国经济的发展，增加就业机会，提高就业率，增加居民收入水平，保障了社会的稳定。但是民营企业的发展状况更多的是受其内部治理机制的影响，比如民营企业大多数为家族企业，管理者和股东往往合一，所有权与经营权分离度较低，以及"任人唯亲"的董事会文化等均表明民营企业公司治理有待完善。① 其中，董事会作为公司治理的核心部门，其治理机制的完善将有助于其他公司治理机制发挥作用，比如民营企业高管激励机制与董事会薪酬决策有关，因此有必要研究民营企业董事会治理的演进机制。

---

① 郑志刚、郑建强、李俊强：《任人唯亲的董事会文化与公司治理—— 一个文献综述》，《金融评论》2016年第5期。

第二节　民营企业董事会治理的演进机制

一、民营企业外部治理演进机制

熊彼特（2009）在《经济发展理论》一书中提出，资本主义是一个以技术和组织创新为首要特征的演化动态系统。现代的进化经济学家们批判地继承了熊彼特的基本观点，并将研究的范围扩展到了许多领域，其中之一就提出了企业具有类似生物进化的演化思想。这些观点都表明对外部环境的适应能力，成为决定企业生存和发展的主导力量。

从外部环境来看，环境因素对中国民营企业治理演进机制的影响表现出"约束性"的典型特征，从计划经济到社会主义经济的转变过程中包含了法律政策的调整、产业组织形式的变化、经理人市场的兴起以及金融市场的变迁，这些外部环境影响因素的变化形成了中国民营企业外部治理演进的特征，因此在民营企业外部治理的演进过程中，笔者主要考虑政策法律环境、产业环境因素、经理人市场因素和金融因素等外部因素。①

（一）政策法律环境

吴伟达（2006）指出，在市场经济的条件下，只有为民营企业构造一个良好的市场竞争的法律环境，才能使民营企业与其他市场主体之间进行公平与公正的竞争。李玫（2009）从企业内部法律环境、市场法律环境以及社会法律环境这三个方面对民营企业发展的影响来说明民营企业政策法律环境优化的必要性。

政策法律环境对民营企业治理影响有两个方面：一是政策法律对民营企

---

① 黄速建、王钦、贺俊：《制度约束、需求驱动和适应性选择——中国民营企业治理演进的分析》，《中国工业经济》2008 年第 6 期。

业治理的直接调整,二是政策法律对民营企业治理的间接影响。第一,政策法律对民营企业治理的直接调整是指一系列相关的立法与规章制度,如《中华人民共和国私营企业暂行条例》《中华人民共和国乡镇企业法》和《中华人民共和国城镇集体所有制企业条例》等,以及按照企业组织形式划分的《中华人民共和国公司法》和《中华人民共和国合伙企业法》等。在这些法律约束下,我国民营企业的主要组织形式为个体企业、合伙企业、有限责任公司和股份有限公司。此外,庞凤喜等(2016)指出税收、规费等是企业的主要负担,故近年来国家出台了一系列降税减费的政策会大大降低民营企业的税负,促进民营企业的发展。①

第二,政策法律对民营企业治理的间接影响是指由于参与民营企业治理的相关主体在特定的政策法律中,政策法律的相关规定必然会对民营企业治理产生间接影响。在党的十一届三中全会以后,国家允许一部分人先富起来,同时《宪法》的修改,保障了公民合法的私有财产。2007 年颁布的《物权法》更是规定国家、集体和私人可以依法出资设立有限公司、股份有限公司或者其他企业,并按其出资比例享有资产收益,这些政策法律环境通过保护私有资产来促进民营企业的治理发展。但是在改革开放以后的很长一段时期内,我国缺乏私有资产保护机制,因此私营企业主只能用自己人来避免风险,这恰好与我国民营企业家族化特征相符合。② 此外,党的十一届三中全会以后,我国开始了经济体制改革,确定了私营企业的合法地位,为民营企业的治理演进提供了坚实的基础。

(二)产业环境因素

产业环境影响企业决策。在产业处于初创期和成长期时,由于市场竞争

---

① 闫坤、于树一:《开启减税降费的新时代:以降"税感"拓展政策空间》,《税务研究》2018年第 3 期。

② 薛求知、宋丽丽:《中国家族企业治理模式变迁的权变因素及过程——一个动态分析模型》,《当代财经》2006 年第 10 期。

激励,此时的民营企业会选择两权合一的家族化治理模式,然后随着产业的发展,部分民营企业退出或淘汰,而存续下来的民营企业逐渐引入职业经理人,并逐渐规范其治理结构。在产业竞争中,中国民营企业作为产业的后进者而不断赶超产业内的国有企业和外资企业。民营企业存在以下几个特点:第一,其主要分布于劳动密集型的产业,这是由产业政策和其自身的比较优势决定的;第二,处于发展初期的民营企业,其生产技术和产品技术主要通过技术转移获取,这是因为民营企业的制度效率高而技术机会和技术转移成本低;第三,由于民营企业主要分布于劳动密集型的竞争行业而很少进入资本与技术密集型的大型制造业领域,发展时间短且技术决定的规模经济不显著,故民营企业的规模普遍较小;第四,民营企业产品市场的优势来源于灵活的价格和营销策略以及对市场机会的快速把握能力,这与较高的制度效率以及较低的技术成本相适应。民营企业的管理复杂程度较低,故对外部职业经理人的需求较低,此时采用两权合一的家族化治理模式更有利。

现阶段我国的民营企业表现出显著的产业群特征,但随着信息与知识传播的速度不断加快,市场化竞争日益激烈,以低档次、低技术、低附加值、自主创新少的“三低一少”产品为主的民营企业产业群将面临极大的挑战。因此,产业群内企业必须制定适宜的发展战略应对新的挑战,必须根据所处产业群的演进阶段,制定相应战略,并发展与之相适应的核心能力做大做强。①

由此可见,产业环境、公司治理能力和治理结构具有相互的适应性,此时民营企业的治理结构特征代表了企业对外部产业环境的战略反应。

(三)经理人市场因素

经理人市场作为劳动力市场的重要组成部分,在优化经理人人力资本配置、改善公司经营业绩等方面具有显著的作用。经理人市场的来源主要有三

---

① 罗殿军、冀田:《产业群共生环境下民营企业发展战略研究》,《研究与发展管理》2006 年第 4 期。

部分：一是原国有企业或集体企业干部；二是较大规模或高新技术领域的民营企业的高层管理者；三是"三资"企业的高管。

市场经济追求效率，因此深化社会分工的内在要求和外在制度安排等导致了职业经理人的出现。由于职业经理人是企业经营决策的制定者和决策者，故其能力和贡献是以经营业绩来评判，并且其工作绩效直接影响企业的兴衰。同时，民营企业之间的竞争随着中国民营经济的高速发展而越演越烈，因此企业规模的扩大、资本社会化程度的增加会提高对经营管理人员的能力要求，故寻找合适的职业经理人已成为民营企业强烈的内在需求和改善治理模式的必要前提。但是，较发达国家的职业经理人市场而言，我国的职业经理人市场尚且不成熟，存在市场分割、效率低下以及风险失控等问题，同时还存在职业经理人市场化选聘的程度偏低、职业经理人的激励方式落后以及职业经理人的评价效果有限等问题，因此现有的经理人市场不能充分满足中国民营企业的需求，造成了民营企业治理模式的分化。① 此外，在我国民营企业外部制度约束薄弱、内部治理机制失效的条件下，经理人的理性选择更多地表现为代理人倾向，容易产生代理冲突，因此我国应该大力促进职业经理人市场的发展，充分发挥经理人的专业职能，完善民营企业治理模式。②

（四）金融市场因素

金融市场通过影响企业的融资模式，进而影响企业的融资结构，最终影响企业的治理结构。通过融资模式和融资结构，资本得以形成和聚集，从而形成相应的产权关系、权力和责任，进而影响治理结构。研究发现，金融市场竞争

---

① 邓宏图、周立群：《经理人市场：供求与交易关系研究——从交易的角度解析经理报酬（定价）》，《江苏社会科学》2002 年第 4 期。

② 曹芳、钟乃雄：《基于经理人代理和管家行为倾向的民营企业公司治理选择》，《科学学与科学技术管理》2008 年第 4 期。

不仅能够显著促进民营企业的发展,而且还能强化公司治理对民营企业成长的积极效应。[1] 在初创期,民营企业的资本通常来源于家庭累积资金,创业者提供物质资本和人力资本,故此时企业的控制权和剩余索取权集于创业者一身。在民营企业进入发展扩张阶段时,民营企业通过银行或者民间融资机构进行融资,但是在改革开放后的很长一段时间内,民营企业几乎得不到银行的信贷。例如在 1991 年,所有金融机构对非国有企业的贷款占贷款总额的 8.76%,所占比例非常小,说明相比国有企业,民营企业面临融资约束问题。[2] 当民营企业进入成熟阶段时,少数民营企业可以通过上市与发行股票获取股权融资,此时向商业银行贷款的难度也会降低。若通过股权进行融资,则其股权结构会影响公司治理。实际上,多层金融市场的发育都会促进民营企业治理的演进。

二、民营企业内部治理演进机制

从民营企业内部资源来看,资源因素对中国民营企业治理演进机制的影响表现出"内在需求驱动性"的典型特征,在所有权因素、控制权因素和激励约束机制等资源条件下,民营企业追求对企业成长"内在需求"的最大满足,同时"内在需求"也会驱动这些因素发生变化,故在民营企业内部治理的演进过程中,笔者主要考虑所有权因素、控制权因素和激励约束机制安排等内部资源因素。[3]

(一)所有权因素

民营企业的来源主要有三个:一是私营企业;二是乡镇集体企业改制;三

---

[1] 沈倩岭:《金融市场竞争、公司治理机制与中国民营企业成长:跨层次模型》,《云南财经大学学报》2018 年第 4 期。

[2] 樊纲:《金融改革与企业发展》,经济科学出版社 2000 年版。冼国明、崔喜君:《外商直接投资、国内不完全金融市场与民营企业的融资约束——基于企业面板数据的经验分析》,《世界经济研究》2010 年第 4 期。

[3] 黄速建、王钦、贺俊:《制度约束、需求驱动和适应性选择——中国民营企业治理演进的分析》,《中国工业经济》2008 年第 6 期。

是国有企业改制。不同来源会导致民营企业所有权结构存在差异。

第一,对私营企业而言,其初始的所有权结构是单一的,所有权与经营权两者合一,并且在创立初期吸收家族成员进入是普遍现象,此时所有权结构把产权关系与血缘关系融为一体。当私营企业规模扩大时,所有权结构会发生改变,但是其演进路径取决于创始成员的战略选择。因此,私营企业所有权结构的演进主要是由"内在需求"驱动的。第二,对乡镇企业而言,其经历了集体所有制、承包制、租赁制、股份合作制等改革,最终成为由企业经营者控制的公司制企业,即民营企业。在这类企业的治理演进过程中,乡镇政府逐渐退出企业,企业经营者逐渐获得认可和肯定,并且经历了由乡镇政府掌握大部分剩余价值控制权到乡镇企业经营者掌握大部分剩余价值控制权的发展历程,同时乡镇企业改制成为有限责任公司或股份有限公司,使得企业所有权结构更加多元化与社会化。第三,民营化产权改制能提高国有企业效率进而提升绩效,有助于提高国有企业的效率。自20世纪90年代中期以来,中国进行了大规模的国有企业所有权改革。自党的十一届三中全会以来,我国国有企业的改革经历了从大企业自主权、利改税、承包制以及转换企业经营机制等逐步发展的阶段,国有企业的活力得到了相当的开发,促进了国民经济的发展和人民生活水平的提高。与西方发达国家的潮流不同,当前我国国有企业的改革方向在组织形式方面是从分享式企业调整到支薪式公司。首先,承包制实际上等于把相当一部分剩余索取权由国家转移给企业内部成员,使国有企业的职工有可能分享到一部分利润。其次,根据党的十四届三中全会作出的《关于建立社会主义市场经济体制若干问题的决定》,新的企业制度的基本特征与企业组织形式直接有关的部分,包括企业中的资产所有权属于出资者,出资者按其投入企业的资本额享有所有者的包括资产受益等在内的权益。选择支薪式公司的基本动机是要通过明晰产权,改变在承包体制下,工资侵蚀利润以及国有资产和国家所有者权益流失比较严重的局面。

（二）控制权因素

控制权是指企业所有者与经理人对企业的实际控制程度,即决策权与经营权。[1] 控制权是一个选择和配置的复杂演进过程,在企业的不同阶段有不同的表现,具体可以分为三种情况:一是当企业处于初创期或者规模较小时,管理程度较低,此时控制权归企业所有者拥有,此时企业只是企业家的企业;二是当企业处于发展阶段时,随着资金增加,所需的管理幅度也增加,此时所有者不能承担所有管理工作,需要引进管理人才,将部分管理控制权交予经营管理者,此时企业的控制权和所有权可能会发生分离,所有者不再拥有全部的控制权和所有权,经营者会拥有部分控制权;三是当企业处于成熟期时,可能由原来的小企业变为现代的公司制企业,甚至是上市企业,此时可能更多地引进职业管理人员,将管理权更多地交予职业经理人,企业所有者保留所有权与绝对控制权,职业经理人将拥有更多的剩余索取权和剩余控制权,而致力于长期努力地经营企业,并谋求企业的长期发展。[2] 由此可以看出,民营企业的控制权会经历一个由所有者转向经营者的过程。

（三）激励与约束机制因素

绝大多数机制都兼有激励与约束这两种作用,激励与约束是连续不可分割的统一体。[3] 由于存在信任资源不足、信息不对称、双方的目的不一致等问题,民营企业家与职业经理人之间通常会产生冲突,如职业经理人会追求自己的利益最大化,进而产生第一类代理问题。[4] 故在企业所有者与经理人的委

---

[1]　叶国灿:《论家族企业控制权的转移与内部治理结构的演变》,《管理世界》2004年第4期。

[2]　赵成国、甘胜军:《民营企业产权结构与人力资本产权问题探讨》,《汉江论坛》2008年第3期。

[3]　黄群慧:《控制权作为企业家的激励约束因素:理论分析及现实解释意义》,《经济研究》2000年第1期。

[4]　武勇:《民营企业家与职业经理人的协调与约束机制》,《当代经济研究》2005年第8期。

托代理关系中,需要所有者根据企业的发展阶段和经理人的行为,设计一种最为有效的激励约束机制,使得经理人与所有者的利益一致,减少第一类代理问题的成本。① 而有效的激励机制应该是多元化的,即固定收入与变动收入相结合,短期激励与长期激励相结合。同时,应该通过企业行业特点、经营成果、经理人的市场价值和经理人的责任大小等影响因素来确定经理人的报酬。民营企业的经理人的薪酬中,变动收入占比逐渐增加,但是在变动收入中比重较大的是短期激励,而缺乏长期激励。此外,工作的成就感、良好的职业声誉以及社会荣誉与地位也是激励经理人的重要因素,因此,我国民营企业通常会采用荣誉激励。② 最后,控制权的授予是对经理人努力工作的回报,但是由于企业出资人与经理人之间的信任度不高,故我国民营企业较少运用控制权对经理人进行激励约束。

三、民营企业内生治理演进机制

由私人投资组建的民营企业,在初期产权结构单一,企业所有者即经营者,此时企业是企业家的企业,随着企业发展,"家族性"特征越发浓厚,此时的"家族性"不仅指血缘关系,也指朋友关系,此时企业属于"类家族企业"。中国民营企业在发展前期选择家族化治理是由于法律与正式契约的社会责任的缺乏,并且家族化治理能有效规避代理人风险,因此"家族性"特征在民营企业建立初期具有一定的天然合理性,能有效减少企业的摩擦,且有利于降低民营企业债务代理成本,促进民营企业的良好发展,但是此时缺乏契约化的产权界定,容易使企业做大以后出现产权纠纷的问题。③

---

① 黄健柏、钟美瑞:《我国经理人市场定价效率及实证分析》,《中南大学学报(社会科学版)》2003 年第 6 期。

② 黄群慧、李春琦:《报酬、声誉与经营者长期化行为的激励》,《中国工业经济》2001 年第 1 期。

③ 李新春:《经理人市场失灵与家族企业治理》,《管理世界》2003 年第 4 期。李新春:《信任、忠诚与家族主义困境》,《新经济》2005 年第 5 期。陈建林:《家族终极所有权与民营企业债务代理成本的关系研究》,《当代经济科学》2015 年第 1 期。

随着生产水平的不断提高,企业规模的不断扩张,家族式治理约束了民营企业的发展,此时投资主体单一会加大企业的风险,民营企业需要从外部获取更多的资金。民营企业引入社会资本,使得企业由原本的家族绝对控股变为家族相对控股,随着引入的社会资本不断增加,最终股权完全的社会化,家族所占的股份很小。同时,由于民营企业规模的扩张,引入的社会资本逐渐增加,两权逐渐分离,此时民营企业的创始人不再从事具体的经营管理活动,而是引入职业经理人,其引入的顺序一般是从低层到高层,由涉及机密较少的部门到涉及机密较多的部门。① 职业经理人通过其专业能力提高企业的治理效率,增加资源的流动性,为企业创造价值,从而进一步地吸引社会资本的进入。有些民营企业为了继续扩大规模,吸引资金的流入还可能选择在深沪两市进行上市,最后成为一家上市的民营企业。由此民营企业由最初的家族式、单一产权结构,逐渐演变为两权分离的股权、完全社会化的股份有限公司。

第三节　民营企业董事会多元化的现状和特征

一、民营企业董事会多元化的现状

董事会是公司决策的最高组织,董事会的结构和特征能影响和决定公司的战略方向,在一定程度上反映董事会治理的状况,并且董事会的公司治理理念和效率不仅对股东们的利益产生影响,还会对包括供应商、消费者、工会、监管部门、社会发展和环境优化等其他利益方产生广泛的影响。

董事会成员数量规模、内外混合结构的多元化是董事会设置组成的关键,结构均衡合理的董事会规模需要考虑不同利益方的意见和观点以及决策的连贯性。因此,对于董事会成员数量,《公司法》规定有限责任公司其董事会成

---

① 储小平:《职业经理与家族企业的成长》,《管理世界》2002 年第 4 期。

员为 3—13 人,而股东人数较少或规模较小的,可以设一名执行董事,不设董事会;而股份有限公司应一律设立董事会,其董事会成员为 5—19 人。对于内外混合结构的多元化,2001 年 8 月,中国证监会颁布了《关于上市公司建立独立董事制度的指导意见》,要求上市公司的独立董事在 2002 年 6 月 30 日之前至少达到 2 名,在 2003 年 6 月 30 日之前,董事会成员中独立董事占比不得少于 1/3。2002 年 1 月,中国证监会与国家经贸委联合颁布的《上市公司治理准则》,明确要求上市公司按照有关规定建立独立董事制度,并且《公司法》还规定了公司至少有一位职工董事。

董事会多元化还包括成员们在性别、年龄和种族等人口特征方面的差异,也包括职业经验、教育背景、海外背景等的资本差异。其中,女性董事的存在已经成为一个全球性问题。依据 2015 年中国公司治理指数,中国上市公司中女性董事比例也有大幅度上升,其中 1720 家上市公司拥有女性董事,70.9%的民营上市公司有女性董事加盟,这一现象显著提升了上市公司董事会运作效率。

多元化董事会不仅可以提高股东的责任感,而且可以提高其他利益相关者的责任感。多元化的董事通常会获得更广泛的支持来帮助他们处理问题,而不同领域的人也会发出积极的信息给不同的利益相关者,这有助于更深入地了解他们的价值观和诉求,借以巩固商业成果和提升公司业绩。

笔者主要从人口特征、人力资本和社会资本这三个方面来分析董事会多元化的特征,其中人口特征具体包括性别(Gender)和年龄(Age)两个指标,人力资本具体包括教育水平(Degree)、海外经历(Oversea)和职业经历(Function)三个指标,而社会资本则具体包括学术背景(Academy)、政府背景(Government)和连锁董事(Interlock)三个指标,具体指标定义见表 0.1。

表 0.1 列举了董事会性别、年龄、职业背景、教育背景、海外背景、政府背景、学术背景以及连锁背景的异质性的企业分布情况。从中可以看出,73.44%的企业存在女性董事,并且从 2008—2009 年呈现逐年上升的情况;年

龄在50岁以下的董事在民营企业中较为普遍存在;存在研究生以上学历背景的董事高达69.81%,并且从2008—2016年拥有高学历背景的董事的企业占比逐年上升;存在海外背景董事的企业占比相对较少,说明海外背景董事在民营企业中存在不均衡现状,但是企业占比已经从37.86%上升到45.79%;董事普遍存在两个以上职业背景,说明目前董事会人才具有丰富经验;值得注意的是,存在政府背景董事的企业处于下降趋势,可能是归于政府干预降低,市场化水平提高的结果,但是仍存在75.96%的企业存在政府背景董事;存在连锁背景董事的企业一直以来都具有较高比例。通过对上述董事会指标的企业占比描述,笔者发现,存在上述特征的民营企业较为普遍,说明企业中董事会多元化趋势已经形成。此发现为本书的研究提供了前提条件。

二、民营企业董事会多元化的特征

为了全面了解董事会多元化特征,笔者将从全样本、分年度样本以及分行业样本三个角度进行描述性统计。

(一)全样本特征

针对2008—2016年民营上市公司的多元化各项指标全样本数据进行描述性统计,如表2.9所示。

第一,性别和连锁董事指标采用Blau指数衡量。Blau指数的取值范围是0—0.5,指标越大,代表分类越均衡。性别指标最大值为0.494,最小值为0,说明整个民营企业上市公司的性别比例不均衡的现状;性别指标的平均值为0.224,中位数为0.219,远远小于0.5,说明总体来说,民营企业中女性董事较少,即民营企业上市公司董事性别多元化程度低。同样方法计算的指标还包括连锁背景董事。笔者发现连锁背景董事指标的均值和中位数分别为0.369和0.444,较接近0.5,说明民营企业董事会中同时任职其他董事会的董事较多。

第二,年龄差异是通过董事年龄的变异系数衡量的,系数越大,表明年龄差异程度越高。在2008—2016年的民营上市企业中,年龄指标均值和中位数相等,并且标准差较小,说明上市民营企业中董事会成员的年龄差异程度小,多元化程度低。

第三,职业背景、海外背景、教育背景、政府背景以及学术背景的衡量方法为HHI指标。对于此种衡量方法,取值范围为0—1,并且其指标越大,代表指标越集中,多元化程度越小。职业背景指标均值和中位数分别为0.297和0.278,说明整体民营上市企业中董事会成员的职业经历差异化较大,多元化程度高。教育水平指标的均值和中位数分别为0.398和0.383,说明民营企业上市公司董事教育水平多元化程度较高。董事会成员的海外经历指标的均值和中位数分别为0.866和1,说明至少超过一半的企业不存在海外背景董事,并且企业内部的海外背景董事占比较少,存在严重的不均衡现状。学术背景指标的均值和中位数分别为0.590和0.556,均大于0.5,说明在民营上市企业中存在学术背景董事不均衡的现状。连锁背景董事指标的均值和中位数分别为0.369和0.444,说明在民营上市企业中,有些企业的董事会成员中,连锁背景董事多元化程度相对较高。

表2.9 2008—2016年董事会多元化的描述性统计

Variable	N	Mean	Sd	P50	Min	Max
Gender	5071	0.224	0.162	0.219	0	0.494
Age	5071	0.166	0.053	0.166	0.055	0.294
Function	5071	0.297	0.106	0.278	0.143	0.680
Degree	5071	0.398	0.114	0.383	0.225	0.802
Oversea	5071	0.866	0.166	1	0.407	1
Government	5071	0.721	0.197	0.722	0.333	1
Academic	5071	0.590	0.195	0.556	0.225	1

续表

Variable	N	Mean	Sd	P50	Min	Max
Interlock	5071	0.369	0.145	0.444	0	0.500

注:Gender:存在至少一名女性董事;Age:存在至少一名董事年龄低于50岁;Function:存在至少一名同时具有两个职业背景董事;Dergree:存在至少一名硕士及以上学历董事;Oversea:存在至少一名海外背景董事;Government:存在至少一名政府背景董事;Academic:存在至少一名学术背景董事;Interlock:存在至少一名连锁背景董事。

（二）分年度特征

由于不同年份董事会多元化可能存在差异,因此对其进行分年度样本均值统计,结果如表2.10所示。针对Blau指标,笔者发现性别指标和连锁董事指标均处于逐年递增状态,说明女性董事以及连锁背景董事的重要性逐渐被企业重视,两者在董事会中的不均衡分布逐渐得到改善。针对HHI指标,笔者发现除了政府背景特征外,职业背景、海外背景、教育背景以及学术背景指标整体上呈现逐年下降的趋势,即其日渐多元化。其中,职业背景和教育背景多元化程度相对较高。此外,年龄异质性逐渐下降,但是总体来说变化幅度较小。

表2.10　分年度董事会多元化指标

Year	Gender	Age	Function	Degree	Oversea	Government	Academic	Interlock
2008	0.190	0.173	0.317	0.410	0.897	0.669	0.642	0.362
2009	0.203	0.170	0.319	0.410	0.877	0.670	0.623	0.360
2010	0.218	0.171	0.315	0.399	0.879	0.667	0.616	0.361
2011	0.221	0.170	0.306	0.390	0.880	0.667	0.594	0.378
2012	0.218	0.169	0.299	0.393	0.882	0.676	0.593	0.372
2013	0.223	0.168	0.301	0.395	0.873	0.675	0.592	0.366
2014	0.230	0.162	0.293	0.397	0.863	0.710	0.581	0.369
2015	0.236	0.159	0.283	0.394	0.845	0.811	0.562	0.372

Year	Gender	Age	Function	Degree	Oversea	Government	Academic	Interlock
2016	0.242	0.160	0.276	0.403	0.838	0.816	0.566	0.374

注:Gender:存在至少一名女性董事;Age:存在至少一名董事年龄低于50岁;Function:存在至少一名同时具有两个职业背景董事;Dergree:存在至少一名硕士及以上学历董事;Oversea:存在至少一名海外背景董事;Government:存在至少一名政府背景董事;Academic:存在至少一名学术背景董事;Interlock:存在至少一名连锁背景董事。

(三)分行业特征

由于不同行业的决策特征不同,董事会多元化程度也不同。

笔者按照中国证监会2012年制定的行业分类方法进行分类,考察不同行业的董事会多元化特征。统计发现共有18个行业分类,分指标均值统计结果如表2.11所示。第一,董事会人口特征异质性的行业差异。对于性别多元化,笔者发现相比其他行业,在科学研究和技术服务业,水利、环境和公共设施管理业,制造业以及批发和零售业四大行业中董事会性别多元化程度较高,其中批发和零售业最高。这与现有研究的观点一致,由于批发零售业需要接触女性顾客,并且女性董事具有性别优势,更能了解顾客需求,因此董事会中女性董事占比提升。对于年龄异质性,行业之间差异性较少。第二,董事会人力资本特征异质性的行业差异。职业背景异质性在居民服务、修理和其他服务业更突出,但是在建筑业中集中度更高,说明建筑业相对来说对全能型董事人才要求较低,更关注技术。教育背景异质性在居民服务、修理和其他服务业中更突出,在科学研究和技术服务业中较低。海外背景的异质性总体较低,但是在居民服务、修理和其他服务业以及卫生和社会工作两个行业中,异质性较高。第三,董事会社会资本异质性。政府背景异质性和学术背景异质性均在住宿和餐饮业行业较高,其他行业异质性程度较低。连锁背景董事在居民服务、修理和其他服务业以及卫生和社会工作两个行业异质性较高,但是在文化、体育和娱乐业异质性较低。总的来说,笔者可以发现在居民服务、修理和其他服务业以及卫生和社会工作两个行业中董事会异质性程度较高。

表 2.11 分行业董事会多元化指标

Year	Gender	Age	Function	Degree	Oversea	Government	Academic	Interlock
A	0.220	0.183	0.291	0.393	0.897	0.701	0.555	0.382
B	0.176	0.163	0.296	0.385	0.893	0.743	0.611	0.342
C	0.227	0.167	0.297	0.390	0.866	0.720	0.579	0.371
D	0.277	0.160	0.245	0.438	0.926	0.691	0.707	0.289
E	0.163	0.145	0.329	0.407	0.887	0.763	0.519	0.383
F	0.279	0.159	0.298	0.415	0.891	0.725	0.666	0.360
G	0.167	0.176	0.306	0.367	0.846	0.725	0.764	0.323
H	0.083	0.143	0.257	0.451	0.959	0.585	0.461	0.373
I	0.209	0.158	0.291	0.451	0.840	0.731	0.602	0.373
J	0.184	0.160	0.292	0.403	0.851	0.577	0.578	0.402
K	0.220	0.169	0.303	0.418	0.846	0.702	0.609	0.358
L	0.230	0.151	0.267	0.402	0.867	0.810	0.536	0.378
M	0.274	0.147	0.316	0.487	0.876	0.735	0.507	0.407
N	0.273	0.181	0.280	0.450	0.828	0.789	0.548	0.344
O	0.135	0.178	0.183	0.319	0.578	0.580	0.576	0.213
Q	0.401	0.201	0.218	0.372	0.577	0.890	0.399	0.274
R	0.161	0.123	0.266	0.471	0.719	0.792	0.647	0.418
S	0.189	0.160	0.292	0.421	0.893	0.702	0.734	0.383

注:Gender:存在至少一名女性董事;Age:存在至少一名董事年龄低于50岁;Function:存在至少一名同时具有两个职业背景董事;Dergree:存在至少一名硕士及以上学历董事;Oversea:存在至少一名海外背景董事;Government:存在至少一名政府背景董事;Academic:存在至少一名学术背景董事;Interlock:存在至少一名连锁背景董事。其中行业分类标准代表:A:农林牧渔业及农林牧渔服务业;B:采矿业;C:制造业;D:电力、热力、燃气及水生产和供应业;E:建筑业;F:批发和零售业;G:交通运输、仓储和邮政业;H:住宿和餐饮业;I:信息传输、软件和信息技术服务业;J:金融业;K:房地产业;L:租赁和商务服务业;M:科学研究和技术服务业;N:水利、环境和公共设施管理业;O:居民服务、修理和其他服务业;Q:卫生和社会工作;R:文化、体育和娱乐业;S:综合。

第三章　民营企业董事会多元化的
影响因素

　　董事会是与公司战略以及投资决策问题相关的重要部门,是企业生产和管理的关键,同时也是缓解企业代理问题的核心部门。① 已有文献将董事会多元化作为公司治理机制进行研究,具体包括性别、年龄以及学历等属性特征。② 研究表明董事会多元化提高董事会治理效率,主要表现为多元化董事积极加入监督委员会,增大对高管的审查力度,进而提高董事会的监督职能;③同时,董事会多元化通过提供自身知识技能以及外部网络资源,更好地识别战略机会以及规避战略风险,进而提高董事会战略决策职能。④ 董事会

---

　　① Kristína Sághy Estélyi and Tahir M. Nisar," Diverse Boards:Why do Firms Get Foreign Nationals on Their Boards?", *Journal of Corporate Finance*, 39, 2016, pp. 174-192.Eugene F.Fama and Michael C.Jensen, "Separation of Ownership and Control", *Journal of Law and Economics*, 26(2), 1983, pp. 301-325.

　　② Melsa Ararat, Mine Aksu and Ayse Tansel Cetin, "How Board Diversity Affects Firm Performance in Emerging Markets:Evidence on Channels in Controlled Firms", *Corporate Governance:An International Review*, 23(2), 2015, pp. 83-103.

　　③ Renée B. Adams and Daniel Ferreira, "Women in the Boardroom and Their Impact on Governance and Performance", *Journal of Financial Economics*, 94(2), 2009, pp. 291-309.Heng An, Carl R. Chen, Qun Wu and Ting Zhang, "Corporate Innovation:Does Diverse Board Help?", *Journal of Financial and Quantitative Analysis*, Forthcoming, 2019.

　　④ Ronald C. Anderson, David M. Reeb, Arun Upadhyay and Wanli Zhao, "The Economics of Director Heterogeneity", *Financial Management*, 40(1), 2011, pp. 5-38.

多元化的治理效率将会影响企业经济后果,主要包括财务绩效、社会责任绩效和创新绩效。但是,董事会多元化与企业业绩的影响尚未得出一致结论。比如,李海山和陈鹏(Li and Chen,2018)研究发现在中国背景下,董事会性别多元化积极发挥治理优势,促进企业绩效;亚当斯和费雷拉(2009)利用美国样本,研究发现女性董事抑制企业业绩。斯科特·约翰逊、凯伦·施纳特利和亚伦·希尔(Johnson et al.,2013)研究认为董事会多元化的经济后果受到所在国家的社会、政治以及经济因素的影响。因此本章以中国样本为研究对象,可以较好地规避不同国家制度背景的影响。

在中国制度背景下,男女平等基本国策逐渐深入人心,海外人才引进力度逐渐加大,高等教育逐渐普及。上述政策演变趋势增加了多元化董事人才的供给。此外,2018年9月30日证监会颁布的《上市公司治理准则》明确提出董事会多元化政策建议。因此,董事会多元化不仅有利于提升董事会多元化治理效率,也可以增加企业合法性。尽管如此,董事会的成员属性并没有像大众期望的那样增加,民营企业中仍存在同质化现象。[1]　其中,董事会性别多元化存在严重不均衡现状。法拉格和马林(2016)研究发现1999—2012年中国女性董事平均比例为10%。据德勤企业管制中心提供的全球报告显示,2017年中国女性董事占比仅为10.7%。[2]　从中可以看出,女性在职业生涯中成功晋升为董事仍面临着很大困难。[3]　此外,其他董事会特征,比如海外背景、学术背景以及连锁背景等,也存在上述问题。学术界对董事会性别多元化的影响因素的研究,主要关注国家福利制度、企业所处行业类型、企业结构等地区

---

① Shamsul Nahar Abdullah, "The Causes of Gender Diversity in Malaysian Large Firms", *Journal of Management and Governance*, 18(4), 2014, pp.1137–1159.

② 数据来源:https://www2.deloitte.com/cn/zh/pages/about-deloitte/articles/pr-women-in-boardroom.html。

③ Neeti Khetarpal Sanan, "Board Gender Diversity and Firm Performance: Evidence from India", *Asian Journal of Business Ethics*, 5(1–2), 2016, pp.1–18. Nina Smith and Pierpaolo Parrotta, "Why so Few Women on Boards of Directors? Empirical Evidence from Danish Companies in 1998–2010", *Journal of Business Ethics*, 147(2), 2018, pp.445–467.

特征,股权集中度等股权结构特征以及董事会规模等董事会结构特征等因素。①

综上所述,本章结合民营企业现状特征,主要从地区、企业、股权和董事会四个层面考察董事会多元化的影响因素。其中,地区层面的影响因素主要包括地区市场化水平,企业层面影响因素主要包括企业规模、财务杠杆以及企业业绩,股权层面影响因素主要包括股权集中度以及机构投资者所有权,董事会层面因素主要包括董事会规模以及董事会独立性。

第一节　董事会多元化影响因素的理论分析

董事会多元化的影响因素主要从董事会的职能以及可能涉及的利益相关者角度考虑。首先,董事会作为股东的代理人,帮助股东监督高管,确保高管的活动以股东利益最大化为目标;其次,董事会作为公司决策机构,需要根据企业经营现状及时提供战略决策建议,促进战略变革;再次,董事变更与董事会结构密切相关,并且将会影响董事会内部群体凝聚力;最后,董事会带来的资本特征也将影响企业自身竞争力。综上分析,笔者主要从企业财务特征、股权结构特征、董事会特征以及地区市场化水平四个方面考虑董事会多元化的影响因素。

一、财务特征

董事会作为企业决策的核心部门,为企业战略决策提供政策建议,因此企

---

① Johanne Grosvold, Bruce Rayton and Stephen Brammer, "Women on Corporate Boards: A Comparative Institutional Analysis", *Business and Society*, 55(8), 2016, pp. 1157–1196. Mehdi Nekhili and Hayette Gatfaoui, "Are Demographic Attributes and Firm Characteristics Drivers of Gender Diversity? Investigating Women's Positions on French Boards of Directors", *Journal of Business Ethics*, 118(2), 2013, pp. 227–249. Siri A. Terjesen, Ruth V. Aguilera and Ruth Lorenz, "Legislating a Woman's Seat on the Board: Institutional Factors Driving Gender Quotas for Boards of Directors", *Journal of Business Ethics*, 128(2), 2015, pp. 233–251.

业经营现状与董事会异质化的需求相关。因此,企业的资产规模、财务杠杆以及企业业绩可能对董事会多元化产生影响。

(一)资产规模越大代表企业经营越复杂

安德森等(2011)认为企业复杂性促进董事会异质化。他们认为,企业越复杂,越需要董事会提供战略决策判断和建议。运营复杂的企业主要表现为在几个不同的行业中运营,不同行业运营要求管理者在各种不相关的产品线中保持技术和业务专业知识。由于高管专业知识有限,高管与股东在复杂的环境下更依赖董事会的综合判断和知识建议。此外,海恩斯和希尔曼(2010)认为董事会人力资本以及社会资本的多元化促进企业战略变革。综上,资产规模越大,企业对董事会多元化的要求越高。

(二)财务杠杆反映企业的负债融资状况

由于金融市场不健全以及企业内部治理机制不完善,民营企业面临严重的"融资难"问题。财务杠杆越大在一定程度上不仅表示企业利用外部融资手段减缓融资约束,也代表着企业较高的融资成本、财务困境和破产风险。然而,多元化董事由于群体异质性可能倾向于风险规避的战略决策。比如,王裕和任杰(2016)认为海外背景董事具有风险规避特征,进而促使其为了提高审计师的质量主动选择四大审计。因此,董事会多元化可能阻碍企业财务杠杆增加,企业采取高的财务杠杆战略时将会抑制董事会多元化。

(三)企业业绩反映企业财务价值

企业业绩越高,表明企业的竞争优势越明显。民营企业往往进入壁垒较低,导致竞争者较多进而面临激烈的竞争环境。为了提升企业竞争力,决策者需要准确预测未来市场发展方向,制定战略决策。徐志顺等(2019)认为董事会多元化带来的多元化资本为企业决策提供关键资源,提高决策治理效率,提高企业业绩。综上,董事会多元化的治理优势将会促使发展较好的企业增加董事会异质化需求。

二、股权结构特征

委托代理理论认为,由于所有权和经营权的分离,高管可能由于私利行为侵害股东利益。董事会作为股东的委托人,负责监督高管的经营决策行为。根据中国上市公司治理准则,董事的选聘由提名委员会提名,股东大会决议通过。因此第一大股东持股以及机构投资者持股等股权结构可能对董事的选聘产生影响。

(一)第一大股东持股比例越大,对董事的选聘影响越大

阿纳特·R.阿德马蒂、保罗·普莱德里尔和约瑟夫·泽切纳(Admati et al.,1994)认为股权结构较为分散的企业更容易出现中小股东"搭便车"问题,然而股权较为集中的企业将会减轻此类问题。民营企业往往是家族企业,因此第一大股东与企业往往具有利益协同效应。为了降低高管的代理成本,股东亟须董事会积极发挥监督职能。阿拉特等(2015)认为董事会多元化通过阻碍群体思想和引发关键询问导致更好的监督,进而降低高管代理成本。因此大股东为了企业利益最大化促进董事会多元化。

(二)机构投资者具有较强的监督动机

孙光国等(2015)研究发现机构投资者的投资行为具有专业性和规模化的特征,在企业内部往往发挥积极监督作用,降低股东和高管的盈余管理行为。玛丽亚·卡米拉·德拉霍兹和卡洛斯·庞波(De-la-Hoz and Pombo,2016)研究发现机构投资者减轻了大股东和中小股东之间的代理冲突,增加了大股东的利益协同效应。查理斯·沃德、尹超和曾冶勤(Ward et al.,2018)认为机构投资者的监督作用显著提升企业现金持有边际价值,有助于企业股

票价格提升。玛丽亚·卡米拉·德拉霍兹、卡洛斯·庞波和罗德里戈·塔博达(De-La-Hoz et al.,2018)研究发现由于董事会多元化具有监督和战略决策优势,因此机构投资者更加偏好董事会多元化的企业。综上,机构投资者促进董事会多元化。

三、董事会结构特征

董事会包括董事会结构特征以及董事会多元化特征。以往研究较多关注董事会独立性和董事会规模等结构特征。由于董事个体构成董事会群体,因此董事会结构特征可能会影响董事会成员特征。

(一)董事会独立性代表着企业的监督力度

独立董事不受控股股东或管理者约束,更加独立和客观。董事会独立性一定程度上代表着股东较少侵占外部投资者利益。[①] 并且,阿卜杜拉(2014)研究发现独立董事中存在女性可以促使其更有效地履行监督职能。由于独立董事需要积极监督优势职能,同时董事会多元化可以提升董事会监督效率,因此,董事会独立性更愿意促进董事会多元化,进而增强其监督有效性。

(二)董事会规模反映企业决策群体大小

董事会规模越大,董事会席位越多,董事会多元化的可能性增加。董事变更的前提是董事会存在空缺席位。此外,由于董事会是企业决策的核心部门,较大的董事会规模预示着企业较复杂的经营决策。董事会规模对董事会多元化的影响机制类似于企业规模。因此,为了提升董事会群体的决策效率,企业在董事会席位允许的情况下,促进董事会多元化。

---

① Jay Dahya,Orlin Dimitrov and John J. McConnell,"Does Board Independence Matter in Companies with a Controlling Shareholder?",*Journal of Applied Corporate Finance*,21(1),2009,pp. 67-78.

四、地区变量

一般来说,企业所在地区市场化水平越高,企业面临的竞争越激烈。然而,董事会多元化提供的关键资源,有助于企业提升自身竞争力。因此,企业的竞争力越强,对董事会异质性需求越大。此外,市场化水平较低的地区企业受到传统文化影响降低董事会异质性。杜兴强等(2016)认为处于市场化进程较慢地区的企业的内部制度受传统文化影响较大,可能更偏好同质化董事会。比如,传统观念认为男性具有较高的领导能力,因此董事会存在严重的性别歧视。[①] 然而,市场化水平较高地区的企业的观念更具有多元化。市场化水平较高地区的企业为了增加企业合法性更好地履行有关部门的政策规则,促进多元化人才供给。综上,地区市场化水平促进公司董事会多元化。

第二节 研究设计

一、样本选择与数据来源

本书选取 2008—2016 年 A 股民营非金融上市公司样本数据进行分析。由于 2007 年我国颁布了新的会计准则,因此,本书为了保证样本中的财务数据口径统一,选取 2008 年作为样本起始年。其中,董事会特征主要来源于国泰安数据库(CSMAR)的上市公司人物特征文件,同时依据新浪财经中公司高管信息补充缺失数据,手工核对公司年报,确保数据来源准确性;其他财务和治理结构数据均来自国泰安数据库(CSMAR)。为了保证数据的完整性和可

---

① Patricia Gabaldon, Celia de Anca, Ruth Mateos de Cabo and Ricardo Gimeno, "Searching for Women on Boards: An Analysis from the Supply and Demand Perspective", *Corporate Governance: An International Review*, 24(3), 2016, pp. 371-385.

靠性,对数据进行如下处理:第一,剔除金融类上市公司及存在指标缺失的样本,最终有 4452 个样本观察值参与模型回归;第二,为了防止极端值的影响,对连续变量两端进行 1% 的缩尾处理。

二、变量定义

(一)被解释变量

目前,关于董事会单一属性异质性的研究主要包括性别、年龄、海外背景、学术背景、连锁背景等。① 结合现有文献对董事会单个属性进行归类,发现主要包括人口特征、人力资本特征以及社会资本特征。丹尼尔·P.福布斯、弗朗西斯·J.米利肯(Forbes and Milliken,1999)认为董事会人口特征影响董事认知、行为和决策制定。埃米·J.希尔曼和托马斯·道齐尔(Hillman and Dalziel,2003)认为董事会人力资本带来的技能、专业知识和经验有助于为管理层的决策提供建议和咨询。平托-古特雷斯等(2018)认为董事会的社会资本为企业提供资源,帮助企业和外部组织进行高效的交流和沟通。因此本书结合已有文献,考虑中国民营企业的董事会构成现状,将董事会特征较为全面地划分为性别和年龄等人口特征,职业背景、教育背景以及海外背景等人力资本特征,政府背景、学术背景以及连锁背景等社会资本特征三个层面。本书参考安衡等(2019)、阿拉特等(2015)、伯尼尔等(2018)与庄锦洪、英德拉·阿贝舍拉和马世光(Hoang et al.,2018)以及徐志顺等

---

① Bill Francis, Iftekhar Hasan and Qiang Wu, "Professors in the Boardroom and Their Impact on Corporate Governance and Firm Performance", *Financial Management*, 44(3), 2015, pp. 547-581. Roie Hauser, "Busy Directors and Firm Performance: Evidence from Mergers", *Journal of Financial Economics*, 128(1), 2018, pp. 16-37. Toyah Miller and María Del Carmen Triana, "Demographic Diversity in the Boardroom: Mediators of the Board Diversity-Firm Performance Relationship", *Journal of Management Studies*, 46(5), 2009, pp. 755-786. Collins G. Ntim, "Board Diversity and Organizational Valuation: Unravelling the Effects of Ethnicity and Gender", *Journal of Management and Governance*, 19 (1), 2015, pp. 167-195.

（2019）的构建多元化指标方法，采用中国民营企业的董事会属性特征构建多元化指标。董事会各个特征变量的定义方法及其多元化指标的计算方法如表 3.1 所示。

表 3.1　董事会多元化特征变量

指标	变量名称	子指标	分类原则	计算方法
人口特征	*Gender*	性别	女性赋值 1，否则为 0	$1 - (\sum p_i^2 + \sum p_j^2)$
	Age	年龄	—	董事年龄标准差/平均值
人力资本	*Degree*	教育水平	1＝中专及中专以下，2＝大专，3＝本科，4＝硕士研究生，5＝博士研究生，6＝其他（以其他形式公布的学历，如荣誉博士、函授等）	$\sum p_i^2$
	Oversea	海外背景	无海外背景设为 0，只有海外工作设为 1，只有海外求学设为 2，同时具有海外工作加求学设为 3	$\sum p_i^2$
	Function	职业背景	其他设为 0，只有研发背景设为 1，管理背景设为 2，金融背景设为 3，财务背景设为 4，法律背景设为 5，然后进行排序组合，将同时具有两种、三种、四种、五种职业背景的分类依次编码，总共 31 个分类	$\sum p_i^2$
社会资本	*Academy*	学术背景	无学术背景设为 0，高校任职设为 1，科研机构设为 2，协会从事研究设为 3，同时具有 1、2 两种背景设为 4，同时具有 1、3 两种背景设为 5，同时具有 2、3 两种背景设为 6，同时具有 1、2、3 三种背景设为 7	$\sum p_i^2$
	Government	政府背景	无政府背景设为 0，中央政府背景设为 1，地方政府背景（除中央之外）设为 2，同时具有中央和地方两种背景设为 3	$\sum p_i^2$
	Interlock	连锁董事	董事兼任其他公司赋值为 1，否则为 0	$1 - (\sum p_i^2 + \sum p_j^2)$

续表

指标	变量名称	子指标	分类原则	计算方法
董事会多元化指标衡量方法为： BDI = std(Gender) + std(Age) − std(Degree) − std(Oversea) − std(Function) − std(Academy) − std(Government) + std(Interlock) 人口特征多元化指标衡量方法： Demographic = std(Gender) + std(Age) 人力资本多元化指标衡量方法： Human = − std(Degree) − std(Oversea) − std(Function) 社会资本多元化指标衡量方法： Social = − std(Government) − std(Academy) + std(Interlock)				

(二)解释变量

根据已有文献,本书主要从地区、企业、股权结构和董事会结构四个层面研究影响董事会多元化的因素。[①] 地区层面的变量主要包括地区市场化水平($Market$);企业层面变量主要包括资产规模($Size$)、财务杠杆(Lev)、企业业绩(ROA);股权结构层面变量主要包括第一大股东所有权($Topone$)以及机构投资者持股($Institution$);董事会结构层面变量主要包括董事会规模($Bsize$)和董事会独立性($Indrate$)。具体衡量方式如表3.2所示。

---

① Shamsul Nahar Abdullah,"The Causes of Gender Diversity in Malaysian Large Firms", *Journal of Management and Governance*,18(4),2014,pp. 1137–1159.Isabel Acero and Nuria Alcalde, "Controlling Shareholders and the Composition of the Board:Special Focus on Family Firms", *Review of Managerial Science*,10(1),2016,pp. 61–83. Renée B. Adams and Daniel Ferreira,"Women in the Boardroom and Their Impact on Governance and Performance", *Journal of Financial Economics*,94 (2),2009,pp. 291–309.Ronald C. Anderson,David M. Reeb,Arun Upadhyay and Wanli Zhao,"The Economics of Director Heterogeneity", *Financial Management*,40(1),2011,pp. 5–38.Mehdi Nekhili and Hayette Gatfaoui,"Are Demographic Attributes and Firm Characteristics Drivers of Gender Diversity? Investigating Women's Positions on French Boards of Directors", *Journal of Business Ethics*,118(2), 2013,pp. 227–249.

表 3.2　变量定义

变量类型	变量名称	变量含义	计算方法
被解释变量	BDI	董事会多元化	见表 3.1
解释变量			
地区层面	$Market$	市场化水平	《中国分省份市场化指数报告》
企业层面	ROA	资产收益率	净利润/平均资产总额
	$Size$	资产规模	Ln（资产+1）
	Lev	财务杠杆	总负债/总资产
股权结构层面	$Topone$	第一大股东持股	第一大股东持有股本/总股本
	$Institution$	机构投资者持股	机构投资者持有股本/总股本
董事会结构层面	$Bsize$	董事会规模	董事会总人数取自然对数
	$Indrate$	董事会独立性	独立董事/董事总数

三、模型设计

为了检验对董事会多元化影响因素的预测，本书参照阿卜杜拉等（2014）、安德森等（2011）以及内赫西里和加特法伊（2013）的研究，构建以下模型。

$$BDI_{it} = \beta_0 + \beta_1 Size_{it} + \beta_2 Lev_{it} + \beta_3 ROA_{it} + \beta_4 Topone_{it} + \beta_5 Institution_{it} +$$

$$\beta_6 Bsize_{it} + \beta_7 Indrate_{it} + \beta_8 Market_{it} + \varepsilon \tag{3.1}$$

第三节　董事会多元化影响因素的实证分析

一、描述性统计

如表 3.3 所示，民营企业董事会多元化指标的均值和中位数均较低，说明总体来看董事会多元化程度较低；并且董事会多元化的标准差较大，说明企业间存在多元化程度不均衡现状。本书所考虑的董事会性别多元化的影响因素指标中,资产规模均值(21.640)大于中位数(21.580);财务杠杆的均值(0.402)大于中位数(0.392),并且最大值和最小值相差较大,说明民营企业的财务杠杆存在不均衡现状,一半以上的民营企业的财务杠杆较低;企业业绩的均值(0.049)小于中位数(0.045);第一大股东持股比例平均为32.7%,最大值为71.6%,说明民营企业中股权较为集中;机构投资者的持股比例均值为(0.198);董事会独立性的均值(0.374)大于中位数(0.333),说明一半以上的民营企业高于公司治理准则"三分之一的独立董事席位"要求;最后,企业所在地区市场化水平的均值(7.824)小于中位数(8.030),说明存在一半以上民营企业所在地区的市场化水平较高。

表 3.3 样本描述性统计情况

Variable	N	Mean	SD	P₅₀	Min	Max
BDI	4452	0.000	3.064	0.139	−11.880	10.070
Size	4452	21.640	1.055	21.580	19.090	24.750
Lev	4452	0.402	0.204	0.392	0.045	0.883
ROA	4452	0.049	0.060	0.045	−0.160	0.234
Topone	4452	0.327	0.142	0.304	0.084	0.716
Institution	4452	0.198	0.203	0.127	0	0.806
Bsize	4452	2.102	0.185	2.197	1.609	2.485
Indrate	4452	0.374	0.052	0.333	0.333	0.571
Market	4452	7.824	1.693	8.030	3.280	10.000

注:BDI:董事会多元化;Size:资产规模;Lev:财务杠杆;ROA:资产收益率;Topone:第一大股东持股比例;Institution:机构投资者持股;Bsize:董事会规模;Indrate:董事会独立性;Market:市场化水平。

二、相关性分析

首先,本书对主要回归变量进行相关性分析。根据表 3.4 的相关性分析矩阵,可以发现模型中各个变量之间并没有高度的相关性,说明变量之间不存在多重共线性问题。其次,除了财务杠杆以及董事会独立性与董事会多元化负相关外,其他指标均与董事会多元化显著正相关。

表 3.4　相关性分析矩阵

	BDI	Size	Lev	ROA	Topone	Institution	Bsize	Indrate
BDI	1							
Size	0. 069 ***	1						
Lev	−0. 053 ***	0. 379 ***	1					
ROA	0. 074 ***	0. 077 ***	−0. 370 ***	1				
Topone	0. 104 ***	0. 162 ***	0. 002	0. 030 **				
Institution	0. 039 ***	0. 264 ***	0. 026 *	0. 009	0. 088 ***	1		
Bsize	0. 148 ***	0. 120 ***	0. 086 ***	−0. 012	−0. 075 ***	0. 050 ***	1	
Indrate	−0. 029 **	−0. 026 *	−0. 027 *	0. 019	0. 057 ***	−0. 014	−0. 572 ***	1
Market	0. 048 ***	0. 097 ***	−0. 096 ***	−0. 042 **	0. 063 ***	0. 042 ***	−0. 056 ***	−0. 025 *

注:BDI:董事会多元化;Size:资产规模;Lev:财务杠杆;ROA:资产收益率;Topone:第一大股东持股比
　　例;Institution:机构投资者持股;Bsize:董事会规模;Indrate:董事会独立性;Market:市场化水平。
　　* $p<0.1$, ** $p<0.05$, *** $p<0.01$。

三、回归分析

本书选取 2008—2016 年中国民营非金融类上市公司的面板数据为样本,采用混合最小二乘法进行回归分析。为了充分反映所选取的解释变量对董事会多元化的影响机制,本书在模型 1 的基础上将企业特征、股权结构特征、董事会结构特征以及地区特征分别作为解释变量进行回归,实证结果如表 3.5 所示。笔者发现除了机构投资者持股对董事会多元化的促进作用显著外,其他影响因素变量对董事会多元化均产生显著的影响作用。董事会规模、企业业绩、第一大股东持股比例、董事会独立性和市场化水平均显著促进董事会多元化,与前文的分析推理一致。然而,与上文分析一致,企业的财务杠杆显著抑制了董事会多元化,主要是因为董事会多元化的风险规避特征,导致企业为了制定外部融资策略选择降低董事会异质性程度。此外,机构投资者持股与董事会多元化的促进作用仅在单独考虑股权结构特征影响因素时显著;当全部影响因素放在一起时,机构投资者的回归系数仅在经济意义上促进,但是没有统计上的显著性。总体上来说,机构投资者持股对董事会多元化存在促进作用,可能主要是由于机构投资者对高管的监督需求。

表 3.5　实证结果分析

Variables	(1)BDI	(2)BDI	(3)BDI	(4)BDI	(5)BDI
Size	0.1376***	0.2536***			
	(0.0529)	(0.0521)			
Lev	−1.0383***	−0.9265***			
	(0.2827)	(0.2865)			
ROA	1.2320	2.4871***			
	(0.8681)	(0.8652)			
Topone	1.8086***		1.8640***		
	(0.3342)		(0.3278)		
Institution	0.1531		0.5192**		
	(0.2467)		(0.2443)		
Bsize	3.3703***			3.2639***	
	(0.3019)			(0.2984)	
Indrate	4.7919***			4.7491***	
	(1.0549)			(1.0589)	
Market	0.0652**				0.0707**
	(0.0296)				(0.0299)
Year	Yes	Yes	Yes	Yes	Yes
Industry	Yes	Yes	Yes	Yes	Yes
Constant	−12.2007***	−4.9175***	−0.6729*	−8.5034***	−0.3298
	(1.3673)	(1.0915)	(0.3967)	(0.9786)	(0.4137)
Observations	4452	4452	4452	4452	4452
R-squared	0.0696	0.0374	0.0348	0.0526	0.0273

续表

Variables	（1）BDI	（2）BDI	（3）BDI	（4）BDI	（5）BDI
adj_R^2	0.0625	0.0311	0.0287	0.0466	0.0213
F	9.723	5.921	5.692	8.768	4.595

注:变量名含义同表3.3。 ＊＊$p<0.05$, ＊＊＊$p<0.01$。

随着董事会多元化对董事会治理效率的研究日益增加,董事会多元化对董事会发挥职能的优势作用日益明显。尽管如此,民营企业中董事会的同质化现象仍较为严重。因此为了进一步理解董事会多元化的影响因素,本章从与董事会成员密切相关的四个层面出发研究其对董事会多元化的影响,主要包括企业层面、股权结构特征层面、董事会结构特征层面以及地区层面变量。本章以2008—2016年中国民营上市公司为样本,实证研究发现:第一,企业层面,资产规模、企业业绩与董事会多元化显著正相关,财务杠杆与董事会多元化显著负相关;第二,股权结构层面,第一大股东持股比例显著促进董事会多元化,而机构投资者持股对董事会多元化的促进作用显著;第三,董事会结构层面,董事会规模和董事会独立性均显著促进董事会多元化;第四,地区层面,地区市场化水平显著促进董事会多元化。

第四章 民营企业董事会多元化的 财务绩效效应研究

第一节 民营企业董事会多元化与财务绩效的 理论分析与研究假设

企业业绩的影响因素一直是学术界、企业界和政府界广泛关注的焦点。已有研究主要关注地区制度环境、产权属性等外部治理机制以及高管薪酬、股权结构等内部治理机制对企业业绩的影响,对董事会的治理效应这一影响因素关注较少。但是,卡南·C.穆特鲁、马克·范埃森、迈克·W.彭、萨布丽娜·F.萨利赫和帕特里西奥·杜兰(Mutlu et al.,2017)通过对中国上市公司进行文献综述发现,随着市场机构投资者质量不断提高和金融市场不断发展,董事会对企业绩效的影响越来越显著。董事会正在演变成一个良好的公司治理机制,更高的董事会资本预示着更强的公司治理。[①] 然而,目前有限的董事会与企业业绩的研究将影响焦点聚集于董事会独立性、董事会二元性以及董

---

① Maria Camila De-La-Hoz, Carlos Pombo and Rodrigo Taborda, "Does Board Diversity Affect Institutional Investor Preferences? Evidence from Latin America", *Working Paper*, 2018.

事会规模等结构特征。① 较少研究从董事会成员的特征多样性角度考察其对企业业绩的作用效果。而且,相关研究主要集中在美国等发达国家,对新兴市场的研究相对较少;②此外,现有新兴市场的研究主要集中于土耳其以及拉丁美洲等新兴市场,以中国为背景的相关研究相对较少。③ 其中,中国作为最大的发展中国家、第二大经济体,以此为背景进行研究,具有重要意义。此外,相对国有企业,民营企业更加注重股东利益最大化的经济目标,董事选聘过程不需要更多考虑政治目标。因此,本书以中国民营企业为研究背景,研究董事会多元化对企业财务绩效的影响效应及作用机制。

董事会多元化包括成员特征多元化以及结构特征多元化。庄锦洪等(2018)将董事会多元化分为董事会成员的多元化和董事会结构的多元化,最终结论表明董事会成员的多元化可以对企业社会责任产生显著的影响,但是董事会结构多元化对其没有影响。阿拉特等(2015)通过实证分析发现董事会成员多元化与企业业绩具有显著的促进关系,但是当在构建多元化指标时

① James G. Combs, David J. Ketchen Jr, Alexa A. Perryman and Maura S. Donahue, "The Moderating Effect of CEO Power on the Board Composition-Firm Performance Relationship", *Journal of Management Studies*, 44(8), 2010, pp. 1299–1323. Dan R. Dalton, Catherine M. Daily, Alan E. Ellstr and and Jonathan L. Johnson, "Meta-Analytic Reviews of Board Composition, Leadership Structure, and Financial Performance", *Strategic Management Journal*, 19(3), 1998, pp. 269–290. David Finegold, George S. Benson and David Hecht, "Corporate Boards and Company Performance: Review of Research in Light of Recent Reforms", *Corporate Governance an International Review*, 15(5), 2010, pp. 865–878. Jenny J. Tian and Chung-Ming Lau, "Board Composition, Leadership Structure and Performance in Chinese Shareholding Companies", *Asia Pacific Journal of Management*, 18(2), 2001, pp. 245–263.

② Ronald C. Anderson, David M. Reeb, Arun Upadhyay and Wanli Zhao, "The Economics of Director Heterogeneity", *Financial Management*, 40(1), 2011, pp. 5–38. Mariassunta Giannetti and Mengxin Zhao, "Board Ancestral Diversity and Firm-Performance Volatility", *Journal of Financial and Quantitative Analysis*, 54(3), 2019, pp. 1117–1155.

③ Melsa Ararat, Mine Aksu and Ayse Tansel Cetin, "How Board Diversity Affects Firm Performance in Emerging Markets: Evidence on Channels in Controlled Firms", *Corporate Governance: An International Review*, 23(2), 2015, pp. 83–103. Maria Camila De-La-Hoz, Carlos Pombo and Rodrigo Taborda, "Does Board Diversity Affect Institutional Investor Preferences? Evidence from Latin America", *Working Paper*, 2018. Cristian Pinto-Gutiérrez, Carlos Pombo and Jairo Villamil-Díaz, "Board Capital Diversity and Firm Value: Evidence from Latin-America", *Working Paper*, 2018.

加入董事会结构变量,将会使得两者之间的影响关系减弱。因此,本书认为有必要单独讨论董事会中董事会成员特征多元化对企业业绩的影响。此外,由于研究董事特征的侧重点不同,多元化指标的构建方法也存在差异。起初,学者们从性别和种族两个角度考察董事会多元化对企业业绩的影响。① 从此之后,学术界考虑的董事会多元化特征维度逐渐增加,比如,阿拉特等(2015)、庄锦洪等(2018)关注董事的性别、种族、年龄和教育水平四个方面,徐志顺等(2019)则依据董事的性别、年龄、任期和职业背景四个维度构建多元化指标。随着董事会多元化的构建指标不断综合化,学者对董事会多元化特征进行层次划分。比如,伯尼尔等(2018)和安德森等(2011)主要从性别、种族、年龄等三个人口特征和教育、财务专业、董事经验等三个认知特征构建多元化指标;希尔曼和道齐尔(2003)将董事会资本系统分为人力资本和社会资本,较多文献的董事会资本特征将据此进行分类。② 在充分吸收已有文献的基础上,本书将董事会成员特征划分为人口特征、人力资本和社会资本三个维度,用八个子指标构建董事会多元化综合指标。

　　关于董事会多元化的财务绩效效应,主要有两种不同的观点。一方面,董

　　① Ernest Gyapong, Reza M. Monem and Fang Hu, "Do Women and Ethnic Minority Directors Influence Firm Value? Evidence from Post - Apartheid South Africa", *Journal of Business Finance and Accounting*, 43(3-4), 2016, pp. 370-413. Toyah Miller and María Del Carmen Triana, "Demographic Diversity in the Boardroom: Mediators of the Board Diversity-Firm Performance Relationship", *Journal of Management Studies*, 46(5), 2009, pp. 755-786. Collins G. Ntim, "Board Diversity and Organizational Valuation: Unravelling the Effects of Ethnicity and Gender", *Journal of Management and Governance*, 19(1), 2015, pp. 167-195.

　　② Mariassunta Giannetti and Mengxin Zhao, "Board Ancestral Diversity and Firm-Performance Volatility", *Journal of Financial and Quantitative Analysis*, 54(3), 2019, pp. 1117-1155. Ronald C. Anderson, David M. Reeb, Arun Upadhyay and Wanli Zhao, "The Economics of Director Heterogeneity", *Financial Management*, 40(1), 2011, pp. 5-38. Gennaro Bernile, Vineet Bhagwat and Scott Yonker, "Board Diversity, Firm Risk, and Corporate Policies", *Journal of Financial Economics*, 127, 2018, pp. 588-612. Chih-shun Hsu, Wei-hung Lai and Sin-hui Yen, "Boardroom Diversity and Operating Performance: The Moderating Effect of Strategic Change", *Emerging Markets Finance and Trade*, 55(11), 2019, pp. 2248-2472. Cristian Pinto-Gutiérrez, Carlos Pombo and Jairo Villamil-Díaz, "Board Capital Diversity and Firm Value: Evidence from Latin-America", *Working Paper*, 2018.

事会多元化的支持者认为它可以带来多样化的技能和观点,积极监督管理层的同时给管理者提供更好的建议咨询。此外,董事会多元化可以增加决策审查力度、更好解决复杂问题、制定最优的战略决策、降低战略风险,进而促进企业业绩提升。① 另一方面,企业在追求多元化的同时也可能带来相应的成本。个人偏好和观点不一致可能导致董事会产生沟通和协调问题,因此董事会多元化加剧决策冲突,降低群体凝聚力,扰乱董事会决策过程,降低董事会效率,影响董事会运作。② 同时,风险较高的决策在董事会内部可能无法达成共识,最终导致企业偏向低风险决策。③ 因此,董事会多元化的财务绩效效应是一把"双刃剑",其与财务绩效的影响关系是一个实证问题。

一、董事会多元化与企业财务绩效的理论基础和研究假设

(一)理论基础

委托代理理论常被用于分析董事会与企业业绩的影响机制。④ 代理理论认为,随着企业所有权和经营权的分离,企业管理者作为企业所有者的代理人存在自利动机和信息优势,董事会的首要职能就是代表股东监督和控制管理者的行为,进而降低代理成本,提升企业业绩。⑤ 一方面,董事会多元化可能带来监督优势。多元化董事会实施更多审查,降低股东和管理层之间的信息

---

① Mariassunta Giannetti and Mengxin Zhao,"Board Ancestral Diversity and Firm-Performance Volatility",*Journal of Financial and Quantitative Analysis*,54(3),2019,pp. 1117–1155.Heng An,Carl R.Chen,Qun Wu and Ting Zhang,"Corporate Innovation:Does Diverse Board Help?",*Journal of Financial and Quantitative Analysis*,Forthcoming,2019.

② Mariassunta Giannetti and Mengxin Zhao,"Board Ancestral Diversity and Firm-Performance Volatility",*Journal of Financial and Quantitative Analysis*,54(3),2019,pp. 1117–1155.

③ Gennaro Bernile,Vineet Bhagwat and Scott Yonker,"Board Diversity,Firm Risk,and Corporate Policies",*Journal of Financial Economics*,127,2018,pp. 588–612.

④ Michael C.Jensen and William H.Meckling,"Theory of the Firm:Managerial Behavior,Agency Costs,and Ownership Structure",*Journal of Financial Economics*,3(4),1976,pp. 305–360.

⑤ Shaker A. Zahra and John A. Pearce,"Boards of Directors and Corporate Financial Performance:A Review and Integrative Model",*Journal of Management*,15(2),1989,pp. 291–334.

不对称,监督管理层的私利行为,更好地履行战略决策,进而促进财务绩效。[①]另一方面,董事会多元化特征可能带来监督劣势。亚当斯和费雷拉(2009)研究发现董事会性别多元化对高管的过度监督,将会导致企业业绩下降。卡兹马雷克等(2014)认为较多的董事兼任其他企业的董事席位,会导致董事没有足够的时间和精力去监督和控制目标企业的高管,进而使得代理成本增加,业绩下降。但是,在新兴市场背景下,企业的监管机制薄弱,治理体系不完善,代理问题的解决在一定程度上依赖公司内部治理机制;中国企业中女性董事占比较少,性别不均衡现象在董事会中较为常见;此外,民营企业存在激励机制不健全的问题,进而导致管理层履职动机不足,谋取私利意图明显。[②] 因此在民营企业的上述现实背景下,董事会多元化的监督效应可能通过缓解高管代理问题,提升财务绩效。

资源依赖理论将董事会视为连接外部环境的关键组织以及获取资源和管理外部环境不确定性的重要机制。[③] 研究表明,董事会决策中融合多样化的个人特征,将会提升企业获得关键资源的能力,最终促进企业决策制定和运营绩效,提升企业业绩。[④] 海恩斯和希尔曼(2010)基于资源依赖理论分析董事

①　Kevin Hendry and Geoffrey C. Kiel, "The Role of the Board in Firm Strategy: Integrating Agency and Organisational Control Perspectives", *Corporate Governance: An International Review*, 12(4), 2004, pp. 500-520. Ronald C. Anderson, David M. Reeb, Arun Upadhyay and Wanli Zhao, "The Economics of Director Heterogeneity", *Financial Management*, 40(1), 2011, pp. 5-38. Heng An, Carl R. Chen, Qun Wu and Ting Zhang, "Corporate Innovation: Does Diverse Board Help?", *Journal of Financial and Quantitative Analysis*, Forthcoming, 2019.

②　Hisham Farag and Chris Mallin, "The Impact of the Dual Board Structure and Board Diversity: Evidence from Chinese Initial Public Offerings(IPOs)", *Journal of Business Ethics*, 139(2), 2016, pp. 1-17. 崔新建、郑勇男:《中国民营企业现代企业制度建设研究》,经济管理出版社 2018 年版。

③　Jeffrey Pfeffer and Gerald Salancik, "The External Control of Organizations: A Resource Dependence Perspective", *The Economic Journal*, 89, 1978, pp. 696-970.

④　Chih-shun Hsu, Wei-hung Lai and Sin-hui Yen, "Boardroom Diversity and Operating Performance: The Moderating Effect of Strategic Change", *Emerging Markets Finance and Trade*, 55(11), 2019, pp. 2248-2472. Cristian Pinto-Gutiérrez, Carlos Pombo and Jairo Villamil-Díaz, "Board Capital Diversity and Firm Value: Evidence from Latin-America", *Working Paper*, 2018.

会资本多样性对战略变更的影响,他们认为董事会多元化可以提供广泛的知识、创造力、经验,获取更多外部的宝贵资源,导致更多的可选择观点,使得潜在的战略决策变为实际的战略变革。此外,董事会多元化提供的资源可以为企业提供多样的发展机会,受到机构投资者的偏好。① 但是,董事会提供的多元化资源可能降低董事会决策过程的效率,使得董事会会议次数增加,加剧企业业绩波动,并且降低企业高风险决策的达成。② 尽管如此,在关系导向的中国背景下,董事会多元化将会降低民营企业决策群体单一的成本,为企业带来政府关系、商业关系以及不同的个人认知经验等关键资源,帮助企业制定财务决策,提升竞争优势。③

现有文献将两个理论联合起来研究董事会的财务绩效效应。希尔曼和道齐尔(2003)创造性地将董事会职能进行高度概括,认为代理理论支持董事会监督职能,资源依赖理论支持董事会提供资源职能,并且将董事会资本分为人力资本和社会资本两大类别。他们认为现有研究中除了监督职能之外,其他的董事职能分类皆等同于菲弗和萨兰奇(1978)首次提出的提供资源职能。欧姆辛等(2017)结合代理理论和资源依赖理论研究发现董事多元化的行业专业知识推动战略变更。此外,德拉霍兹等(2018)从代理理论和资源依赖理论出发,认为由于董事会的监管和提供资源机制使得不同的机构投资者对董事会资本多元化产生不同的偏好。总之,代理理论和资源依赖理论已经成为分析董事会多元化与企业财务绩效影响机制必不可少的理论。

① Maria Camila De-La-Hoz, Carlos Pombo and Rodrigo Taborda, "Does Board Diversity Affect Institutional Investor Preferences? Evidence from Latin America", *Working Paper*, 2018.

② Mariassunta Giannetti and Zhao Mengxin, "Board Ancestral Diversity and Firm-Performance Volatility", *Journal of Financial and Quantitative Analysis*, 54(3), 2019, pp. 1117-1155. Gennaro Bernile, Vineet Bhagwat and Scott Yonker, "Board Diversity, Firm Risk, and Corporate Policies", *Journal of Financial Economics*, 127, 2018, pp. 588-612.

③ Yadong Luo, Ying Huang and Stephanie Lu Wang, "Guanxi and Organizational Performance: A Metaâ-Analysis", *Management and Organization Review*, 8(1), 2012, pp. 139-172.

(二)研究假设

1.董事会成员特征

本书沿用约翰逊等(2013)的董事会多元化分类方法,全面地将董事会特征分为人口特征、人力资本和社会资本。福布斯和米利肯(1999)认为董事会人口特征影响董事认知、行为和决策制定,进而影响企业绩效。此外,董事会资本主要分为人力资本和社会资本,较高的董事会资本有助于企业获得机构投资者投资。① 董事利用他们的技能、专业知识和职业经验等人力资本不仅能够增加对管理层审查和监督,还能为管理层提供建议和咨询。② 同时,社会资本带来的关系网络促进企业和外部组织的交流和沟通,提升企业业绩。③ 结合中国民营上市公司具体背景,本书主要研究的人口特征包括董事的性别、年龄;人力资本特征包括董事个人的海外背景、职业背景以及教育背景;社会资本特征包括董事的政府背景、学术背景以及连锁背景。

董事性别与企业财务绩效。近十余年,关于董事会性别多元化已经成为研究焦点。已有研究表明董事会性别多元化可以为女性员工提供积极升职信号、提升企业社会责任意识,进而提升企业合法性;与男性董事相比,女性董事具有更强的民主性和参与性,积极加入监督委员会,提升董事会监督效率,促

---

① Maria Camila De-La-Hoz, Carlos Pombo and Rodrigo Taborda, "Does Board Diversity Affect Institutional Investor Preferences? Evidence from Latin America", *Working Paper*, 2018.

② Ronald C. Anderson, David M. Reeb, Arun Upadhyay and Wanli Zhao, "The Economics of Director Heterogeneity", *Financial Management*, 40(1), 2011, pp. 5-38.

③ Amy J. Hillman and Thomas Dalziel, "Boards of Directors and Firm Performance: Integrating Agency and Resource Dependence Perspectives", *Academy of Management Review*, 28(3), 2003, pp. 383-396. Cristian Pinto-Gutiérrez, Carlos Pombo and Jairo Villamil-Díaz, "Board Capital Diversity and Firm Value: Evidence from Latin-America", *Working Paper*, 2018.

进企业财务绩效的提升。[1] 但是,性别多元化可能会导致沟通较少、决策冲突加剧,进而造成企业决策效率降低,并且过度的董事会监督将导致治理良好的公司的业绩下降。[2] 由于研究背景的不同将会影响女性董事的作用效果,因此学术界关于董事会性别多元化对企业业绩的影响机制并没有得到一致的结论。[3]

董事年龄与企业财务绩效。约翰逊等(2018)研究认为董事年龄同时代表着经验和风险规避,因此董事年龄对企业业绩的影响是模糊的。一方面,年轻的董事可能更愿意制定风险战略决策。玛格丽特 F.威瑟玛和凯伦 A.班特尔(Wiersema and Bantel,1992)认为平均年龄较低的董事会可能发起战略变革。但是,年轻的董事由于阅历和经验欠缺,全面认知问题的水平较低,导致决策失误概率增加。另一方面,个人经验随着年龄的增长而增加,年龄也会对公司估值产生积极影响。哈兰·普拉特和马乔里·普拉特(Platt and Platt,2012)认为董事会中存在年龄较大的董事则有助于企业摆脱破产,这主要归因于年龄大的董事提供的经验价值。但是,年龄较大的董事将会趋于风险规

---

① Helena Isidro and Marcia Sobral, "The Effects of Women on Corporate Boards on Firm Value, Financial Performance, and Ethical and Social Compliance", *Journal of Business Ethics*, 132(1), 2015, pp. 1–19. Jin-hui Luo, Yuangao Xiang and Zeyue Huang, "Female Directors and Real Activities Manipulation: Evidence from China", *China Journal of Accounting Research*, 10(02), 2017, pp. 141–166. Mehdi Nekhili and Hayette Gatfaoui, "Are Demographic Attributes and Firm Characteristics Drivers of Gender Diversity? Investigating Women's Positions on French Boards of Directors", *Journal of Business Ethics*, 118(2), 2013, pp. 227–249. Yu Liu, Zuobao Wei and Feixue Xie, "Do Women Directors Improve Firm Performance in China?", *Journal of Corporate Finance*, 28, 2014, pp. 169–184. Neeti Khetarpal Sanan, "Board Gender Diversity and Firm Performance: Evidence from India", *Asian Journal of Business Ethics*, 5(1–2), 2016, pp. 1–18. Siri A. Terjesen, Eduardo Barbosa Couto and Paulo Morais Francisco, "Does the Presence of Independent and Female Directors Impact Firm Performance? A Multi-Country Study of Board Diversity", *Journal of Management and Governance*, 20(3), 2016, pp. 447–483.

② Hillman, A.J., Shropshire, C. and Cannella, A. A., "Organizational Predictors of Women on Corporate Boards", *Academy of Management Journal*, 50(4), 2007, pp. 941–952. Renée B. Adams and Daniel Ferreira, "Women in the Boardroom and Their Impact on Governance and Performance", *Journal of Financial Economics*, 94(2), 2009, pp. 291–309.

③ Shamsul Nahar Abdullah, "The Causes of Gender Diversity in Malaysian Large Firms", *Journal of Management and Governance*, 18(4), 2014, pp. 1137–1159.

避,阻碍企业变革创新决策的制定,影响企业发展。此外,乔蒂·D.马哈迪奥、蒂尔鲁文·索巴罗扬和瓦尼萨·乌加拉赫·哈努曼(Mahadeo et al.,2012)认为虽然老年人群体的知识和经验受到公司的重视,但是董事会必须具有一定的年龄差异才能实现分工并为继任做准备,进而提升企业业绩。[①] 然而,郭吉涛(2018)认为民营企业高管团队年龄异质性并没有促进企业业绩提升。因此董事会年龄异质性对企业业绩的影响没有得出一致的结论。

董事教育背景与企业财务绩效。现有研究将教育背景视为认知因素之一,不同的教育背景与不同的社会地位和职业发展路径有关。[②] 因此,董事会成员个体的不同专业教育背景会带来不同的专业知识技能,为董事会提供不同的观点和认知规范,进而影响董事会的社会网络关系。研究表明,在转型市场中灰色机构投资者(养老基金等)偏好投资那些具有受过高等教育的董事会成员的公司。[③] 同时,外部董事的教育水平促进企业估值。[④] 但是,教育水平的差异带来的董事认知差异,将会阻碍信息共享和有效沟通,加剧团队冲突。[⑤] 因此董事会内部教育水平的异质性可能导致企业业绩下降。

董事职业背景与企业财务绩效。高管团队的职业水平已经被证实会影响企业决策和业绩。[⑥] 不同职业背景的董事为董事会决策提供资源,有助于董

① Haksoon Kim and Chanwoo Lim, "Diversity, Outside Directors and Firm Valuation: Korean Evidence", *Journal of Business Research*, 63(3), 2010, pp. 284-291.

② Gennaro Bernile, Vineet Bhagwat and ScottYonker, "Board Diversity, Firm Risk, and Corporate Policies", *Journal of Financial Economics*, 127, 2018, pp. 588-612. Michael Useem and Jerome Karabel, "Pathways to Top Corporate Management", *American Sociological Review*, 51(2), 1986, pp. 184-200.

③ Maria Camila De-La-Hoz, Carlos Pombo and Rodrigo Taborda, "Does Board Diversity Affect Institutional Investor Preferences? Evidence from Latin America", *Working Paper*, 2018.

④ Haksoon Kim and Chanwoo Lim, "Diversity, Outside Directors and Firm Valuation: Korean Evidence", *Journal of Business Research*, 63(3), 2010, pp. 284-291.

⑤ 郭吉涛:《民营企业高管团队特征对企业绩效的影响研究》,经济科学出版社 2018 年版。

⑥ Chih-shun Hsu, Wei-hung Lai and Sin-hui Yen, "Boardroom Diversity and Operating Performance: The Moderating Effect of Strategic Change", *Emerging Markets Finance and Trade*, 55(11), 2019, pp. 2248-2472.

事会履行战略决策职能;同时,由于管理者可能缺乏能力和动机进行战略决策,职业经验丰富的董事会成员可以提供战略建议,促使企业战略变革。① 一方面,董事会的职业异质性所带来的经验和技能可以为董事会审议工作带来更多的知识和洞察力,进而增强董事会的职能效力;另一方面,职业背景的异质性可能会增加沟通和协调成本,从而妨碍决策制定并降低公司绩效。② 因此,董事会职业背景的异质性对企业业绩的影响尚未得出一致结论。

董事政府背景与企业财务绩效。现有文献发现企业的政治关系对企业业绩的影响有不一致的结论。③ 一方面,政府背景的董事可能促进企业业绩的提升。政府官员董事帮助企业获得独特的政府资源,帮助企业获得外部资金,缓解投资不足问题,提升企业风险承担水平,提升企业业绩。④ 另一方面,政府背景董事的存在不利于企业发展。与政府有紧密联系可能带来政治寻租行为,弱化董事会的专业性,干预民营企业决策,导致无效率的过度投资。⑤ 纳杰斯·布巴克里、让·克劳德·科塞特和瓦利德·萨法尔(Boubakri et al.,2011)研究发现,政府管理者可能更加厌恶风险,导致企业的高风险决策无法达成,降低企业获得高收益的可能性。此外,阿蒙·奇泽马、

---

① Jana Oehmichen, Sebastian Schrapp and Michael Wolff, "Who Needs Experts Most? Board Industry Expertise and Strategic Change-A Contingency Perspective", *Strategic Management Journal*, 38 (3), 2017, pp. 645-656.

② Ronald C. Anderson, David M. Reeb, Arun Upadhyay and Wanli Zhao, "The Economics of Director Heterogeneity", *Financial Management*, 40(1), 2011, pp. 5-38.

③ Chao C.Chen, Xiao-Ping Chen and Shengsheng Huang, "Chinese Guanxi: An Integrative Review and New Directions for Future Research", *Management and Organization Review*, 9(1), 2013, pp. 167-207.

④ Nianhang Xu, Xinzhong Xu and Qingbo Yuan, "Political Connections, Financing Friction, and Corporate Investment: Evidence from Chinese Listed Family Firms", *European Financial Management*, 19(4), 2013, pp. 675-702. 周泽将、马静、刘中燕:《独立董事政治关联会增加企业风险承担水平吗?》,《财经研究》2018 年第 8 期。Haksoon Kim and Chanwoo Lim, "Diversity, Outside Directors and Firm Valuation: Korean Evidence", *Journal of Business Research*, 63(3), 2010, pp. 284-291.

⑤ 徐淑英、边燕杰、郑国汉:《中国民营企业的管理和绩效:多学科视角》,北京大学出版社 2008 年版。赵岩:《民营企业政治联系下的过度投资治理效应研究》,经济科学出版社 2017 年版。

刘晓辉和路江勇(Chizema et al.,2015)以中国存在独特的政治董事为背景展开研究,发现政治董事将会降低高管薪酬,并且缩小高管与普通员工薪酬差距,由于高管激励不明显,将会导致高管的自利行为。同时,由于我国法律的不完备性,董事会政治资本将减弱法律监管力度,使得大股东更多侵占公司利益,进一步增加代理成本。① 综上,政府背景董事可能抑制中国民营企业财务绩效的提升。

董事学术背景与企业财务绩效。观察中国企业董事会结构,笔者发现具有高等院校和科研院所工作背景的董事在国内外上市公司董事会中普遍存在,因此董事的学术背景是董事会社会资本的一个重要特征。现有研究重点探讨了学者董事的监督职能、战略决策职能和资源提供职能,但是研究结论具有复杂性。② 一方面,学者董事通过提供有价值的科学知识和独特资源,提升董事会监管和建议职能,促进企业业绩提升。③ 另一方面,由于学者董事任学校职务而没有精力监督管理层,同时对企业实际情况关注不够将会阻碍企业战略决策制定。④ 综上,学术背景董事的企业业绩优势有待进一步验证。

董事海外背景与企业财务绩效。国际学术研究较多关注董事种族背景特征。⑤ 安德森等(2011)认为来自不同种族的董事具有不同的文化和社会背景,更可能引入新观点,在董事会讨论中引入解决问题的新技能。类似地,

---

① Pei Sun, Helen W. Hu and Amy J. Hillman, "The Dark Side of Board Political Capital: Enabling Blockholder Rent Appropriation", *Academy of Management Journal*, 59(5), 2016, pp. 1801–1822.

② 张鸿、王分棉:《学者董事研究现状和未来展望》,《外国经济与管理》2016年第12期。

③ Bill Francis, Iftekhar Hasan and Qiang Wu, "Professors in the Boardroom and Their Impact on Corporate Governance and Firm Performance", *Financial Management*, 44(3), 2015, pp. 547–581.

④ Udi Hoitash, "Should Independent Board Members with Social Ties to Management Disqualify Themselves from Serving on the Board?", *Journal of Business Ethics*, 99(3), 2011, pp. 399–423.

⑤ Gennaro Bernile, Vineet Bhagwat and Scott Yonker, "Board Diversity, Firm Risk, and Corporate Policies", *Journal of Financial Economics*, 127, 2018, pp. 588–612.

高管海外背景也可以引入新的观点,有助于企业战略变革,提升企业创新绩效。① 但是,雷·弗里德曼、柳吴、金舒承、宏应义、孙立国(Friedman et al.,2012)认为只有具有较高的双文化整合效应(Bicultural Identity Integration)的董事才能更好利用海外经验服务于企业绩效。朱晓文和吕长江(2019)认为海外培养的家族企业继承人由于受教育环境或早期国外管理实践的影响,更难继承创始人的特殊资产,对家族企业情感承诺和组织认同度较低,进而导致接班后企业业绩更差。因此,董事的海外背景对企业业绩的影响具有不确定性。

董事连锁背景与企业财务绩效。董事连锁背景与企业业绩的影响具有不一致性。一方面,关系被认为是一个强大的战略工具,帮助企业保持竞争优势并提升绩效,特别是企业的商业伙伴关系可以提升企业业绩。② 当存在连锁董事时,公司能从连锁董事与其他公司董事和 CEO 之间的人脉关系中挖掘出有价值的社会资本,提供关键决策信息,改善企业战略决策制定,进而促进企业业绩。③ 另一方面,基于繁忙假说(The Busyness Hypothesis),兼任较多董事会席位的董事由于精力分散导致加入委员会的积极性降低,最终降低企业业绩。④ 综上,董事连锁背景的多元化的优势作用需要进一步探究。

---

① Rakesh B. Sambharya, "Foreign Experience of Top Management Teams and International Diversification Strategies of U.S.Multinational Corporations", *Strategic Management Journal*, 17(9), 2015, pp. 739-746.Xiaohui Liu, Jiangyong Lu, Igor Filatotchev, Trevor Buck and Mike Wright, "Returnee Entrepreneurs, Knowledge Spillovers and Innovation in High-tech Firms in Emerging Economies", *Journal of International Business Studies*, 41(7), 2010, pp. 1183-1197.

② Yadong Luo, Ying Huang and Stephanie Lu Wang, "Guanxi and Organizational Performance: A Metaâ-Analysis", *Management and Organization Review*, 8(1), 2012, pp. 139-172.

③ 张维今、李凯、王淑梅:《CEO 权力的调节作用下董事会资本对公司创新的内在机制影响研究》,《管理评论》2018 年第 4 期。Natalia Ortiz-de-Mandojana, J. Alberto Aragón-Correa, Javier Delgado-Ceballos and Vera Ferrón-Vílchez, "The Effect of Director Interlocks on Firms' Adoption of Proactive Environmental Strategies", *Corporate Governance: An International Review*, 20(2), 2012, pp. 164-178.

④ Roie Hauser, "Busy Directors and Firm Performance: Evidence from Mergers", *Journal of Financial Economics*, 128(1), 2018, pp. 16-37.Szymon Kaczmarek, Satomi Kimino and Annie Pye, "Interlocking Directorships and Firm Performance in highly Regulated Sectors: The Moderating Impact of Board Diversity", *Journal of Management and Governance*, 18(2), 2014, pp. 347-372.

2.董事会多元化与企业财务绩效

企业财务绩效作为利益相关者最为关注的绩效指标之一,十分有必要对其进行展开研究。同时,董事会作为关键的公司治理机制对企业业绩的影响不容忽视。目前,董事会多元化研究已经成为学术界和实践界关注的焦点。董事会多元化通过影响董事会治理效应,进而影响企业业绩。主要表现为三个方面。

首先,董事会是缓解企业代理问题的核心部门,[①]董事会多元化增加董事会监督职能。股东与高管的信息不对称,以及高管激励不足等都会增加高管谋取私利动机,股东通过董事会的监督职能降低代理成本。多元化董事会通过增加对高管行为的审查能力,加入监督委员会以及增加股利支付等方式增加董事会多元化监督职能。阿拉特等(2015)研究土耳其样本,发现在外部监管薄弱的新兴市场中,董事会多元化通过阻碍群体思想和引发关键询问导致更好的监督,进而使得董事会多元化的监督效应提升企业业绩。刘煜等(2014)认为女性董事更愿意加入监督委员会,提高董事会监督职能。此外,陈杰、梁文秀和马克·格尔根(Chen et al.,2017)研究发现,女性董事为了减轻自由现金流的代理问题促使企业多发放现金股利,并且这种作用机理在治理机制薄弱的企业中更为明显。但是,董事会性别多元化导致过度监督将会抑制企业业绩。[②] 然而,中国作为新兴市场,民营企业存在外部监管机制薄弱、内部治理结构不完善以及董事会性别不均衡的问题。在上述背景下,董事会多元化可能发挥积极监督效应,降低企业代理成本,提高企业业绩。

其次,董事会作为主要的决策制定者,董事会多元化提供的知识和技能有

---

① Eugene F. Fama and Michael C. Jensen, "Separation of Ownership and Control", *Journal of Law and Economics*, 26(2), 1983, pp. 301–325.

② Renée B. Adams and Daniel Ferreira, "Women in the Boardroom and Their Impact on Governance and Performance", *Journal of Financial Economics*, 94(2), 2009, pp. 291–309.

助于提高战略决策职能。多元化的董事会倾向于跳出固定思维,促进公司的人力资源多样性,并帮助公司设计和实施更具探索性的创新战略。① 此外,董事会多元化的公司没有更高的杠杆率,比其他公司持有更多的现金,倾向多元化收购,提高企业风险承担水平。② 在监管薄弱的外部环境下,董事会多元化积极促进企业战略变更,比如董事会资本异质性的广度以及董事的行业专业知识和经验都可以促进企业积极履行战略职能。③ 由于企业外部经营环境的变化,决策者需要根据经济环境及时反映并且制定战略以保证民营企业实现经济目标。董事会多元化的积极战略决策职能促进企业更好适应外部发展环境。

最后,基于资源依赖理论,董事会提供多元化资源,提高企业竞争力。安德森等(2011)研究发现多元化董事带给董事会的不同才能和关系网络使得企业较好适应复杂的经营环境;同时,多元化董事会将为多元化经营企业的管理层提高更好的战略建议。民营企业往往处于垄断竞争市场,行业的竞争程度较高,多元化经营作为企业重要战略目标,因此董事会多元化带来的多行业经验和商业关系将提升民营企业多元化战略目标的可行性。此外,董事会多元化企业受到机构投资者的偏好,更有利于增加企业投资资源。④ 在中国市场中,企业自身竞争力的提升,通常表现为市场份额的扩大,进而推动企业业绩的提升。

综上,董事会多元化有助于提高公司决策质量,有效分配和管理公司资源,降低运营风险,扩大公司竞争优势,进而促进企业财务绩效的提升。因此,

---

① Heng An, Carl R. Chen, Qun Wu and Ting Zhang, "Corporate Innovation: Does Diverse Board Help?", *Journal of Financial and Quantitative Analysis*, Forthcoming, 2019.

② Mariassunta Giannetti and Mengxin Zhao, "Board Ancestral Diversity and Firm-Performance Volatility", *Journal of Financial and Quantitative Analysis*, 54(3), 2019, pp. 1117-1155.

③ Katalin Takacs Haynes and Amy Hillman, "The Effect of Board Capital and CEO Power on Strategic Change", *Strategic Management Journal*, 31(11), 2010, pp. 1145-1163. Jana Oehmichen, SebastianSchrapp and Michael Wolff, "Who Needs Experts Most? Board Industry Expertise and Strategic Change-a Contingency Perspective", *Strategic Management Journal*, 38(3), 2017, pp. 645-656.

④ Maria Camila De-La-Hoz, Carlos Pombo and Rodrigo Taborda, "Does Board Diversity Affect Institutional Investor Preferences? Evidence from Latin America", *Working Paper*, 2018.

提出以下假设：

假设4.1：在其他条件不变的情况下，董事会多元化促进企业财务绩效的提升。

二、数据来源与模型构建

（一）样本选择与数据来源

本章选取2008—2016年中国民营上市公司为研究样本。本章的数据来源如下。第一，董事特征数据以及CEO特征数据主要来源于国泰安的上市公司人物特征数据库，同时依据新浪财经中公司高管信息补充缺失特征数据，并且手工核对巨潮资讯网披露的公司年报，确保数据准确性，最后得到5071个民营上市公司的董事会多元化样本。第二，公司特征和股权结构、董事会结构数据均来自国泰安数据库。为了保证回归结果的完整性和可靠性，剔除金融类上市公司以及其他变量缺失的样本。最终，4452个样本数据参与模型回归。此外，本章在模型回归过程中，对主要连续变量1%与99%分位数进行缩尾处理，防止回归结果受到极端值的干扰，保证结果的可靠性。本章采用Stata14进行实证分析。

（二）变量定义

1. 被解释变量

本书选取资产收益率（ROA）作为企业财务绩效的衡量指标。[①] 现有文献

---

① Renée B. Adams and Daniel Ferreira, "Women in the Boardroom and Their Impact on Governance and Performance", *Journal of Financial Economics*, 94(2), 2009, pp. 291–309. Yu Liu, Zuobao Wei and Feixue Xie, "Do Women Directors Improve Firm Performance in China?", *Journal of Corporate Finance*, 28, 2014, pp. 169–184. Chih-shun Hsu, Wei-hung Lai and Sin-hui Yen, "Boardroom Diversity and Operating Performance: The Moderating Effect of Strategic Change", *Emerging Markets Finance and Trade*, 55(11), 2019, pp. 2248–2472. Maria Camila De-La-Hoz, Carlos Pombo and Rodrigo Taborda, "Does Board Diversity Affect Institutional Investor Preferences? Evidence from Latin America", *Working Paper*, 2018.

中部分使用托宾Q(Tobin's Q)衡量企业证券市场绩效,但是由于中国股票市场的非效率性,使得托宾 Q 很难正确反映出企业财务绩效,因此本章仅采用反映企业营利能力的财务指标进行检验。[①] 其衡量方法为:ROA=净利润/平均资产总额,平均资产总额=(资产合计期末余额+资产合计期初余额)/2。

2. 解释变量

解释变量的衡量方法见表3.1。

3. 控制变量

根据以往文献,笔者控制可能影响企业财务绩效的公司、股权结构以及董事会构成三个层面的因素。首先,公司层面变量。[②] 公司规模(Size)反映企业获得资源以及抓住投资机会的能力,对企业业绩的提高产生促进作用。[③] 资产负债率(Lev)反映企业负债融资状况,现有研究普遍认为债务越多,企业面临财务困境和破产的风险越大,对企业业绩具有不利影响。[④] 企业销售增长率高(Growth)意味着企业具有较多投资机会,更容易被市场高度重视,促进

---

① Ronald C. Anderson, David M. Reeb, Arun Upadhyay and Wanli Zhao, "The Economics of Director Heterogeneity", *Financial Management*, 40(1), 2011, pp. 5-38. Yu Liu, Zuobao Wei and Feixue Xie, "Do Women Directors Improve Firm Performance in China?", *Journal of Corporate Finance*, 28, 2014, pp. 169-184. Heng An, Carl R. Chen, Qun Wu and Ting Zhang, "Corporate Innovation: Does Diverse Board Help?", *Journal of Financial and Quantitative Analysis*, Forthcoming, 2019.

② Roie Hauser, "Busy Directors and Firm Performance: Evidence from Mergers", *Journal of Financial Economics*, 128(1), 2018, pp. 16-37. Chih-shun Hsu, Wei-hung Lai and Sin-hui Yen, "Boardroom Diversity and Operating Performance: The Moderating Effect of Strategic Change", *Emerging Markets Finance and Trade*, 55(11), 2019, pp. 2248-2472. Szymon Kaczmarek, Satomi Kimino and Annie Pye, "Interlocking Directorships and Firm Performance in Highly Regulated Sectors: The Moderating Impact of Board Diversity", *Journal of Management and Governance*, 18(2), 2014, pp. 347-372.

③ Chih-shun Hsu, Wei-hung Lai and Sin-hui Yen, "Boardroom Diversity and Operating Performance: The Moderating Effect of Strategic Change", *Emerging Markets Finance and Trade*, 55(11), 2019, pp. 2248-2472.

④ Melsa Ararat, Mine Aksu and Ayse Tansel Cetin, "How Board Diversity Affects Firm Performance in Emerging Markets: Evidence on Channels in Controlled Firms", *Corporate Governance: An International Review*, 23(2), 2015, pp. 83-103.

企业业绩提升。[1]

其次,由于中国民营企业的一个显著特征是股权高度集中且结构单一,股权结构将影响企业决策行为。股权结构较为分散的企业更容易出现股东"搭便车"问题,股权集中将会减轻此类问题,提升企业决策效率。[2] 此外,研究普遍认为机构投资者是财务决策中积极的监督者,降低企业代理成本,提高现金边际价值,提高企业业绩。[3] 因此控制第一大股东持股(Topone)和机构投资者持股(Institution)这两个可能影响企业业绩的变量。

再次,董事会结构特征作为公司治理机制对绩效产生重要影响,主要结构特征包括董事会规模(Bsize)和董事会独立性(Indrate)。[4] 董事会规模越大,证明董事会为企业决策获得所需关键信息的可能性越大,进而提升企业竞争优势,提升企业业绩。[5] 此外,独立董事比例较高可以有效地监督管理层的私利行为,降低企业过度投资,提升企业业绩。[6]

最后,由于不同年度和行业可能对企业业绩产生影响,因此控制年度和行业固定效应。所有的变量定义见表4.1。

---

[1]　Collins G. Ntim, "Board Diversity and Organizational Valuation:Unravelling the Effects of Ethnicity and Gender", *Journal of Management and Governance*, 19(1), 2015, pp. 167-195.

[2]　Anat R. Admati, Paul Pfleiderer and Josef Zechner, "Large Shareholder Activism, Risk Sharing, and Financial Market Equilibrium", *Journal of Political Economy*, 102(6), 1994, pp. 1097-1130.

[3]　Charles Ward, Chao Yin and Yeqin Zeng, "Institutional Investor Monitoring Motivation and the Marginal Value of Cash", *Journal of Corporate Finance*, 48, 2018, pp. 49-75. Maria Camila De-la-Hoz and Carlos Pombo, "Institutional Investor Heterogeneity and Firm Valuation:Evidence from Latin America", *Emerging Markets Review*, 26, 2016, pp. 197-221.

[4]　Canan C. Mutlu, Marc Van Essen, Mike W. Peng, Sabrina F. Saleh and Patricio Duran, "Corporate Governance in China: A Meta-analysis", *Journal of Management Studies*, 55(6), 2018, pp. 943-979.

[5]　Geoffrey C. Kiel and Gavin J. Nicholson, "Board Composition and Corporate Performance: How the Australian Experience Informs Contrasting Theories of Corporate Governance", *Corporate Governance: An International Review*, 11(3), 2003, pp. 189-205.

[6]　Anzhela Knyazeva, Diana Knyazeva and Ronald W. Masulis, "The Supply of Corporate Directors and Board Independence", *Review of Financial Studies*, 26(6), 2013, pp. 1561-1605.

表 4.1　变量定义

变量名称	定义	计算方法
被解释变量:		
ROA	资产收益率	净利润/平均资产总额
解释变量:		
BDI	董事会多元化	见表 3.1
控制变量:		
Size	资产规模	Ln(资产+1)
Lev	资产负债率	总负债/总资产
Growth	企业增长率	(本年主营业务收入-本年年初主营业务收入)/本年年初主营业务收入
Topone	第一大股东持股	第一大股东持股/总股本
Institution	机构投资者持股	机构投资者持股/总股本
Bsize	董事会规模	董事会总人数取自然对数
Indrate	董事会独立性	独立董事/总董事人数

（三）模型构建

为了实证检验董事会多元化对企业业绩的影响关系,本书参照伯尼尔等（2018）、徐志顺等（2019）、卡兹马雷克等（2014）、刘煜等（2014）和平托-古特雷斯等（2018）的研究,构建如下模型。

$$ROA_{it} = \beta_0 + \beta_1 BDI_{it} + \beta_2 Size_{it} + \beta_3 Lev_{it} + \beta_4 Growth_{it} + \beta_5 Topone_{it} +$$

$$\beta_6 Institution_{it} + \beta_7 Bsize_{it} + \beta_8 Indrate_{it} + \varepsilon \tag{4.1}$$

三、董事会多元化与企业财务绩效的实证结果分析

（一）描述性统计

根据表 4.2 的 Panel A 可以得出董事会性别多元化的中位数（0.219）小

于平均值(0.225),说明董事会性别在民营企业存在不均衡的情况;并且两个指标的最小值和最大值均为 0 和 0.494,说明完全同质和近似均衡的民营企业均存在;该指标的中位数为 0.219,远小于 0.5,可知超过一半的民营企业存在女性董事占比较少的情况。同时,与董事会性别衡量方法一致的连锁背景董事变量,其均值和中位数均为 0.165,远小于 0.5,说明民营企业中连锁背景的董事不普遍。此外,董事年龄变异系数的均值和中位数分别为 0.297 和 0.278,标准差为 0.104,说明样本中董事年龄差异较小。计算方法为 HHI 的职业背景、学历背景、海外背景、政府背景以及学术背景指标变量差距较大,并且最大值均等于或接近 1,说明存在上述五个方面完全同质的董事成员;其中海外背景、政府背景和学历背景三个指标的均值较大,说明海外背景董事、政府背景董事以及学历董事在民营企业的董事会中占比较少。上述结果均表明,董事会多元化存在严重的不均衡现状,多元化是否有助于企业业绩的提升,企业是否需要促进董事会多元化,是一个值得研究的问题。

根据 Panel B 的描述性统计可知,首先,资产负债率的中位数为 0.392,超过 50% 的企业资产负债率低于均值 0.402,说明中国民营上市企业中债务融资占总体融资的比例并不具有绝对优势,与黎来芳等(2018)的描述性统计结论具有一致性,同时也验证了中国民营企业面临的融资难的现状;此外,销售增长率的标准差较大,极差较大,说明民营企业正面临严峻的可持续性问题,运营不稳定。其次,股权结构特征变量中第一大股东持股比例均值和中位数分别为 0.327 和 0.304,说明民营企业中存在股权较为集中的特征;机构投资者持股比例的均值和中位数分别为 0.198 和 0.127,说明民营企业的机构投资者持股比例较高,超过 10%,属于企业大股东。再次,董事会结构特征中,独立董事比例平均数和中位数分别为 0.374 和 0.333,平均独立董事人数占比高于上市公司治理准则规定的最低标准 0.333。

表 4.2　变量的描述性统计

Variable	N	Mean	SD	P$_{50}$	Min	Max
Panel A:董事会多元化具体特征的描述性统计						
Gender	4452	0.225	0.161	0.219	0	0.494
Age	4452	0.297	0.104	0.278	0.143	0.654
Function	4452	0.721	0.197	0.722	0.333	1
Degree	4452	0.585	0.194	0.556	0.225	1
Oversea	4452	0.399	0.114	0.383	0.225	0.802
Government	4452	0.865	0.167	1	0.407	1
Interlock	4452	0.165	0.053	0.165	0.055	0.291
Academic	4452	0.370	0.144	0.444	0	0.500
Panel B:模型所涉及变量的描述性统计						
ROA	4452	0.049	0.060	0.045	−0.160	0.234
BDI	4452	−9.27e-09	3.064	0.139	−11.880	10.07
Size	4452	21.640	1.055	21.580	19.090	24.75
Lev	4452	0.402	0.204	0.392	0.045	0.883
Growth	4452	0.653	2.531	0.142	−0.783	21.10
Topone	4452	0.327	0.142	0.304	0.084	0.716
Institution	4452	0.198	0.203	0.127	0	0.806
Bsize	4452	2.102	0.185	2.197	1.609	2.485
Indrate	4452	0.374	0.052	0.333	0.333	0.571

注:Gender:性别;Age:年龄;Function:职业背景;Degree:教育水平;Oversea:海外背景;Government:政府背景;Academic:学术背景;Interlock:连锁背景;ROA:资产收益率;BDI:董事会多元化;Size:资产规模;Lev:财务杠杆;Growth:企业增长率;Topone:第一大股东持股;Institution:机构投资者持股;Bsize:董事会规模;Indrate:董事会独立性。

（二）相关性分析

首先,针对主要回归变量进行相关性分析。通过表 4.3 的 Panel A 相关性分析矩阵,笔者可以发现模型中各个变量之间并没有高度的相关性,说明变量之间不存在多重共线性问题。其次,针对董事会多元化特征的变量进行相关性分析。根据 Panel B 的相关性分析,笔者可以发现 8 个子指标之间不存在较高的相关性,3 个维度的分指标间也不存在较高的相关性。其中,Panel A 中显示的初步回归结果表示,董事会多元化与企业绩效之间存在显著的正相关关系,初步验证了本书的假设 4.1;并且控制变量中除了董事会独立性指标外,其他指标对企业业绩的影响均符合预期。

表 4.3　主要变量的相关性分析

	ROA	BDI	Size	Lev	Growth	Topone	Institution	Bsize	Indrate	Manageown
Panel A:模型中涉及变量的相关性分析										
BDI	0.074 ***	1								
Size	0.077 ***	0.069 ***	1							
Lev	-0.370 ***	-0.053 ***	0.379 ***	1						
Growth	0.033 **	-0.028 *	0	0.066 ***	1					
Topone	0.183 ***	0.104 ***	0.162 ***	0.002	0.030 **	1				
Institution	0.115 ***	0.039 ***	0.264 ***	0.026 *	0.009	0.088 ***	1			
Bsize	0.052 ***	0.148 ***	0.120 ***	0.086 ***	-0.012	-0.075 ***	0.050 ***	1		
Indrate	-0.039 ***	-0.029 **	-0.026 *	-0.027 *	0.019	0.057 ***	-0.014	-0.572 ***	1	

	BDI	Gender	Age	Function	Degree	Oversea	Government	Interlock	Academic
Panel B:董事会多元化具体特征的相关性分析									
Gender	0.335 ***	1							
Age	0.363 ***	0.030 **	1						
Function	-0.372 ***	-0.090 ***	0.008	1					
Degree	-0.398 ***	-0.025 *	-0.051 ***	0.008	1				
Oversea	-0.427 ***	0.022	0.022	0.086 ***	-0.014	1			
Government	-0.391 ***	0.056 ***	-0.114 ***	-0.041 ***	0.024	0.025 *	1		
Interlock	0.314 ***	-0.012	-0.012	0.022	0.038 **	-0.051 ***	-0.011	1	
Academic	-0.464 ***	0.031 **	0.041 ***	0.025 *	0.162 ***	0.205 ***	0.120 ***	0.017	1

注:变量名含义同表4.2。 * *.$p<0.05$, *** $p<0.01$。

(三)主效应检验

本章利用2008—2016年中国民营上市公司的面板数据进行模型验证,充分考虑其经济含义,采用混合最小二乘法进行回归。同时,在模型检验的过程中,为了充分反映董事会多元化与企业财务绩效的因果关系的重要性,首先只加入控制变量对模型进行回归;其次,在只加入董事会多元化变量的基础上依次加入可能影响公司业绩的企业层面和股权结构、董事会结构等公司治理层面的控制变量,回归结果如表4.4所示。通过表4.4的第2列可知,董事会多元化显著促进企业财务绩效的提升,显著性水平为1%;表4.4的第1、3、4列的实证结果表示,在控制其他企业业绩影响因素变量的情况下,董事会多元化与企业业绩之间仍存在显著的正向关系。因此,本书的假设4.1得到验证,与安德森等(2011)、徐志顺等(2019)以及平托-古特雷斯等(2018)的结论具有一致性。本书的结论为新兴市场中董事会多元化的治理优势积极促进企业业绩提供新证据。

接下来分析控制变量对企业业绩的影响。首先,在公司特征变量中企业规模在1%的显著性水平上促进企业业绩;资产负债率在1%的显著性水平上抑制企业业绩;销售增长率在1%的显著性水平上促进企业业绩。其次,在股权结构特征变量中,第一大股东持股和机构投资者持股与企业业绩显著正相关,显著性水平为1%。最后,研究发现董事会规模在5%水平上显著促进企业业绩,但是董事会独立性对企业业绩的影响不显著,与西丽·A.泰耶森、爱德华多·巴博萨·库托和保罗·莫里斯·弗朗西斯科(Terjesen et al.,2016)的结论具有一致性。综上,控制变量中除了董事会独立性外,其余变量均与企业业绩的预期影响机制一致。其中,董事会独立性对民营企业业绩没有产生显著影响的原因可能是,民营企业所有权和经营权统一,没有完善的治理结构,导致独立董事不能有效发挥监督职能。

表 4. 4　全样本主效应回归结果

Variable	(1)ROA	(2)ROA	(3)ROA	(4)ROA
BDI		0. 0015 ***	0. 0008 ***	0. 0004 *
		(0. 0003)	(0. 0003)	(0. 0003)
Size	0. 0144 ***		0. 0174 ***	0. 0143 ***
	(0. 0009)		(0. 0009)	(0. 0009)
Lev	−0. 1382 ***		−0. 1428 ***	−0. 1377 ***
	(0. 0044)		(0. 0045)	(0. 0044)
Growth	0. 0016 ***		0. 0018 ***	0. 0017 ***
	(0. 0003)		(0. 0003)	(0. 0003)
Topone	0. 0596 ***			0. 0588 ***
	(0. 0057)			(0. 0057)
Institution	0. 0243 ***			0. 0242 ***
	(0. 0042)			(0. 0042)
Bsize	0. 0130 **			0. 0116 **
	(0. 0052)			(0. 0053)
Indrate	−0. 0152			−0. 0172
	(0. 0182)			(0. 0182)
Year	Yes	Yes	Yes	Yes
Industry	Yes	Yes	Yes	Yes
Constant	−0. 2466 ***	0. 0412 ***	−0. 2620 ***	−0. 2414 ***
	(0. 0231)	(0. 0073)	(0. 0186)	(0. 0233)
Observations	4452	4452	4452	4452
adj_R^2	0. 261	0. 046	0. 236	0. 261
F	48. 650	8. 900	46. 920	47. 320

注:变量名含义同表4. 2。＊ ＊ p<0. 05, ＊＊＊ p<0. 01;括号中显示标准误。模型中依次加入企业层面、
　股权特征以及董事特征等公司治理层面控制变量。

(四)稳健性分析

1. 内生性分析

公司治理变量和企业业绩分析中的一个重要问题首先是由于反向因果关

系导致的估计偏差,其中董事会成员构成的变化可由过去的公司业绩变化来解释。① 从这个意义上说,业绩良好的公司由于业务扩展以及战略变更等的需求促进企业引入多元化董事人才,因此业绩高的企业可能促进董事会多元化,导致因果关系逆转。其次,由于影响企业业绩的因素较为复杂,模型可能遗漏某些不可观测的指标变量。这些变量影响董事会多元化的同时也影响企业业绩,进而产生遗漏变量的内生问题。② 比如董事的能力水平可能影响董事会多元化,同时它也影响企业业绩。最后,个体往往选择进入具有良好发展前景的企业董事会,表现为良好的公司吸引高质量的董事,因此模型可能存在样本选择偏误问题。③ 针对上述内生性问题,本书采用如下四种方法进行解决。

第一,倾向得分匹配法。此方法可以降低模型遗漏变量造成的内生性。首先,本书采用全部控制变量进行 Logit 回归,处理变量为是否董事会较多元化(Dum_DIB),具体衡量方式为董事会多元化是否大于同行业同年度董事会多元化的均值。此外,所选取的变量满足平行假设。计算得分后,使用匹配样本重新进行模型 1 的回归。两阶段的回归结果如表 4.5 的第(1)、(2)列所示,笔者发现董事会多元化对企业业绩仍存在显著的促进作用。

第二,参照阿拉特等(2015)的模型,对全部自变量滞后一期,一定程度上排除反向因果内生性问题对模型结果的干扰。回归结果如表 4.5 第(3)列所示。此外,鉴于董事会制定决策后可能需要经过两年的时间发挥变革作用,故参照徐志顺等(2019)的模型将董事会多元化指标滞后两期,其他控制变量滞

---

① Yu Liu, Zuobao Wei and Feixue Xie, "Do Women Directors Improve Firm Performance in China?", *Journal of Corporate Finance*, 28, 2014, pp. 169–184. Cristian Pinto-Gutiérrez, Carlos Pombo and Jairo Villamil-Díaz, "Board Capital Diversity and Firm Value: Evidence from Latin-America", *Working Paper*, 2018.

② Ronald C. Anderson, David M. Reeb, Arun Upadhyay and Wanli Zhao, "The Economics of Director Heterogeneity", *Financial Management*, 40(1), 2011, pp. 5–38.

③ Heng An, Carl R. Chen, Qun Wu and Ting Zhang, "Corporate Innovation: Does Diverse Board Help?", *Journal of Financial and Quantitative Analysis*, Forthcoming, 2019.

后一期。① 回归结果如表4.5第(4)列所示。根据回归结果,前期的董事会多元化的确对企业业绩具有显著提升作用。

第三,工具变量法。此方法常用于解决模型中可能存在的遗漏变量偏误以及反向因果偏误。由于企业董事会成员大多来自当地人才库,因此当地人口的多元化增加多元化董事的供给,并且其对具体企业业绩影响不大。② 参照安衡等(2019)以及安德森等(2011)的方法,本书采用地区人口年龄异质性、性别异质性以及就业异质性作为董事会多元化的工具变量,并对三个工具变量的合理性进行统计验证。统计结果表明工具变量通过了弱工具变量检验、过度识别检验以及识别不足检验。因此本书选取的工具变量在经济意义和统计意义上均具有合理性。此方法的第1阶段和第2阶段结果如表4.5的第(5)、(6)列所示。回归结果显示,董事会多元化仍对企业业绩具有显著的促进作用。

第四,赫克曼两阶段法。此方法可以排除样本选择偏误的内生性问题。本书参照安衡等(2019)的方法,采用的赫克曼两阶段法消除样本选择偏误内生性问题。第一阶段,选取全部控制变量对董事会是否多元化(Dum_DIB)进行 Logit 回归,计算出逆米尔斯比例。第二阶段,将逆米尔斯比例加入模型1中。两个阶段的回归结果如表4.5第(7)、(8)列所示,笔者发现董事会多元化对企业业绩存在显著提升作用,并且逆米尔斯比例系数不显著,进一步说明模型不存在严重的选择偏误。

---

① Maria del Carmen Triana, Toyah L. Miller and Tiffany M. Trzebiatowski, "The Double-Edged Nature of Board Gender Diversity: Diversity, Firm Performance, and the Power of Women Directors as Predictors of Strategic Change", *Organization Science*, 25(2), 2014, pp. 609-632.

② Anzhela Knyazeva, Diana Knyazeva and Ronald W. Masulis, "The Supply of Corporate Directors and Board Independence", *Review of Financial Studies*, 26(6), 2013, pp. 1561-1605.

表 4.5　内生性检验

Variable	PSM		滞后变量		IV		Heckman	
	(1)Dumdb	(2)ROA	(3)滞后一期	(4)滞后两期	(5)1st	(6)2st	(7)1st	(8)2st
BDI		0.0007*	0.0005	0.0008**		0.0138**		0.0004*
		(0.0004)	(0.0003)	(0.0003)		(0.0063)		(0.0003)
Size	0.0946***	0.0151***	0.0084***	0.0103***	0.1571***	0.0123***	0.1031***	0.0141***
	(0.0331)	(0.0011)	(0.0011)	(0.0012)	(0.0515)	(0.0015)	(0.0354)	(0.0024)
Lev	−0.6367***	−0.1413***	−0.0997***	−0.1049***	−1.2628***	−0.1211***	−0.6942***	−0.1360***
	(0.1628)	(0.0056)	(0.0052)	(0.0060)	(0.2569)	(0.0097)	(0.1760)	(0.0160)
Growth	−0.0130	0.0010**	0.0016***	0.0011**	−0.0344*	0.0021***	−0.0176	0.0017***
	(0.0121)	(0.0004)	(0.0004)	(0.0005)	(0.0188)	(0.0005)	(0.0130)	(0.0005)
Topone	0.8516***	0.0572***	0.0540***	0.0526***	1.9579***	0.0327**	0.8674***	0.0568***
	(0.2200)	(0.0070)	(0.0066)	(0.0076)	(0.3295)	(0.0143)	(0.2268)	(0.0194)
Institution	0.1013	0.0195***	0.0283***	0.0243***	0.1647	0.0220***	0.1996	0.0238***
	(0.1562)	(0.0052)	(0.0052)	(0.0058)	(0.2455)	(0.0054)	(0.1685)	(0.0059)
Bsize	1.6882***	0.0096	0.0130**	0.0125*	3.3182***	−0.0332	1.7110***	0.0075
	(0.2100)	(0.0066)	(0.0061)	(0.0070)	(0.3020)	(0.0222)	(0.2136)	(0.0380)
Indrate	3.0711***	−0.0179	−0.0040	0.0035	4.5081***	−0.0788**	3.3030***	−0.0248
	(0.7249)	(0.0227)	(0.0210)	(0.0238)	(1.0526)	(0.0371)	(0.7322)	(0.0728)
Reage					2.1942*			
					(1.3307)			
Regender					4.8256			
					(5.4621)			
Reemploy					1.5800***			
					(0.4824)			
Lambda								−0.0038
								(0.0349)
Year	No	Yes	Yes	Yes	Yes	Yes	Yes	Yes
Industry	No	Yes	Yes	Yes	Yes	Yes	Yes	Yes
Constant	−6.7135***	−0.2330***	−0.1391***	−0.1603***	−17.2037***	−0.0825	−7.2134***	−0.2215
	(0.8929)	(0.0295)	(0.0272)	(0.0311)	(3.3403)	(0.0809)	(0.9385)	(0.1870)

续表

Variable	PSM		滞后变量		IV		Heckman	
	(1)Dumdb	(2)ROA	(3)滞后一期	(4)滞后两期	(5)1st	(6)2st	(7)1st	(8)2st
Observations	4452	2899	3486	2687	4452	4452	4452	4452
adj_R^2		0.257	0.176	0.186	0.0637	-0.176		0.261
F		30.44	23.51	20.18	9.415	29.80		45.96
Log pseudolikelihood	-3029						-3018	
Pseudo R-squared	0.0176						0.0212	

注:变量名含义同表4.2。* $p<0.1$,** $p<0.05$,*** $p<0.01$;括号中显示标准误。其中,工具变量的数据来源为《中国统计年鉴》,其中地区人口年龄多元化(Reage)计算方法为各个分类年龄段人口占比的平方和相加,地区性别多元化(Regender)计算方法为6岁以上人口性别占比的Blau指数,地区就业多元化(Reemploy)计算方法为8个行业分类就业人数占比的平方和相加。

2.其他稳健性分析

为了检验结论的稳健性,除了内生性分析之外,本书还进行如下稳健性检验。第一,变换企业业绩指标衡量方式。采用托宾Q和每股收益作为被解释变量替换模型中的ROA,结果见表4.6的(1)、(2)列,具有较强稳健性。第二,变换董事会多元化指标衡量方式。现有文献中存在董事会多元化的另一种衡量指标,即对计算出的子指标按照序列进行五等分,按照多样性从小到大依次赋值为1、2、3、4、5,最后将每个子指标的赋值相加即得到多样化指标。[1]将新的董事会多元化指标作为解释变量,使用三个被解释变量的回归结果如表4.6第(3)、(4)、(5)列所示。可见,采用新的董事会多元化指标,主效应结论仍成立。第三,为了排除异方差的干扰,笔者使用稳健标准误进行回归,结

---

[1]　Ronald C.Anderson,David M.Reeb,Arun Upadhyay and Wanli Zhao,"The Economics of Director Heterogeneity",*Financial Management*,40(1),2011,pp.5-38.Heng An,Carl R.Chen,Qun Wu and Ting Zhang,"Corporate Innovation:Does Diverse Board Help?",*Journal of Financial and Quantitative Analysis*,Forthcoming,2019.

果如表4.6的第(6)列所示,回归结果与主效应结论具有一致性。第四,为了防止由于经营异常而被上市公司特殊处理的样本影响实证结果,本书剔除特殊处理样本,回归结果如表4.6第(7)列所示,与主效应结论具有一致性。综上,本书的研究结论具有可靠性。

表4.6　其他稳健性检验结果

Variable	(1)Tobin'sQ	(2)每股收益	(3)ROA	(4)Tobin'sQ	(5)每股收益	(6)稳健	(7)ROA
BDI	0.0286***	0.0073***	0.0104	0.7365***	0.2057***	0.0004*	0.0005*
	(0.0087)	(0.0018)	(0.0073)	(0.2451)	(0.0508)	(0.0003)	(0.0003)
Size	−1.2446***	0.1510***	0.0144***	−1.2430***	0.1512***	0.0143***	0.0141***
	(0.0301)	(0.0062)	(0.0009)	(0.0300)	(0.0062)	(0.0011)	(0.0009)
Lev	−1.1066***	−0.7087***	−0.1378***	−1.1139***	−0.7097***	−0.1377***	−0.1386***
	(0.1496)	(0.0307)	(0.0044)	(0.1495)	(0.0307)	(0.0052)	(0.0046)
Growth	0.0221**	0.0046**	0.0016***	0.0217**	0.0045**	0.0017***	0.0019***
	(0.0109)	(0.0022)	(0.0003)	(0.0109)	(0.0022)	(0.0005)	(0.0003)
Topone	0.8919***	0.3455***	0.0588***	0.8941***	0.3446***	0.0588***	0.0565***
	(0.1913)	(0.0396)	(0.0057)	(0.1914)	(0.0396)	(0.0062)	(0.0057)
Institution	1.4871***	0.2117***	0.0244***	1.4936***	0.2137***	0.0242***	0.0250***
	(0.1417)	(0.0294)	(0.0042)	(0.1418)	(0.0294)	(0.0041)	(0.0042)
Bsize	0.3047*	0.0822**	0.0121**	0.3328*	0.0880**	0.0116**	0.0112**
	(0.1767)	(0.0365)	(0.0053)	(0.1758)	(0.0363)	(0.0053)	(0.0052)
Indrate	1.9525***	0.0038	−0.0167	1.9772***	0.0076	−0.0172	−0.0082
	(0.6103)	(0.1261)	(0.0182)	(0.6102)	(0.1261)	(0.0182)	(0.0182)
Year	Yes	Yes	Yes	Yes	Yes	Yes	Yes
Industry	Yes	Yes	Yes	Yes	Yes	Yes	Yes
Constant	25.9647***	−2.8961***	−0.2495***	25.4150***	−3.0404***	−0.2414***	−0.2377***
	(0.7821)	(0.1614)	(0.0232)	(0.7776)	(0.1606)	(0.0258)	(0.0236)
Observations	4283	4452	4452	4283	4452	4452	4318
adj_R^2	0.497	0.241	0.261	0.497	0.241	0.261	0.259
F	125.6	42.59	47.29	125.5	42.58	35.46	45.27

注:变量名含义同表4.2。* $p<0.1$,** $p<0.05$,*** $p<0.01$;括号中显示标准误。其中(3)、(4)、(5)列表示的自变量为分类自变量。

四、董事会多元化与企业财务绩效关系的进一步分析

本书的基本结论认为民营企业中董事会多元化显著促进企业业绩的提升。然而，采用多个特征构建的董事会多元化指标难以明确体现出董事会不同群体和单个特征对企业业绩的影响。因此本书进一步从这两个方面细化研究结论，旨在帮助企业从多方面完善董事会构成。首先，独立董事和非独立董事的治理效应不同，因此为了明确哪类董事会群体多元化对企业业绩促进作用更显著，有必要对董事会多元化进行分类研究。其次，已有研究大多关注董事会单个特征异质性对企业业绩的影响，因此为了验证哪些特征异质性对董事会治理效率的提升更显著，有必要对董事会单个特征多元化进行研究。

（一）谁的多样性更重要

董事会根据独立性与否往往分为独立董事和非独立董事两类群体。独立董事主要负责监督高管，具有较强的客观性；非独立董事包括公司管理层兼任的执行董事，以及由大股东、上级单位或具有影响力的中小股东直接委派的非执行董事，具有缩减董事会与管理层之间的信息不对称、更好制定决策的功能。因此，本书根据伯尼尔等的做法分别研究独立董事多元化（IN_BDI）和非独立董事多元化（EX_BDI）对企业绩效的影响。[①] 两类董事的多元化指标构建方法与董事会多元化总体指标构建方法一致。回归结果如表4.7所示。通过分析表4.7的第（1）、（2）列，笔者发现独立董事多样性对企业业绩具有显著的提升作用，显著性水平为1%；非独立董事的多样性对企业业绩的正向影响统计上不显著。综上，笔者可以发现董事会多元化的绩效优势中独立董事多元化起关键作用。非独立董事多元化对企业业绩不具有显著影响的原因可能是民营企业的创始人为了掌握企业绝对控制权，往往派家族成员或者亲信

---

① Gennaro Bernile, Vineet Bhagwat and Scott Yonker, "Board Diversity, Firm Risk, and Corporate Policies", *Journal of Financial Economics*, 127, 2018, pp. 588-612.

担任高管的同时兼任董事,因此非独立董事选聘时,来自股东和领导人的主观因素较多,非独立董事的多元化较低,对企业业绩没有显著的提升作用。然而,独立董事的选聘具有较大的客观性,使得企业从独立董事多元化带来的监督效应中获利,提升企业业绩。综上,笔者通过实证证据得知股东在选聘董事时对独立董事群体应继续鼓励多元化模式,同时促进非独立董事的多元化,使得董事会多元化的治理效应带来财务绩效优势。

表 4.7　两类董事多元化的重要性

Variable	(1) ROA	(2) ROA
EX_BDI	−0.0002	
	(0.0003)	
IN_BDI		0.0008***
		(0.0003)
Size	0.0144***	0.0144***
	(0.0009)	(0.0009)
Lev	−0.1385***	−0.1380***
	(0.0044)	(0.0044)
Growth	0.0016***	0.0017***
	(0.0003)	(0.0003)
Topone	0.0598***	0.0583***
	(0.0057)	(0.0057)
Institution	0.0243***	0.0241***
	(0.0042)	(0.0042)
Bsize	0.0137***	0.0063
	(0.0053)	(0.0056)
Indrate	−0.0166	−0.0284
	(0.0183)	(0.0187)
Year	Yes	Yes
Industry	Yes	Yes
Constant	−0.2475***	−0.2261***

续表

Variable	（1）ROA	（2）ROA
	（0.0232）	（0.0241）
Observations	4452	4448
adj_R^2	0.261	0.263
F	47.23	47.66

注:EX_BDI:非独立董事会多元化;IN_BDI:独立董事会多元化;其他变量名含义同表4.2。** p< 0.05, *** p<0.01;括号中显示标准误。

（二）哪种董事特征更重要

本书结合中国企业背景特征,创造性地从人口特征、人力资本特征以及社会资本特征三个维度、八个分指标构建董事会多元化综合指标。根据前文研究,笔者发现董事会多元化总体上对企业业绩具有提升作用,其中独立董事的多元化的作用更强。那么,董事的哪些指标对企业业绩的影响更显著呢? 本书参考安德森等(2011)的做法将董事会多样化指标分解为三个维度指标和八个子指标进行回归,回归结果见表4.8和表4.9所示。表4.8的结果表明,董事会人口多元化、人力资本多元化以及社会资本多元化均对企业业绩具有经济上的显著性,统计意义上的显著性较弱。

根据表4.9的回归结果笔者可以得出以下结论:第一,董事会性别多元化显著促进企业业绩的提升,与李海山和陈鹏(2018)对中国样本的研究结论具有一致性。第二,董事会的年龄异质性显著抑制了企业业绩,可能的原因是较大的年龄差异带来的情感冲突降低了董事会效率。第三,董事会海外背景多元化促进企业业绩的提升,显著性水平为5%,可能的原因是海外背景的董事可以提高独立审计的有效性,提高投资效率,提升创新绩效,进而提升企业业绩。[1] 第四,

---

① 王裕、任杰:《独立董事的海外背景、审计师选择与审计意见》,《审计与经济研究》2016年第4期。代昀昊、孔东民:《高管海外经历是否能提升企业投资效率》,《世界经济》2017年第1期。宋建波、文雯:《董事的海外背景能促进企业创新吗?》,《中国软科学》2016年第11期。

董事会政府背景的多样性显著抑制企业业绩,主要是因为政府背景董事加剧代理成本,过多关注政治目标,导致企业业绩下降。[①] 第五,董事会学术背景的多样性积极促进企业业绩的提升,与比尔·弗朗西斯、伊夫泰哈·哈桑和吴强(Francis et al.,2015)的结论具有一致性。综上,笔者认为,董事会的子指标中性别、海外背景以及学术背景的多样化显著促进企业业绩的提升,董事会年龄和政府背景异质性不利于企业业绩的提升。因此,企业在选聘董事时,应重点考虑董事会的性别、海外背景以及学术背景的异质性。

表 4.8　三个维度的多元化与企业业绩

Variable	(1) ROA	(2) ROA	(3) ROA	(4) ROA
Demographic	0.0003			0.0003
	(0.0005)			(0.0005)
Human		0.0006		0.0005
		(0.0005)		(0.0005)
Social			0.0005	0.0004
			(0.0004)	(0.0004)
Size	0.0144***	0.0144***	0.0143***	0.0143***
	(0.0009)	(0.0009)	(0.0009)	(0.0009)
Lev	-0.1381***	-0.1379***	-0.1380***	-0.1377***
	(0.0044)	(0.0044)	(0.0044)	(0.0044)
Growth	0.0016***	0.0016***	0.0017***	0.0017***
	(0.0003)	(0.0003)	(0.0003)	(0.0003)
Topone	0.0595***	0.0592***	0.0592***	0.0587***
	(0.0057)	(0.0057)	(0.0057)	(0.0057)
Institution	0.0245***	0.0241***	0.0242***	0.0242***
	(0.0043)	(0.0043)	(0.0043)	(0.0043)

---

① Pei Sun, Helen W. Hu and Amy J. Hillman, "The Dark Side of Board Political Capital: Enabling Blockholder Rent Appropriation", *Academy of Management Journal*, 59(5), 2016, pp. 1801-1822.

续表

Variable	(1) ROA	(2) ROA	(3) ROA	(4) ROA
Bsize	0.0130**	0.0117**	0.0125**	0.0114**
	(0.0052)	(0.0053)	(0.0052)	(0.0053)
Indrate	-0.0151	-0.0171	-0.0161	-0.0175
	(0.0182)	(0.0183)	(0.0182)	(0.0183)
Year	Yes	Yes	Yes	Yes
Industry	Yes	Yes	Yes	Yes
Constant	-0.2474***	-0.2426***	-0.2431***	-0.2406***
	(0.0232)	(0.0233)	(0.0234)	(0.0236)
Observations	4452	4452	4452	4452
R-squared	0.2666	0.2668	0.2667	0.2670
adj_R^2	0.261	0.261	0.261	0.261
F	47.23	47.28	47.26	44.68

注:Demographic:董事会人口多元化;Human:董事会人力资本多元化;Social:董事会社会资本多元化;
其他变量名含义同表4.2。** $p<0.05$, *** $p<0.01$;括号中显示标准误。

表4.9　八个特征的多元化与企业业绩

Variable	(1)ROA	(2)ROA	(3)ROA	(4)ROA	(5)ROA	(6)ROA	(7)ROA	(8)ROA	(9)ROA
Gender	0.0179***								0.0191***
	-0.0049								-0.0049
Age		-0.0414***							-0.0360**
		-0.0149							-0.015
Degree			0.0068						0.0114
			-0.0069						-0.007
Function				-0.0022					0.0022
				-0.0076					-0.0076
Oversea					-0.0144***				-0.0115**
					-0.0047				-0.0048
Government						0.0089**			0.0104**

续表

Variable	(1)ROA	(2)ROA	(3)ROA	(4)ROA	(5)ROA	(6)ROA	(7)ROA	(8)ROA	(9)ROA
							−0.0042		−0.0043
Academic							−0.0174***		−0.0184***
							−0.0041		−0.0043
Interlock								−0.0015	−0.0015
								−0.0054	−0.0054
Size	0.0145***	0.0143***	0.0144***	0.0144***	0.0142***	0.0146***	0.0141***	0.0144***	0.0141***
	−0.0009	−0.0009	−0.0009	−0.0009	−0.0009	−0.0009	−0.0009	−0.0009	−0.0009
Lev	−0.1384***	−0.1389***	−0.1383***	−0.1382***	−0.1373***	−0.1381***	−0.1366***	−0.1382***	−0.1367***
	−0.0044	−0.0044	−0.0044	−0.0044	−0.0044	−0.0044	−0.0044	−0.0044	−0.0044
Growth	0.0016***	0.0016***	0.0016***	0.0016***	0.0017***	0.0016***	0.0017***	0.0016***	0.0017***
	−0.0003	−0.0003	−0.0003	−0.0003	−0.0003	−0.0003	−0.0003	−0.0003	−0.0003
Topone	0.0589***	0.0598***	0.0601***	0.0596***	0.0591***	0.0603***	0.0586***	0.0597***	0.0592***
	−0.0057	−0.0057	−0.0057	−0.0057	−0.0057	−0.0057	−0.0057	−0.0057	−0.0057
Institution	0.0250***	0.0239***	0.0242***	0.0243***	0.0233***	0.0244***	0.0239***	0.0243***	0.0234***
	−0.0042	−0.0042	−0.0043	−0.0043	−0.0043	−0.0042	−0.0042	−0.0043	−0.0042
Bsize	0.0133**	0.0134**	0.0136***	0.0128**	0.0120**	0.0136***	0.0113**	0.0131**	0.0128**
	−0.0052	−0.0052	−0.0052	−0.0053	−0.0052	−0.0052	−0.0052	−0.0052	−0.0053
Indrate	−0.0153	−0.016	−0.0151	−0.0156	−0.0181	−0.0136	−0.0221	−0.0154	−0.0235
	−0.0182	−0.0182	−0.0182	−0.0183	−0.0182	−0.0182	−0.0182	−0.0182	−0.0183
Year	Yes	Yes	Yes	Yes	Yes	Yes	Yes	Yes	Yes
Industry	Yes	Yes	Yes	Yes	Yes	Yes	Yes	Yes	Yes
Constant	−0.2527***	−0.2367***	−0.2501***	−0.2455***	−0.2255***	−0.2584***	−0.2238***	−0.2462***	−0.2237***
	−0.0232	−0.0234	−0.0234	−0.0235	−0.0242	−0.0238	−0.0237	−0.0232	−0.0257
Observations	4452	4452	4452	4452	4452	4452	4452	4452	4452
adj_R^2	0.263	0.262	0.261	0.261	0.262	0.262	0.264	0.261	0.269
F	47.75	47.52	47.25	47.21	47.58	47.39	47.93	47.21	40.90

注:变量名含义同表4.2。 * $p<0.1$, ** $p<0.05$, *** $p<0.01$。第(1)—(8)列的模型中解释变量为依次加入的董事会具体特征,第(9)列模型的解释变量为全部董事会具体特征。

五、主要结论

本节采用2008—2016年民营上市公司作为样本,实证检验董事会多元化对企业业绩的影响。笔者发现:第一,从人口特征、人力资本特征和社会资本特征三个角度构建的董事会多元化综合指标显著提升企业业绩。上述主效应主要是由于董事会多元化有利于降低代理成本以及提供多样资源、制定高效战略决策。在充分考虑了可能存在的内生性问题以及其他可能影响主效应结论的稳健性检验后,本节的结论具有可靠性。进一步分析发现,独立董事多元化对企业业绩产生显著提升作用。第二,在董事会多元化的子指标中,性别、海外背景、学术背景的多元化显著促进企业业绩的提升,年龄差异化以及政府背景多元化不利于企业业绩的提升,教育背景、职业背景和连锁背景董事多元化对企业业绩没有显著影响。

第二节　民营企业董事会多元化对企业
财务绩效的影响机制

董事会多元化与企业业绩之间的复杂结论为深入探究董事会多元化和企业业绩之间的关系提出了更高要求。现有研究认为企业所处的社会、政治和经济背景不同,导致董事会多元化对企业业绩的作用程度不同。[①] 一方面,国家层面背景因素影响董事会运作。[②] 在发达国家背景下,安德森等(2011)发现两者之间呈现正相关关系,但是吉安内蒂和赵梦欣(2019)从文化和价值观维度构建董事会多元化指标,发现两者之间的"倒U型";在新兴市场背景下,

---

[①]　Scott Johnson, Karen Schnatterly and Aaron Hill, "Board Composition Beyond Independence: Social Capital, Human Capital, and Demographics", *Journal of Management*, 39(1), 2013, pp. 232-262.

[②]　Jana Oehmichen, Sebastian Schrapp and Michael Wolff, "Who Needs Experts Most? Board Industry Expertise and Strategic Change-a Contingency Perspective", *Strategic Management Journal*, 38(3), 2017, pp. 645-656.

阿拉特等(2015)以土耳其为背景,发现在外部监管薄弱的新兴市场中两者之间呈现"倒 U 型"非线性关系,并且董事会多元化积极促进董事会监督职能;平托-古特雷斯等(2018)以拉丁美洲的企业为样本,实证检验发现董事会资本多样化促进企业业绩。就国家背景而言,相关研究主要集中在美国等发达国家,对新兴市场的研究相对较少。[1] 较少的新兴市场研究主要关注土耳其以及拉丁美洲国家,以中国为背景的相关研究相对较少。[2]

　　另一方面,同一国家内企业的背景特征也会对董事会多元化的作用产生影响。针对董事会多元化与企业业绩调节变量的考虑,现有研究主要涉及 CEO 权利、股权结构、董事激励、战略变更、企业规模、企业复杂度、公司声誉和创新以及公司外部的法律环境和社会文化背景等。[3] 鉴于现有关于董事会多元化和企业业绩研究结论的多样性和研究形式的复杂性,笔者认为

　　[1]　Ronald C.Anderson, David M.Reeb, Arun Upadhyay and Wanli Zhao, "The Economics of Director Heterogeneity", *Financial Management*, 40 (1), 2011, pp. 5 - 38. Mariassunta Giannetti and Mengxin Zhao, "Board Ancestral Diversity and Firm-Performance Volatility", *Journal of Financial and Quantitative Analysis*, 54(3), 2019, pp. 1117-1155.

　　[2]　Melsa Ararat, Mine Aksu and Ayse Tansel Cetin, "How Board Diversity Affects Firm Performance in Emerging Markets: Evidence on Channels in Controlled Firms", *Corporate Governance: An International Review*, 23(2), 2015, pp. 83 - 103. Cristian Pinto-Gutiérrez, Carlos Pombo and Jairo Villamil-Díaz, "Board Capital Diversity and Firm Value: Evidence from Latin-America", *Working Paper*, 2018. Maria Camila De-La-Hoz, Carlos Pombo and Rodrigo Taborda, "Does Board Diversity Affect Institutional Investor Preferences? Evidence from Latin America", *Working Paper*, 2018.

　　[3]　Ronald C.Anderson, David M.Reeb, Arun Upadhyay and Wanli Zhao, "The Economics of Director Heterogeneity", *Financial Management*, 40 (1), 2011, pp. 5 - 38. Melsa Ararat, Mine Aksu and Ayse Tansel Cetin, "How Board Diversity Affects Firm Performance in Emerging Markets: Evidence on Channels in Controlled Firms", *Corporate Governance: An International Review*, 23(2), 2015, pp. 83 - 103. Amy J. Hillman and Thomas Dalziel, "Boards of Directors and Firm Performance: Integrating Agency and Resource Dependence Perspectives", *Academy of Management Review*, 28 (3), 2003, pp. 383-396.Chih-shun Hsu, Wei-hung Lai and Sin-hui Yen, "Boardroom Diversity and Operating Performance: The Moderating Effect of Strategic Change", *Emerging Markets Finance and Trade*, 55(11), 2019, pp. 2248-2472.Toyah Miller and María Del Carmen Triana, "Demographic Diversity in the Boardroom: Mediators of the Board Diversity-Firm Performance Relationship", *Journal of Management Studies*, 46 (5), 2009, pp. 755 - 786. Corinne Post and Kris Byron, "Women on Boards and Firm Financial Performance: A Meta-analysis", *Academy of Management Journal*, 58(5), 2015, pp. 1546-1571.

有必要探究特定社会背景下董事会多元化对企业业绩的影响路径,即董事会多元化的治理效应。本节从董事会三个主要职能,即监督职能、战略咨询职能、提供资源职能入手,结合中国民营上市公司的具体情境,实证检验董事会多元化与企业业绩两者之间深层次的作用机制,即董事会多元化治理效率的中介效应。

一、董事会多元化与企业财务绩效的影响机制假设

董事会通过履行职能发挥公司治理效应,进而带来企业运营绩效的改变。通过对现有研究的归纳,董事会主要有监督、战略决策以及提供关键资源三个职能。第一,董事会代表股东对管理层进行监督,防止管理层为了自身利益损害企业业绩的行为发生,从而降低代理成本。第二,董事会基于组织内部技术和外部环境的需求帮助高管制定和发展企业战略决策、明确公司的发展方向和任务。第三,董事会作为组织和外部环境的纽带,通过社交网络为企业提供政治关系和商业关系,改善企业外部治理环境,提升企业竞争力,帮助企业获得合法地位。[①] 因此,本节主要从董事会的三个职能角度解析董事会多元化与企业财务绩效之间的影响路径。董事会多元化对企业财务绩效的影响路径如图 4.1 所示。

(一)管理层股权激励的中介效应

代理理论认为高管存在自利行为,将会产生严重的代理成本,损害股东利益。董事会的主要职能之一就是监督管理层,缓解股东和管理层之间的代理问题。中国作为新兴市场外部监管薄弱,民营企业激励机制不健全的现状,将导致高管为了获取私利损害企业利益,进而董事会监督高管的压力增大。目

---

① Chih-shun Hsu, Wei-hung Lai and Sin-hui Yen, "Boardroom Diversity and Operating Performance: The Moderating Effect of Strategic Change", *Emerging Markets Finance and Trade*, 55(11), 2019, pp. 2248-2472.

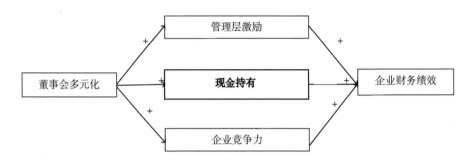

图 4.1 董事会多元化与企业财务绩效的影响机制:中介效应模型

前高管激励的方式主要有年薪制、股权制和职务消费货币化三种。然而在民营企业中激励形式单一,年薪制较为普遍,其他方式较少。① 但是,由于股东与高管往往合一,股权激励增加高管的所有权,有助于董事会降低代理成本。首先,管理层股权激励可以使得管理层与股东的目标函数一致性提高,制定与股东目标一致的长期利益决策,从而降低代理成本,促进企业可持续发展。② 其次,拥有股权的高管作为所有者有机会参与董事选聘,他们将通过提名亲近的董事的方式增加与董事会间的联系,降低信息不对称性,有利于董事会监督。因此,笔者认为董事会多元化可以提高对高管的监督能力,增加高管的股权报酬。董事会多元化不仅改善了民营企业激励机制形式单一的现状,而且将高管的私人利益和公司长期发展联系起来,增加管理层制定和执行决策时的责任感,降低企业代理成本。只有股东和高管保持利益目标一致性,才能使得民营企业权责明确,带来企业业绩提升的好处。综上,提出如下假设:

假设 4.2:其他条件不变的情况下,董事会多元化通过增加对管理层的股权激励降低代理成本,进而提升企业财务绩效。

---

① 崔新建、郑勇男:《中国民营企业现代企业制度建设研究》,经济管理出版社 2018 年版。
② 周建波、孙菊生:《经营者股权激励的治理效应研究——来自中国上市公司的经验证据》,《经济研究》2003 年第 5 期。

（二）现金持有的中介效应

董事会的战略决策职能影响企业运营方向。研究表明,董事会多元化有利于企业更好地履行战略决策职能,通过对内外部资源进行分配,最终影响企业业绩。[1] 企业持有的现金作为一种待分配的资源,与企业制定战略决策密切相关,并且其决策也需要董事会发挥战略职能。现金持有增加企业内部资金,减少企业的融资成本,表现为持有的现金使得投资决策较少依赖昂贵的外部融资。但是,过多的现金持有将会增加管理层可以使用的现金,导致代理成本增加。结合中国民营企业不稳定的外部环境以及不明确的战略规划的特征,本书认为董事会多元化通过促进企业现金持有降低企业风险,增加企业投资效率,提高企业业绩。首先,董事会多元化具有监督优势。多元化董事更愿意加入监督委员会,降低企业代理成本,因此董事会多元化的企业不会由于高管的壕沟效应而降低现金持有。其次,董事会多元化具有战略决策优势作用。多元化董事提供的专业知识和技能,帮助管理者识别风险和机会,制定风险较低的战略决策,及时进行战略调整。[2] 由于民营企业面临的外部经济环境的不确定性,董事会多元化倾向于减少现金股利,持有更多现金,降低未来战略投资的融资成本。[3] 只有通过合理的资源分配,战略决策才能变为实际的战略变革,进而帮助企业应对不确定性外部环境,提升企业业绩。

---

[1]　Chih-shun Hsu, Wei-hung Lai and Sin-hui Yen, "Boardroom Diversity and Operating Performance: The Moderating Effect of Strategic Change", *Emerging Markets Finance and Trade*, 55(11), 2019, pp. 2248−2472.

[2]　Jana Oehmichen, Sebastian Schrapp and Michael Wolff, "Who Needs Experts Most? Board Industry Expertise and Strategic Change-a Contingency Perspective", *Strategic Management Journal*, 38 (3), 2017, pp. 645−656. Katalin Takacs Haynes and Amy Hillman, "The Effect of Board Capital and CEO Power on Strategic Change", *Strategic Management Journal*, 31(11), 2010, pp. 1145−1163.

[3]　Abubakr Saeed and Muhammad Sameer, "Impact of Board Gender Diversity on Dividend Payments: Evidence from Some Emerging Economies", *International Business Review*, 26(6), 2017, pp. 1100−1113.

假设 4.3:其他条件不变的情况下,董事会多元化通过增加现金持有水平保证战略决策有效执行,进而提高企业财务绩效。

(三)企业竞争力的中介效应

董事会通过提供关键资源影响企业业绩。资源依赖理论认为董事会多元化有助于识别复杂的市场,帮助企业获取关键资源,增加企业应对复杂环境的能力,使公司能够有效地分配和管理现有资源,进一步提高公司的竞争优势和企业业绩。[①] 企业在高竞争环境下增加企业投资,把握企业发展机会,进而企业的市场竞争力增大,财务绩效提高。[②] 同时,产品市场竞争和良好的公司治理存在相互加强的关系;高质量的董事会预示着公司良好的公司治理实践。[③] 因此,董事会多元化通过提高企业竞争力促进企业业绩的提升。主要表现为,董事会多元化在竞争性较强的企业,由于面对较大的竞争压力,充分发挥其资源提供职能,花费更多的精力为企业提供决策建议,提升企业的创新绩效,增加企业的竞争优势。[④] 此外,罗亚东(2003)认为在竞争性行业中,高管团队拥有更高的自由裁量权,企业更多依靠管理者的关系资源获得竞争优势。综上,多元化董事会提供的关键资源将会增加企业战略选择,进而促进企业业绩的提升。

① Ronald C.Anderson,David M.Reeb,Arun Upadhyay and Wanli Zhao,"The Economics of Director Heterogeneity",*Financial Management*,40(1),2011,pp. 5 – 38. Chih-shun Hsu,Wei-hung Lai and Sin-hui Yen,"Boardroom Diversity and Operating Performance:The Moderating Effect of Strategic Change",*Emerging Markets Finance and Trade*,55(11),2019,pp. 2248-2472.

② Jiang,Fuxiu and Kenneth Kim A.,"Corporate Governance in China:A Modern Perspective",*Journal of Corporate Finance*,32(32),2015,pp. 190 – 216. Stephen J. Nickell,"Competition and Corporate Performance",*Journal of Political Economy*,104(4),1996,pp. 724-746.

③ Irena Grosfeld and Thierry Tressel,"Competition and Ownership Structure:Substitutes or Complements? Evidence from the Warsaw Stock Exchange",*Economics of Transition*,10(3),2002,pp. 525-551. Maria Camila De-La-Hoz,Carlos Pombo and Rodrigo Taborda,"Does Board Diversity Affect Institutional Investor Preferences? Evidence from Latin America",*Working Paper*,2018.

④ Heng An,Carl R.Chen,Qun Wu and Ting Zhang,"Corporate Innovation:Does Diverse Board Help?",*Journal of Financial and Quantitative Analysis*,Forthcoming,2019.

假设4.4:其他条件不变的情况下,董事会多元化提供资源提高企业竞争力,进而促进企业财务绩效的提升。

二、模型设计与变量定义

(一)模型设计

为了实证检验本节的假设,本节参照阿拉特等(2015)、徐志顺等(2019)以及胡元木和纪端(2017)的研究建立如下检验模型。其中变量 M 代表公司治理效应,分别是管理层持股、现金持有以及垄断租金。

$$ROA_{it} = \beta_0 + \beta_1 BDI_{it} + \beta_2 Size_{it} + \beta_3 Lev_{it} + \beta_4 Growth_{it} + \beta_5 Topone_{it} +$$
$$\beta_6 Institution_{it} + \beta_7 Bsize_{it} + \beta_8 Indrate_{it} + \varepsilon \quad\quad (4.2)$$

$$M_{it} = \beta_0 + \beta_1 BDI_{it} + \beta_2 Size_{it} + \beta_3 Lev_{it} + \beta_4 Growth_{it} + \beta_5 Topone +$$
$$\beta_6 Institution + \beta_7 Bsize_{it} + \beta_8 Indrate_{it} + \varepsilon \quad\quad (4.3)$$

$$ROA_{it} = \beta_0 + \beta_1 BDI_{it} + \beta_2 M_{it} + \beta_3 Size_{it} + \beta_4 Lev_{it} + \beta_5 Growth_{it} +$$
$$\beta_6 Topone + \beta_7 Institution + \beta_8 Bsize_{it} + \beta_9 Indrate_{it} + \varepsilon \quad\quad (4.4)$$

(二)变量定义

本节模型中的被解释变量与解释变量和控制变量与本章第一节相同,不再阐述。现针对中介变量进行如下分析。

首先,董事会对高管的股权激励衡量方式为管理层持股比例。研究发现高管持股产生更多的创新决策。[1] 其次,与董事会战略决策密切相关的现金持有决策采用货币资金占总资产的比例衡量。尽管,代理理论认为企业持有

---

① Meghana Ayyagari, Asli Demirgueg-Kunt and Vojislav Maksimovic, "Firm Innovation in Emerging Markets: The Role of Finance, Governance, and Competition", *Journal of Financial and Quantitative Analysis*, 46(6), 2011, pp. 1545–1580.

较高的现金资产预示着高管谋取私利的可能性较高,增加企业代理成本。[1]但是,企业现金资产也可能有助于企业的战略变革,降低企业风险的同时增加投资收益。多元化董事会为了提高战略决策执行力度,将会促进现金持有。最后,本节参考艾琳娜·格罗菲尔德和蒂埃里·特雷塞尔(Grosfeld and Tressel,2002)以及斯蒂芬·J.尼克尔(Nickell,1996)的研究,采用企业自身垄断租金衡量企业竞争力。市场集中度是研究中常用的衡量市场竞争力的指标。[2]然而,本节不采用市场集中度指标的主要原因是采用全部 A 股上市公司的主营业务收入计算的市场集中度指标将会遗漏行业中部分未达到上市规模但占据了市场份额的企业,导致计算结果不能十分精准反映中国上市公司所处行业的竞争程度。[3]但是垄断租金测量了企业自身的垄断程度,可以更好地表现出企业所处的竞争地位。

本节实证检验的全部变量的定义见表 4.10。

表 4.10 变量定义

变量名称	定义	计算方法
被解释变量:		
ROA	资产收益率	净利润/平均资产总额
解释变量:董事会多元化		
BDI	董事会多元化	见表 3.1
公司治理效应:		
Manageown	管理层持股	管理层持有股本/总股本
Cash	现金持有	货币资金/总资产

---

① Ronald C. Anderson, David M. Reeb, Arun Upadhyay and Wanli Zhao, "The Economics of Director Heterogeneity", *Financial Management*, 40(1), 2011, pp. 5-38.

② Jiang, Fuxiu and Kim, Kenneth A., "Corporate Governance in China: A Modern Perspective", *Journal of Corporate Finance*, 32(32), 2015, pp. 190-216. 姜付秀、刘志彪:《行业特征、资本结构与产品市场竞争》,《管理世界》2005 年第 10 期。

③ 任凌玉:《产品市场竞争衡量方法综述》,《经济问题探索》2009 年第 1 期。

续表

变量名称	定义	计算方法
PMC	垄断租金	税前利润+当年折旧额+财务费用-（权益资本+短期债务+长期债务）×加权平均资本成本]÷销售额①
控制变量：		
Size	资产规模	Ln（资产+1）
Lev	资产负债率	总负债/总资产
Growth	企业增长率	（本年主营业务收入-本年年初主营业务收入）/本年年初主营业务收入
Topone	第一大股东持股	第一大股东持有股本/总股本
Institution	机构投资者持股	机构投资者持有股本/总股本
Bsize	董事会规模	董事会总人数取自然对数
Indrate	董事会独立性	独立董事/总董事人数

三、董事会多元化与企业财务绩效的中介效应检验

（一）描述性统计

模型中涉及的变量的描述性统计如表 4.11 所示。观察选取的董事会公司治理效应的描述性统计可知，首先，样本中管理层持股的均值和中位数是0.182 和 0.055，表明高管股权激励在民营企业中尚未普遍施行，存在不均衡的情况。其次，现金持有的平均占比为 19.8%，中位数为 0.158，说明超过一半的民营企业现金持有没有达到平均水平，可能与董事会结构有关。最后，民营企业自身的垄断租金波动较大，企业自身的垄断租金均值和中位数分别为0.046 和 0.067，说明民营企业通常处于竞争较为激烈的低壁垒行业中，因此

---

① 加权平均资本成本=权益资本成本率×权益资本/资本总额+短期债务成本率×短期债务/资本总额+长期债务成本率×长期债务/资本总额；短期债务成本率为一年期银行贷款利率；长期债务成本率为三至五年中长期贷款利率；采用资本资产定价模型（CAPM）估计权益资本成本率，权益资本成本率=无风险收益率+β×市场组合风险溢价（β数据来源于 CCER 数据库）。

垄断租金的数据更能代表企业的竞争力的强度。这与中国背景一致,中国市场中往往是国有企业占据较高垄断地位。

表4.11 变量的描述性统计

Variable	N	Mean	SD	P50	Min	Max
ROA	4452	0.049	0.070	0.045	−0.775	0.790
BDI	4452	2.86e−08	3.062	0.144	−11.860	10.040
Manageown	4452	0.182	0.223	0.055	0	0.994
Cash	4452	0.198	0.146	0.158	5.83e−05	0.980
PMC	4422	0.046	2.422	0.067	−47.530	141
Size	4452	21.640	1.082	21.580	17.600	25.860
Lev	4452	0.402	0.206	0.392	0.008	1.081
Growth	4452	2.566	90.950	0.142	−2266	4883
Topone	4452	0.328	0.144	0.304	0.0220	0.900
Institution	4452	0.199	0.205	0.127	0	0.956
Bsize	4452	2.104	0.188	2.197	1.386	2.708
Indrate	4452	0.373	0.054	0.333	0.111	0.667

注:Manageown:管理层持股;Cash:现金持有;PMC:垄断租金;其他变量名含义同表4.2。

(二)相关性分析

针对模型中涉及的主要相关变量进行相关性分析。根据表4.12列示的相关性矩阵,笔者可以发现模型中各个变量之间不存在高度的相关性,说明变量之间不存在严重的多重共线性问题。此外,通过表4.12笔者发现董事会多元化、高管所有权、现金持有以及企业垄断租金均与企业业绩呈现显著的正相关关系。

表4.12 变量之间的相关性矩阵

	ROA	BDI	Size	Lev	Growth	Topone	Institution	Bsize	Indrate	Manageown	Cash
BDI	0.074 ***	1									

续表

	ROA	BDI	Size	Lev	Growth	Topone	Institution	Bsize	Indrate	Manageown	Cash
Size	0.077 ***	0.070 ***	1								
Lev	-0.370 ***	-0.053 ***	0.379 ***	1							
Growth	0.033 **	-0.028 *	0	0.066 ***	1						
Topone	0.183 ***	0.104 ***	0.162 ***	0.002	0.030 **	1					
Institution	0.115 ***	0.041 ***	0.264 ***	0.026 *	0.009	0.088 ***	1				
Bsize	0.052 ***	0.148 ***	0.120 ***	0.086 ***	-0.012	-0.075 ***	0.050 ***	1			
Indrate	-0.039 ***	-0.027 *	-0.026 *	-0.027 *	0.019	0.057 *	-0.014	-0.572 ***	1		
Manageown	0.189 ***	0.089 ***	-0.136 ***	-0.292 ***	-0.084 ***	0.066 *	-0.279 ***	-0.047 ***	0.073 ***	1	
Cash	0.302 ***	0.060 ***	-0.154 ***	-0.377 ***	-0.033 **	0.084 ***	0.013	0.010	-0.012	0.180 ***	1
PMC	0.682 ***	0.067 ***	0.119 ***	-0.275 ***	-0.054 ***	0.131 ***	0.086 ***	0.025 *	-0.017	0.127 ***	0.150 ***

注:变量名含义同表4.11。 ** $p<0.05$, *** $p<0.01$。

(三)主效应实证结果

1.管理层股权激励的中介效应

从董事会监督职能出发分析董事会多元化如何影响管理层股权激励进而提升企业业绩。模型的实证检验结果如表4.13所示。表4.13的第(1)列显示模型(4.2)的实证结果,笔者发现董事会多元化积极促进企业业绩的提升,与上节的结论具有一致性。第(2)列显示董事会多元化与管理层股权激励在1%的显著性水平下正相关。模型(4.3)结果显示在模型(4.1)中加入管理层持股变量后,董事会多元化与企业业绩之间的正向关系不显著,表明企业管理层所有权在董事会多元化与企业业绩之间起到完全中介效应。验证了假设4.1,董事会多元化通过提高管理层股权激励水平,减少管理层私利行为,提高董事会监督效果,进而提高企业业绩。

表 4.13　管理层持股的中介效应

	（1）ROA	（2）Manageown	（3）ROA
BDI	0.0004*	0.0048***	0.0003
	（0.0003）	（0.0010）	（0.0003）
Manageown			0.0390***
			（0.0040）
Size	0.0143***	−0.0015	0.0144***
	（0.0009）	（0.0034）	（0.0009）
Lev	−0.1377***	−0.2697***	−0.1271***
	（0.0044）	（0.0167）	（0.0045）
Growth	0.0017***	−0.0037***	0.0018***
	（0.0003）	（0.0012）	（0.0003）
Topone	0.0587***	0.1352***	0.0535***
	（0.0057）	（0.0215）	（0.0057）
Institution	0.0242***	−0.3472***	0.0378***
	（0.0042）	（0.0160）	（0.0044）
Bsize	0.0115**	0.0506**	0.0096*
	（0.0053）	（0.0199）	（0.0052）
Indrate	−0.0173	0.3767***	−0.0320*
	（0.0182）	（0.0686）	（0.0181）
Year	Yes	Yes	Yes
Industry	Yes	Yes	Yes
constant	−0.2413***	0.0963	−0.2451***
	（0.0233）	（0.0878）	（0.0231）
Observations	4452	4452	4452
adj_R^2	0.261	0.241	0.277
F	47.33	42.63	49.75

注:变量名含义同表 4.11。 ** p<0.05, *** p<0.01;括号中显示标准误。

2.现金持有的中介效应

董事会多元化可能通过企业现金持有影响企业业绩的实证检验结果如

表4.14所示。通过观察表4.14的第(2)列,笔者发现董事会多元化积极促进企业现金持有,显著性水平为1%。同时,模型(4.3)的结果显示董事会多元化与企业业绩的正向关系在加入现金持有后变得不显著,说明企业现金持有在两者之间起到完全中介效应,验证假设4.2。董事会多元化积极促进企业现金持有决策,为战略决策提供充足的内部资金,进而提高企业业绩。

表4.14　财务决策中介作用

	(1)ROA	(2)Cash	(3)ROA
BDI	0.0004 *	0.0018 ***	0.0003
	(0.0003)	(0.0006)	(0.0003)
Cash			0.0599 ***
			(0.0063)
Size	0.0143 ***	0.0013	0.0143 ***
	(0.0009)	(0.0021)	(0.0009)
Lev	−0.1377 ***	−0.2603 ***	−0.1221 ***
	(0.0044)	(0.0105)	(0.0047)
Growth	0.0017 ***	−0.0003	0.0017 ***
	(0.0003)	(0.0008)	(0.0003)
Topone	0.0587 ***	0.0813 ***	0.0539 ***
	(0.0057)	(0.0136)	(0.0057)
Institution	0.0242 ***	0.0424 ***	0.0217 ***
	(0.0042)	(0.0101)	(0.0042)
Bsize	0.0115 **	0.0057	0.0112 **
	(0.0053)	(0.0125)	(0.0052)
Indrate	−0.0173	0.0004	−0.0173
	(0.0182)	(0.0432)	(0.0181)
Year	Yes	Yes	Yes
Industry	Yes	Yes	Yes
Constant	−0.2413 ***	0.1872 ***	−0.2525 ***
	(0.0233)	(0.0553)	(0.0231)

续表

	（1）ROA	（2）Cash	（3）ROA
Observations	4452	4452	4452
adj_R^2	0.261	0.265	0.276
F	47.33	48.23	49.49

注：变量名含义同表4.11。** $p<0.05$, *** $p<0.01$；括号中显示标准误。

3. 企业竞争力中介作用

董事会多元化充分发挥提供资源职能，可能提高企业在市场中的竞争力，进而提高企业业绩。为了验证这个假设，笔者采用企业自身垄断租金代表企业竞争力。垄断租金越高，意味着潜在竞争者进入壁垒较高，从而企业的垄断力较高。[1] 表4.15的（1）、（2）、（3）列结果列示模型（4.1）、（4.2）、（4.3）相应的回归结果，笔者发现董事会多元化积极促进企业自身垄断竞争力的提升，显著性水平为1%；同时，董事会多元化对企业业绩的正向作用在加入企业垄断租金变量后变得不显著，说明企业竞争力在董事会多元化与企业业绩两者间具有完全中介机制作用，验证了假设4.3。董事会多元化提高企业竞争力进而促进企业财务绩效的提升。

表4.15 企业竞争力中介作用

	（1）ROA	（2）PMC	（3）ROA
BDI	0.0004*	0.0021**	0.0001
	（0.0003）	（0.0010）	（0.0002）
PMC			0.1601***
			（0.0030）

---

① Irena Grosfeld and Thierry Tressel, "Competition and Ownership Structure: Substitutes or Complements? Evidence from the Warsaw Stock Exchange", *Economics of Transition*, 10(3), 2002, pp. 525-551.Stephen J.Nickell, "Competition and Corporate Performance", *Journal of Political Economy*, 104(4), 1996, pp. 724-746.

续表

	（1）ROA	（2）PMC	（3）ROA
Size	0.0143***	0.0558***	0.0056***
	(0.0009)	(0.0035)	(0.0007)
Lev	−0.1377***	−0.3706***	−0.0798***
	(0.0044)	(0.0174)	(0.0037)
Growth	0.0017***	0.0005	0.0016***
	(0.0003)	(0.0013)	(0.0003)
Topone	0.0587***	0.1498***	0.0350***
	(0.0057)	(0.0224)	(0.0045)
Institution	0.0242***	0.0245	0.0204***
	(0.0042)	(0.0166)	(0.0033)
Bsize	0.0115**	0.0056	0.0112***
	(0.0053)	(0.0207)	(0.0041)
Indrate	−0.0173	−0.0526	−0.0074
	(0.0182)	(0.0713)	(0.0143)
Year	Yes	Yes	Yes
Industry	Yes	Yes	Yes
Constant	−0.2413***	−1.0146***	−0.0840***
	(0.0233)	(0.0915)	(0.0186)
Observations	4452	4422	4422
adj_R^2	0.261	0.178	0.551
F	47.33	29.09	155.7

注:变量名含义同表4.11。 ** $p<0.05$，*** $p<0.01$；括号中显示标准误。

四、主要结论

本节从董事会的三个主要职能入手,探究与董事会职能相关的公司治理效应与董事会多元化和企业业绩的中间机制。通过实证分析笔者发现董事会多元化与企业业绩之间正向相关关系的影响路径主要有以下三条:第一,通过提高管理层股权激励提高监督力度,降低代理成本;第二,通过增加企业现金持有,为董事会制定的战略决策的实施提供资金;第三,通过提供充分的外部资源提高企业的核心竞争力,增加企业发展机遇。

总体来讲,董事会多元化已经成为良好公司治理机制的象征,董事会多元化对企业财务绩效的影响被利益相关者广泛关注。本章以 2008—2016 年中国民营上市公司为样本,实证研究发现董事会多元化积极促进企业财务绩效的提升。通过从董事会三大职能的公司治理效应着手分析董事会多元化与企业财务绩效之间的影响路径,笔者发现董事会多元化通过提高管理层股权激励增加监督力度,较多现金持有为战略投资决策保证资金,提供多样化资源提高企业竞争力三个路径提高企业财务绩效。实证结果表现为管理层持股、现金持有以及企业垄断租金在董事会多元化与企业业绩之间起到完全中介作用。上述结论经过内生性分析以及其他稳健性检验均可靠。进一步,笔者发现独立董事的多元化对企业业绩的促进作用更显著;董事会单个指标中性别多元化、海外背景异质性以及学术背景多元化积极促进企业业绩的提升,但是年龄异质性以及政府背景多元化显著抑制了企业业绩,其他单个特征指标对企业财务绩效的影响不显著。本书为中国民营企业财务绩效的影响因素提供增量的经验证据,同时也丰富了董事会多元化在中国背景下的经济后果研究。

第五章　民营企业董事会多元化的
社会责任绩效效应研究

第一节　民营企业董事多元化与社会责任
绩效的理论分析与研究假设

改革开放以后,我国民营经济的发展推动着国民经济的快速增长。据国家发改委统计,截至 2017 年年底,我国民营经济占 GDP 的比重超过了 60%,已经成为社会就业的主要渠道、国家税收的重要来源和对外贸易的主要组成部分。但是,随着中国市场经济的改革与发展,许多民营企业都面临着市场竞争激烈、产品趋同、劳资关系恶化,企业体制的变革等棘手问题。为了在激烈的市场竞争中取得优势,部分民营企业会不顾商业和伦理道德准则,在市场竞争中采取不正当手段。这种片面注重经济效益而忽略企业社会责任的做法不仅会破坏市场秩序,影响市场稳定,还可能会威胁消费者的生命财产安全。如 2003 年的中石油川东特大井喷事件、2008 年曝光的"三鹿毒奶粉事件"和 2018 年的长生生物"假疫苗"事件等。这些恶性事件不仅对社会造成了重大影响,还引起了人们对民营企业行为外部性的关注,要求民营企业主动承担社会责任的呼声日趋高涨。为此,深交所和上交所分别于 2006 年和 2008 年发布了《深圳证券交易所上市公司社会责任指引》和《上海证券交易所上市公司环境信息披露指引》,倡导上市公司积极披露社会责任的履行情况。显然,仅仅关注股东价值和追求经济效益的民营企业已经难以适应来自社会责任方面不断增长的压力。为此,本章将讨论民营企业董事会多元化与企业社会责任绩效之间的关系。

随着经济快速的发展,民营企业的社会意识逐渐提高。越来越多的民营企业开始认识到企业社会责任的重要性并在生产经营活动中承担社会责任。可以在以下四个方面说明民营企业承担社会责任的发展过程。第一,改善员工环境,制定生产守则。第二,发布企业社会责任报告。第三,制定统一的行业行为准则。第四,积极开展慈善事业。① 一些学者认为企业承担和履行社会责任并不是完全为了满足利益相关者的利益,而是为了应对来自市场竞争和法律规制等方面的压力。② 约翰·W.麦克斯韦、托马斯·P.里昂和史蒂文·C.哈克特(Maxwell et al.,2000)认为公民只有在环境污染对生命造成的损害超过一定程度时,才会参与环境污染防治。因此,企业可以应用社会责任活动来防止更严格的监管和游说成本。同时,雷·琼斯和奥黛丽·穆雷尔(2001)认为企业履行社会责任也可以向外界传递信号,为企业提供不可观测的盈利能力,并得到更好的融资条件。李姝和谢晓嫣(2014)也发现,民营企业倾向于用投资企业社会责任来获取政治关联,从而降低企业融资约束。

近年来,董事会的构成逐渐成为公司治理领域的热点问题。董事会多元化吸引了大量机构、媒体、利益相关者和政府的关注。例如挪威在 2004 年推出性别配额法案,规定所有上市公司及国有企业需将女性董事比例提升至40%。芬兰、意大利等国也相继实施同类法案。2009 年,美国证券交易委员会通过了一条关于多元化的新规则,它强制要求上市公司披露其在董事会成

---

① 苏琦:《企业社会责任研究:以中国民营企业为例》,中国书籍出版社 2013 年版。

② Hao Liang and Luc Renneboog, "On the Foundations of Corporate Social Responsibility", *The Journal of Finance*, 72(2), 2017, pp. 853-910. Jan Schmitz and Jan Schrader, "Corporate Social Responsibility: A Microeconomic Review of the Literature", *Journal of Economic Surveys*, 29(1), 2015, pp. 27-45.

员提名和选择的过程中是否考虑了董事会多元化。英国、新加坡等国也将相关法案纳入公司治理规制中。大量的研究开始关注董事会多元化对公司财务决策以及决策对相关绩效产生的影响。① 然而,只有较少的文献关注董事会多元化对民营企业社会责任绩效产生的影响。② 基于此,本章选取 2010—2016 年中国沪深两市 943 家民营上市公司作为样本,考察董事会多元化对民营企业社会责任绩效的影响并研究其影响机制。

其贡献体现在:首先,本章为董事会构成和企业社会责任行为的关系提供了新的证据,丰富了企业社会责任领域的学术文献,目前有关董事会多元化与公司治理的研究大多聚焦于企业的经济绩效。③ 尽管已经有研究关注到董事会多元化会对企业社会责任产生影响,但大多数研究都只考虑了性别多元化这一维度对企业社会责任的影响,所以本章用多维的方式衡量董事会多元化,研究董事会多元化对民营企业社会责任绩效的影响。④ 本章的研究结果支持

① Gennaro Bernile, Vineet Bhagwat and Scott Yonker, "Board Diversity, Firm Risk, and Corporate Policies", *Journal of Financial Economics*, 127, 2018, pp. 588-612. David A. Carter, Betty J. Simkins and W. Gary Simpson, "Corporate Governance, Board Diversity, and Firm Value", *The Financial Review*, 38(1), 2003, pp. 33-53.

② Kathyayini Rao and Carol Tilt, "Board Composition and Corporate Social Responsibility: The Role of Diversity, Gender, Strategy and Decision Making", *Journal of Business Ethics*, 138(2), 2016, pp. 327-347.

③ David A. Carter, Frank D. Souza, Betty J. Simkins and W. Gary Simpson, "The Gender and Ethnic Diversity of US Boards and Board Committees and Firm Financial Performance", *Corporate Governance: An International Review*, 18(5), 2010, pp. 396-414. Melsa Ararat, Mine Aksu and Ayse Tansel Cetin, "How Board Diversity Affects Firm Performance in Emerging Markets: Evidence on Channels in Controlled Firms", *Corporate Governance: An International Review*, 23(2), 2015, pp. 83-103. Heng An, Carl R. Chen, Qun Wu, and Ting Zhang, "Corporate Innovation: Does Diverse Board Help?", *Journal of Financial and Quantitative Analysis*, Forthcoming, 2019.

④ Richard A. Bernardi and Veronica H. Threadgill, "Women Directors and Corporate Social Responsibility", *Electronic Journal of Business Ethics and Organizational Studies*, 15(2), 2011, pp. 15-21. Dolors Setó - Pamies, "The Relationship between Women Directors and Corporate Social Responsibility", *Corporate Social Responsibility and Environmental Management*, 22, 2013, pp. 334-345. Kate Grosser, "Corporate Social Responsibility and Gender Equality: Women as Stakeholders and the European Union Sustainability Strategy", *Business Ethics: A European Review*, 18(3), 2010, pp. 290-307.

哈佐托等（2015）的研究结论，董事会多元化显著提高了企业的社会责任绩效。这表明董事会多元化有利于企业认识不同利益相关者群体的需求和利益，从而优化企业社会责任决策，以平衡不同利益相关者的利益。

其次，我国大多数关于民营企业社会责任的研究都是从外部视角出发，讨论民营企业社会责任与政治关联之间的联系，其认为民营企业积极承担企业社会责任的主要目的是获取与国有企业一样在贷款和税收等方面的优惠。[①] 而笔者从公司治理的内部视角出发，讨论董事会治理对民营企业社会责任绩效的影响，为我国民营企业社会责任研究提供了新的思路。

一、董事会多元化与企业社会责任绩效的理论基础与研究假设

（一）理论基础

学术界常用委托—代理理论来分析董事会与公司绩效之间的作用机制。[②] 该理论认为，经营权和所有权相分离是现代企业的一个重要特征，这种所有权和经营权高度分离在提高公司效率的同时也会造成股东与管理层之间的利益冲突。因此，法玛和詹森（1983）认为，公司治理的焦点在于解决股东和管理层之间的矛盾，其核心问题就是怎么降低公司的代理问题。代理理论认为，董事会作为连接股东和管理层的正式机制，其在缓解代理问题上发挥着不可替代的作用。董事会在公司中代表着股东的利益，其具有监督企业管理层、确保经理人为股东利益而负责的职能。[③] 随着中国市场化经济的不断发

---

① 李增福、汤旭东、连玉君：《中国民营企业社会责任背离之谜》，《管理世界》2016年第9期。李姝、谢晓嫣：《民营企业的社会责任、政治关联与债务融资——来自中国资本市场的经验证据》，《南开管理评论》2014年第6期。

② Michael C. Jensen and William H. Meckling, "Theory of the Firm: Managerial Behavior, Agency Costs, and Ownership Structure", *Journal of Financial Economics*, 3(4), 1976, pp. 305-360.

③ Amy J. Hillman and Thomas Dalziel, "Boards of Directors and Firm Performance: Integrating Agency and Resource Dependence Perspectives", *Academy of Management Review*, 28(3), 2003, pp. 383-396.

展,企业社会责任的履行逐渐成为民营企业获得竞争优势的重要途径之一,制定最优的企业社会责任战略和监督管理层认真履行企业社会责任也不可避免地成为民营企业董事会的职责。迪玛·贾马利、亚森·萨菲丁和米里亚姆·拉巴斯(Jamali et al.,2010)发现,公司治理能够促使企业高管制定与企业社会责任相关的目标,而董事会则是促使企业实现这些目标的关键。董事会多元化对企业社会责任绩效的提升已经在大量的学术文献中得到体现。[1] 例如,易卜拉欣等(2003)的研究表明,多元化能够提高董事会的独立性,因而提高董事会监督管理层履行企业社会责任的能力,她们认为具有多元化的董事会一般更关注社会需求,其往往对公司道德方面的决策更加敏感,因为她们更希望企业承担更多社会责任来改善自己的名誉和形象。[2] 因此,具有多元化董事会的企业往往拥有更高的企业责任绩效。

由弗里曼(Freeman,1984)在《战略管理:利益相关者管理的分析方法》一书中提出的利益相关者理论常被用来解释公司治理特征与企业社会责任绩效之间的关系,该理论认为企业的生存和发展离不开外部环境中各个利益相关者的参与和投入,所以企业的最终目标是追求企业价值最大化,而不是仅仅追求股东财富最大化,企业追求的利益也应该是与利益相关者的共同利益,而不仅仅是股东的利益。一般认为企业的利益相关者包括股东、员工、供应商、消费者、环境、社区等,但不局限于以上几个方面。企业要想在激烈的市场竞争中获得长期的优势,就应该与不同的利益相关者建立良好的关系。如果企业所有者未能管理好与利益相关者的关系,企业就会遭受经济和名誉上的损

---

① Kathyayini Rao and Carol Tilt, "Board Composition and Corporate Social Responsibility: The Role of Diversity, Gender, Strategy and Decision Making", *Journal of Business Ethics*, 138(2), 2016, pp. 327–347.

② Kader Sahin, Cigdem Sahin Basfirinci and Aygun Ozsalih, "The Impact of Board Composition on Corporate Financial and Social Responsibility Performance: Evidence from Public-listed Companies in Turkey", *African Journal of Business Management*, 5, 2011, pp. 2959–2978.

失。① 贝尔斯等(2010)认为一个多元化的董事会往往会创造更好的企业社会责任绩效,因为多元化的董事会为企业带来科学的专业知识、丰富的管理经验和广阔的社会视角,这能够提高董事会识别不同利益相关者群体的利益和需求的能力,从而能够使企业调整最优的企业社会责任战略,并管理利益相关者之间冲突,最终提高企业社会责任绩效。

(二)董事会成员特征

1. 董事性别与企业社会责任绩效

性别多元化可以为董事会带来不同知识、经验和价值观,这可以提高董事会识别不同社会需求的能力。与男性董事相比,女性董事更加关注企业的社会责任,因为她们更倾向于拥有更符合企业社会绩效的价值观,女性董事可以帮助董事会在决策时考虑其他利益相关者的需要,从而提高企业社会责任绩效。② 相关研究表明,女性董事不太可能拥有较强的商业背景,但她们对企业的环保、慈善和社区更感兴趣,因而比男性董事更有可能成为社区影响者。③大量的实证研究表明女性董事能够提升公司的社会责任绩效。例如,贝尔斯等(2010)发现,董事会中女性董事数量的上升可以提高企业社会责任绩效。伯纳迪和特莱吉尔(2011)也发现,董事会性别多元化能够改善企业社会责任的决策过程,使企业作出对社会负责的行为,特别是在慈善捐赠、员工福利和社区参与等方面。塞托帕米斯(2015)利用跨国企业的样本进行实证研究,结果发现董事会中女性比例较高的公司更具社会责任感,从而得出女性董事可

① Maretno Harjoto, Indrarini Laksmana and Robert Lee, "Board Diversity and Corporate Social Responsibility", *Journal of Business Ethics*, 132(4), 2015, pp. 641-660.

② Kris Byron and Corinne Post, "Women on Boards of Directors and Corporate Social Performance: A Meta-Analysis", *Corporate Governance: An International Review*, 24(4), 2016, pp. 428-442.

③ Amy J. Hillman, Albert A. Cannella and Ramona L. Paetzold, "The Resource Dependence Role of Corporate Directors: Strategic Adaptation of Board Composition in Response to Environmental Change", *Journal of Management Studies*, 37(2), 2000, pp. 235-255.

以发挥战略性作用,使公司能够适当管理社会责任和可持续实践的结论。所以,本书认为董事会性别多元化能够提升企业社会责任绩效。

2. 董事年龄与企业社会责任绩效

董事会年龄多元化有助于企业与重要的外部环境建立联系,如消费者和供应商。例如,年轻的董事可能更有可能了解早期的职业企业家,而年长的董事可能更有可能在成熟的公司中有高级联系人。[1] 利用这些非冗余的关系可以帮助企业与更多的关键资源供应商建立联系,并减少他们对个别供应商的依赖。[2] 根据松弛资源理论,如果企业可以与更多的外部资源供应商建立联系,那么企业拥有进行企业社会责任的资源就更多,从而有更好的企业社会责任绩效。[3] 塔伊布·哈夫斯和戈汗·图尔古特(Hafsi and Turgut,2013)认为,年龄能够反映出董事从业经验,老年董事由于人生阅历的增加,可能对整个社会更敏感,也更愿意为其社会福利做贡献。不过,他们的实证研究却表明,董事会年龄多元化与社会绩效负相关。所以,董事会年龄多元化对企业社会责任绩效的影响是一个实证问题。

3. 董事海外背景与企业社会责任绩效

近年来,越来越多的民营企业开始在董事会中引入具有海外背景的董事。海归董事的"明星效应"能够帮助企业向外界传达积极创新、锐意进取的信号,有助于董事会加强对管理层的监督效率。一般而言,西方发达国家的社会责任教育体系比较规范和成熟,很多国家都有着慈善教育传统,从而使社会责任观念深入人心。[4] 具有海外背景的董事通常都在海外进行了很长时间的

---

[1] Muhammad Ali,Yin Lu Ng and Carol T.Kulik,"Board Age and Gender Diversity:A Test of Competing Linear and Curvilinear Predictions", *Journal of Business Ethics* ,125(3),2014,pp. 497-512.

[2] Toyah Miller and María Del Carmen Triana,"Demographic Diversity in the Boardroom:Mediators of the Board Diversity-Firm Performance Relationship", *Journal of Management Studies* ,46(5),2009,pp. 755-786.

[3] Sandra A.Waddock and Samuel B.Gravesw,"The Corporate Social Performance-Financial Performance Link", *Strategic Management Journal* ,18(4),1997,pp. 303-319.

[4] 宋建波、文雯:《董事的海外背景能促进企业创新吗?》,《中国软科学》2016 年第 11 期。

学习并长期接受海外文化社会责任观念的熏陶,所以相比本土董事,具有海外背景的董事往往拥有更强烈的社会责任意识,在进行决策时也更加关注社会需求。此外,如果海外背景的董事拥有在海外企业工作的丰富经验,必然也熟悉海外企业熟练的企业社会责任流程,从而提高了本土企业的社会责任履行效率。所以,本书认为董事会海外背景多元化能够促进企业社会责任绩效。

4. 董事教育背景与企业社会责任绩效

汉布里克和梅森(1984)提出的高阶理论认为,高管人员的背景特征会对企业绩效产生很大影响,高管团队受教育程度的异质性可以配置出不同的认知基础,有利于团队系统性地解决问题。受教育程度高的董事往往具有更强的逻辑思维能力,能够更有效率的使用企业资源,所以能够提高企业业绩。[1] 张慧和安通良(2005)认为教育程度是反映个体人力资本存量大小的信号,较高学历的董事可能拥有更加宽阔的眼界、更高的威望、更高层次的社会网络关系,从而能够更好地把握企业的发展方向与利益相关者的需求。不过,董事会教育背景的异质性也会对企业业绩产生负面影响,教育水平的差异会造成沟通障碍,导致异质性董事之间的矛盾加深,从而对董事会的决策效率产生负面影响。艾伦·N.伯格、伊夫泰哈尔·哈桑和莱奥拉·F.克拉珀(Berger et al.,2004)认为,高管团队的教育背景异质性越大,企业绩效就越难以提升。因此,董事会教育背景对企业社会责任绩效的影响是一个实证问题。

5. 董事职业背景与企业社会责任绩效

董事会职业背景多元化对企业业绩的影响已经得到了广泛的关注。[2] 德

---

[1]　Margarethe F.Wiersema and Karen A.Bantel, "Top Management Team Demography and Corporate Strategic Change", *Academy of Management Journal*, 35(1), 1992, pp. 91-121.

[2]　翟淑萍、袁克丽:《财务独立董事职业背景与分析师预测准确性》,《华东经济管理》2019年第5期。

维特・C.迪尔伯恩和赫伯特・A.西蒙（Dearborn and Simon,1958）认为,相比于其他类型的董事会多元化,职业背景多元化对董事的认知基础起到了更直接和更强烈的作用。不同职业背景的董事在观察、分析和处理问题的过程中会根据自身的从业经验,采取不同的视角去对待同一问题,有利于董事会提出更好的问题解决方案。不过,不同职业背景的董事会对企业绩效的影响也是不同的。比如,具有会计职业背景的董事有助于董事会发现财务报告中的虚假信息,增加企业财务报告的可信度。[①] 具有法律职业背景的董事有助于董事会更有效率的监督管理层,减少公司的违规行为。[②] 具有技术背景的董事能够帮助企业更容易的获得关键技术和稀缺性资源。[③] 因此,笔者认为董事会职业背景多元化有助于增强企业资源和信息的获取能力,也能够帮助企业更有效率的进行企业社会责任活动。所以,笔者认为董事会职业背景多元化能够促进企业社会责任绩效的提升。

6.董事政府背景与企业社会责任绩效

在中国,大量学者研究董事的政府背景对企业社会责任的影响。如果民营企业的董事在政府任职或曾经任职,那么凭借其在任职期间建立起的社会资本,有助于企业更容易获得政府的帮助。[④] 相关实证研究表明,董事的政府背景有助于企业获得税收优惠、法律优待和融资便利等优势。[⑤] 但是,董事的政府背景在为企业获得好处的同时,也需要企业不断增加企业社会责任投资。

---

① 王跃堂、朱林、陈世敏:《董事会独立性、股权制衡与财务信息质量》,《会计研究》2008 年第 1 期。

② Linda M.Parsons and Gopal V.Krishnan, "Getting to the Bottom Line:An Exploration of Gender and Earnings Quality", *Journal of Business Ethics*,78(1-2),2008,pp.65-76.

③ 宋天宇:《董事职业背景异质性对技术创新绩效影响研究》,东北财经大学硕士学位论文,2017 年。

④ 潘越、戴亦一、李财喜:《政治关联与财务困境公司的政府补助——来自中国 ST 公司的经验证据》,《南开管理评论》2009 年第 5 期。

⑤ Mara Faccio,Ronald W.Masulis and John J.McConnell, "Political Connections and Corporate Bailouts", *The Journal of Finance*,61(6),2006,pp.2597-2635.贾明、张喆:《高管的政治关联影响公司慈善行为吗?》,《管理世界》2010 年第 4 期。

因此,如果民营企业要想获得或维持稳定的政府联系,就需要满足政府的政治目标,在环境、慈善等企业社会责任方面进行更多的投资。所以,笔者认为董事会政府背景多元化能够促进企业社会责任绩效的提升。

7.董事学术背景与企业社会责任绩效

董事的学术背景表明其经过了严谨的学术培训,其思维必然比其他类型的董事更加严谨。① 这有助于增加董事会在分析问题时的科学性和严谨性,因而可以提高董事会决策的质量。此外,很多具有学术背景的董事都在高校和科研所任职,这不仅为企业带来了丰富的科研资源,也有助于企业吸引高校人才。许多实证研究都发现董事的学术背景能促进企业的创新绩效的提升。② 查尔斯·H.乔、杰伊·海恩·容格和边津·夸克(Cho et al.,2017)认为董事的学术背景表明其曾经在学校工作,无论是基于学术精神的严谨,还是出于为人师表的自我修养,具有学术背景的董事往往具有更高水平的道德修养和社会责任意识,他们对社会需求更加敏感,因此有利于董事会识别不同的社会需求,并提高企业的社会责任绩效。所以,笔者认为董事会学术背景多元化能够促进企业社会责任绩效的提升。

(三)董事会多元化对民营企业社会责任绩效的研究假设

从社会责任履行的角度而言,我国民营企业和国有企业有很大的区别。国有企业作为国民经济的中坚力量,企业从建立伊始就被赋予了强大的社会责任使命。③ 因此,国有企业承担更多的社会责任,比如优化员工福利、维护

---

① 周楷唐、麻志、吴联生:《高管学术经历与公司债务融资成本》,《经济研究》2017 年第7 期。

② 陈春花、朱丽、宋继文:《学者价值何在? 高管学术资本对创新绩效的影响研究》,《经济管理》2018 年第10 期。

③ 李姝、谢晓嫣:《民营企业的社会责任、政治关联与债务融资——来自中国资本市场的理论证据》,《南开管理评论》2014 年第6 期。

社会稳定和更广泛地参与社会公益事业等。[1] 谭雪(2017)认为,国有企业除了追求利润最大化目标外,还需要有支持政府促进就业、稳定社会和保护环境等目标,所以很多研究都认为国有企业对社会责任活动的投资往往要高于民营企业。[2] 然而对于民营企业而言,其目标就是追求利润最大化,因此民营企业并非天生就关注社会责任。民营企业承担社会责任的目的主要是自身生存和发展的需要。[3] 由于现阶段的法律法规还不够完善,从而导致很多民营企业为了追求经济利益而忽视其自身的社会责任。因此,在我国这样的市场环境下讨论董事会治理对民营企业社会责任绩效的影响具有很强的现实意义。

达安·范·尼彭伯格、卡斯滕·德鲁和阿斯特里德·霍曼(Knippenberg et al.,2004)认为,团体中每个成员有着自己独特的背景,他们拥有不同的信息、知识、技能、专业和经验网络等资源。团队多元化程度越高,团队内成员之间可进行分享、交换和整合的信息资源就越多,如此多的信息资源有助于团队提高决策质量,更好地解决问题,从而提高团队绩效。例如,安妮·内德韦恩·皮尔特塞、达安·范克尼彭伯格和德克·范迪伦东克(Pieterse et al.,2013)等人发现随着团队多元化的提高,团队信息化程度也会相应地提高,从而可以增加决策效率并提升团队绩效。一般而言,董事会作为连接股东和管理层的正式机制,处于公司决策层的顶端。由于民营企业的经营决策受市场影响较大,其成功与失败很大程度上取决于董事会所作出的经营决策。因此,确保民营企业董事会成员的合适性对于企业的成功是必不可少的。[4] 哈佐托等(2015)的研究认为,如果董事会多元化程度越高,其认识不同利益相关者

---

[1]　李四海:《制度环境、政治关系与企业捐赠》,《中国会计评论》2010年第2期。

[2]　黄速建、余菁:《国有企业的性质、目标与社会责任》,《中国工业经济》2006年第2期。唐国平、李龙会:《股权结构、产权性质与企业环保投资——来自中国A股上市公司的经验证据》,《财经问题研究》2013年第3期。

[3]　疏礼兵:《基于需要满足的民营企业社会责任行为动机研究》,《软科学》2012年第8期。

[4]　Dolors Setó - Pamies, "The Relationship between Women Directors and Corporate Social Responsibility", *Corporate Social Responsibility and Environmental Management*, 22, 2013, pp. 334–345.

群体的需求和利益的能力就越强，企业就越有可能将不同利益相关者的需求结合起来，制定最优企业社会责任战略。也就是说，多样化的董事能为企业决策带来不同的专业知识、管理经验和社会视角，这可以帮助企业和董事会认识不同利益相关者群体的需求和利益，而这些需求和利益会反映到民营企业社会责任绩效中。[①] 因此，具有董事会多元化的民营企业在社会责任问题上的决策视角和知识方面更加开阔，企业在决策时能够考虑到不同利益相关者的需求、管理利益相关者之间的潜在冲突，最终提高民营企业社会责任绩效。

但是，董事会多元化在一定程度上也被认为是一把"双刃剑"，不同董事之间专业和背景的差异可能会带来沟通和协调的问题。[②] 董事会多元化也可能会加剧董事之间的冲突，扰乱董事会的决策过程，使董事会难以达成共识。这种没有效率的决策过程可能会影响到企业社会责任履行的效率。尽管如此，汉布里克等(1996)的研究认为，多元化为团队带来的好处不仅仅能够抵消其带来的坏处，还能为团队带来更多的收益。尽管多元化可能为董事会带来了冲突和误解，但多元化为董事会带来了高质量的问题解决方案，最终还是会产生更高的团队绩效。[③] 综合以上分析，本章提出如下研究假设：

假设 5.1：董事会多元化能够提高民营企业社会责任绩效。

二、数据来源与模型设计

(一)数据来源与样本选择

本章数据来源主要为：财务数据以及董事会结构数据来源于 CSMAR 数

① Heng An, Carl R. Chen, Qun Wu and Ting Zhang, "Corporate Innovation: Does Diverse Board Help?", *Journal of Financial and Quantitative Analysis*, Forthcoming, 2019.

② Heng An, Carl R. Chen, Qun Wu and Ting Zhang, "Corporate Innovation: Does Diverse Board Help?", *Journal of Financial and Quantitative Analysis*, Forthcoming, 2019.

③ Kathyayini Rao and Carol Tilt, "Board Composition and Corporate Social Responsibility: The Role of Diversity, Gender, Strategy and Decision Making", *Journal of Business Ethics*, 138(2), 2016, pp. 327-347.

据库;市场化水平数据来源于樊纲等人编著的《中国市场化指数》;民营企业社会责任绩效来源于和讯网所提供的企业社会责任得分。

本章以2010—2016年沪深两市民营上市公司为样本,并按照以下标准对样本进行了筛选:剔除未披露董事会成员信息的样本公司;剔除了ST、SST、*ST的样本公司;由于金融类、保险类、证券业等公司具有特殊的行业属性与运营特点,故本章不予考虑;其他数据缺失的样本,比如财务数据、董事会数据等。最终,本章获得了2008—2016年间943个样本公司、4142个观测值。样本选择从2010年开始,是因为和讯网自2010年才开始公布上市公司企业社会责任得分。

(二)变量定义

1. 被解释变量:企业社会责任得分

参考刘强、葛国庆、崇宁(2018)、刘柏和卢家锐(2018)、贾兴平和刘益(2014)的研究,本书采用和讯网公布的企业社会责任评分来衡量民营企业社会责任绩效,相比其他仅根据社会责任报告的方式,该评分是根据社会责任报告及年报计算所得,因而即使上市公司没有披露社会责任报告,仍能通过年报相关内容进行打分。在目前我国社会责任报告发布数量和质量有限的情况下,同时依靠年报和社会责任报告的打分方法可能更权威、全面。[①] 和讯网的上市公司社会责任报告专业评测体系从股东责任、员工责任、供应商、客户和消费者权益责任、环境责任和社会责任五项考察,各项分别设立二级和三级指标对社会责任进行全面的评价。其中涉及二级指标13个、三级指标37个。企业社会责任总得分等于这五项指标的加权计总,最高为100分,五项指标下共设立13个二级指标和37个三级指标。企业社会责任总评分越高,说明该民营企业社会责任绩效越高。

---

① 刘柏、卢家锐:《"顺应潮流"还是"投机取巧":企业社会责任的传染机制研究》,《南开管理评论》2018年第4期。

2.解释变量:董事会多元化

解释变量的衡量方式见第四章第一节。

3.控制变量

借鉴已有的研究成果,本书选取对企业社会责任绩效具有重要影响的变量为控制变量。[①] 塞托帕米斯(2015)等人发现企业规模(Size)与企业社会责任绩效正相关。丹·S.达利瓦尔、李真、曾荫权、杨勇认为机构持股比例(Institution)能够提升企业社会责任绩效。哈佐托等(2015)发现,独立董事比例(Indrate)与企业社会责任绩效正相关。此外,笔者还加入地区市场化指数(Market)、是否为四大会计师事务所审计(Aud)、是否为重污染行业(Pol)作为控制变量。最后,选取企业财务杠杆(Lev)、现金持有水平(Cash)、代理成本(Cost)、管理层持股比例(Manageown)作为中介变量。

上述被解释变量、解释变量以及控制变量的具体说明见表5.1。

表5.1 变量选取及定义

变量符号		变量名称	计量方法/变量描述
被解释变量			
CSR		民营企业社会责任绩效	和讯网企业社会责任得分
解释变量			
BDI		董事会多元化	总指标、人口特征、人力资本、社会资本

---

① John L.Campbell,"Why would Corporations Behave in Socially Responsible Ways? An Institutional Theory of Corporate Social Responsibility", *Academy of Management Review*, 32(3),2007, pp. 946-967.Maretno Harjoto,Indrarini Laksmana and Robert Lee,"Board Diversity and Corporate Social Responsibility", *Journal of Business Ethics*, 132(4),2015, pp. 641-660. Dan S.Dhaliwal, Oliver Zhen Li, Albert Tsang and Yong George Yang, "Voluntary Nonfinancial Disclosure and the Cost of Equity Capital:The Initiation of Corporate Social Responsibility Reporting", *The Accounting Review*,86 (1),2011,pp. 59-100.Dolors Setó - Pamies,"The Relationship between Women Directors and Corporate Social Responsibility", *Corporate Social Responsibility and Environmental Management*,22,2013, pp. 334-345.刘柏、卢家锐:《"顺应潮流"还是"投机取巧":企业社会责任的传染机制研究》,《南开管理评论》2018年第4期。

变量符号		变量名称	计量方法/变量描述
控制变量			
外部变量	Aud	审计公司是否为四大	如果审计公司是四大审计,则赋值为1;否则,赋值为0
	Market	地区市场化强度	地区市场化进程得分
	Pol	是否为重污染企业	如果是重污染企业,则赋值为1;否则,赋值为0
企业特征变量	Size	企业规模	企业总资产的自然对数
	Indrate	独立董事比例	独立董事人数/董事会理事成员的人数
	Institution	机构持股比例	机构持股数量/总股数
中介变量	Lev	财务杠杆	总负债/总资产
	Cash	现金持有水平	货币资金余额/总资产
	Cost	代理成本	管理费用/营业收入
	Manageown	管理层持股比例	管理层持股/总股数

（三）模型构建

为了检验民营上市公司董事会多元化是否会对企业社会责任绩效产生影响,本章建立如下模型:

$$CSR_i = \beta_0 + \beta_1 BDI_i + \beta_2 Size_i + + \beta_3 Indrate_i + \beta_4 Institution_i + \beta_5 Aud_i + \beta_6 Market_i + \beta_7 Pol_i + \varepsilon \tag{5.1}$$

三、董事会多元化与企业社会责任绩效的实证结果分析

（一）描述性统计与分析

表5.2列示出了变量的描述性统计。董事会多元化（BDI）的样本均值为0.1285,董事会的样本值分布在−11.7872到10.1017之间。企业社会责任得分（CSR）的样本均值为25.0135,CSR的标准差也较大。而且CSR的样本值

分布在-15.1200 到 89.0100 之间,最大值和最小值相差较大,这表明样本公司企业社会责任履行状况存在突出的个体差异。Pol 的样本均值为 0.3011,这表明样本中有 30%的企业都是重污染企业。Aud 的样本均值为 0.0227,表明样本中只有 2%的企业的审计公司是四大审计公司。Market 的样本均值为 8.0206,Market 的标准差为 1.755,而且最小值和最大值相差较大,这表明中国的市场化水平存在明显的地区差异。

表 5.2 变量基本统计量

Variable	N	Mean	Sd	Med	Min	Max
BDI	4142	0.1285	3.0622	0.2843	-11.7872	10.1017
CSR	4142	25.0135	16.3176	21.695	-15.1200	89.0100
Shareholder	4142	14.1645	6.1470	14.78	-11.1600	27.8600
Employee	4142	2.5935	3.0388	1.5	-0.0200	15.0000
Client	4142	1.8064	4.8529	0	0.0000	20.0000
Environment	4142	1.7187	4.9056	0	0.0000	30.0000
Community	4142	4.7304	4.4129	4.1	-15.0000	30.0000
Size	4142	21.7148	1.0566	21.6307	17.6413	25.8763
Lev	4142	0.3901	0.2052	0.37589	0.0080	1.5483
Cash	4142	0.1687	0.1295	0.1307	0.0000	0.9520
Manageown	4142	0.2968	0.6358	0.01467	0.0000	8.8200
Cost	4142	0.1209	0.2498	0.08469	0.0000	10.2595
Institution	4142	0.1346	0.1647	0.0744	0.0000	1.0000
Indrate	4142	0.3743	0.0543	0.3333	0.2000	0.6667
Pol	4142	0.3011	0.4588	0	0.0000	1.0000
Aud	4142	0.0227	0.1489	0	0.0000	1.0000
Market	4142	8.0206	1.7550	8.34	-0.3000	10.4600

注:shareholder:企业股东责任绩效;Employee:企业职工责任绩效;CSR:企业社会责任绩效;Client:企业客户责任绩效;Environment:企业环境责任绩效;Community:企业社区责任绩效;Cost:代理成本;Pol:是否为重污染地区;Aud:审计公司是否加大;其他变量含义同表4.11。

(二)相关性检验与分析

笔者对参与回归的变量进行了相关性检验,结果如表5.3所示。从相关性矩阵来看,董事会多元化(BDI)与民营企业社会责任绩效(CSR)之间具有显著的正相关关系。这也初步验证了上文的研究假设,董事会多元化会提高公司民营企业社会责任绩效。笔者还发现,企业规模(Size)、机构持股比例(Institution)、现金持有水平(Cash)、审计公司是否为四大审计(Aud)与民营企业社会责任绩效(CSR)之间具有显著正相关关系。财务杠杆(Lev)、代理成本(Cost)、与企业社会绩效(BDI)之间具有显著的负相关关系。

表 5.3　变量之间的相关关系

Variable	CSR	BDI	Size	Lev	Cash	Cost	Manageown	Institution	Indrate	Market	Aud	Pol
CSR	1											
BDI	0.078***	1										
Size	0.314***	0.056***	1									
Lev	-0.031**	-0.051***	0.435***	1								
Cash	0.088***	0.054***	-0.263***	-0.449***	1							
Cost	-0.119***	-0.063***	-0.177***	-0.056***	0.028*	1						
Manageown	0.0130	0.070***	-0.145***	-0.231***	0.178***	-0.034**	1					
Institution	0.061***	0.0220	0.182***	0.046***	-0.058***	-0.0160	-0.155***	1				
Market	0.0150	0.031**	0.038**	-0.063***	-0.00500	-0.029*	0.058***	0.031**	-0.010	1		
Aud	0.112***	0.0170	0.228***	0.081***	-0.0210	-0.0130	-0.035**	0.105***	0.053***	0.038**	1	
Pol	-0.0170	0.00400	0.032**	-0.072***	-0.068***	-0.046***	-0.059***	-0.0200	0.005	-0.097***	0.010	1

注:变量名含义同表 5.2。 ***、**、*为在 1%、5%、10% 水平下显著。

(三)多元回归检验与分析

1. 主效应检验

表 5.4 报告了研究假设 5.1 的检验结果。其中,笔者在列(1)单独考虑了董事会多元化对公司企业社会责任的影响,结果表明,董事会多元化(BDI)的系数在 1%的水平上显著为正。笔者在列(2)同时考虑了企业规模,机构持股比例,独立董事比例三个企业内部特征变量,同样发现董事会多元化(BDI)

的系数在 1% 的水平上显著为正。最后,笔者在列(3)考虑了企业所处的外部环境等因素后,进一步控制年度和行业,董事会多元化(BDI)的系数还是在 1% 的水平上显著为正,以上结果均支持了本书的研究假设 5.1:董事会多元化会显著提高了公司民营企业社会责任绩效。

表5.4 董事会多元化与企业社会责任回归结果

Variables	（1）CSR	（2）CSR	（3）CSR
BDI	0. 4153 ***	0. 3220 ***	0. 2690 ***
	(0. 0000)	(0. 0001)	(0. 0797)
Size		4. 7905 ***	5. 2206 ***
		(0. 0000)	(0. 2622)
Institution		0. 3137	0. 7109
		(0. 8337)	(1. 5058)
Indrate		− 1. 7517	0. 5906
		(0. 6916)	(4. 2846)
Aud			3. 3380
			(2. 1927)
Market			0. 3254 **
			(0. 1455)
Pol			− 5. 1054
			(5. 6489)
Year	No	No	Yes
Industry	No	No	Yes
Constant	25. 7200 ***	− 88. 1740 ***	− 88. 0202 ***
	(2. 7701)	(6. 3900)	(6. 3271)
Observations	4142	4142	4142
R^2	0. 0801	0. 1860	0. 1879

注:变量名含义同表5.2。 *** 、** 、* 为在 1% 、5% 、10% 水平下显著;括号是经过异方差调整后的稳健的标准误。

2.内生性检验

虽然笔者的结果显示董事会多元化能够显著提升民营企业社会责任绩

效,但笔者的研究结果也可能会遭遇内生性问题。一方面,由于企业社会责任绩效的影响因素比较复杂,笔者的研究很有可能遭受遗漏变量的内生性问题。例如,具有董事会多元化的企业可能有更好的经济绩效,而更好的经济绩效使企业拥有更多的资源去进行企业社会责任活动,使其有更好的社会责任绩效。这就导致本书所观测到的董事会多元化与民营企业社会责任绩效之间的关系是由内生遗漏变量所引起的。另一方面,董事会多元化和企业绩效的因果关系很难识别,笔者很难分辨究竟是董事会多元化促进了民营企业社会责任绩效的提升,还是民营企业社会责任绩效更高的企业吸引了多元化的董事。①为此,笔者借鉴伯尼尔等(2018)的研究,采用工具变量法和赫克曼两阶段法来解决可能存在的内生性问题。

首先,笔者采用工具变量法对本书的研究假设进行重新检验。在第一阶段的回归中,笔者分年度对各个省份不同行业的董事会多元化水平取均值,并把它作为工具变量(Instrument)来预测各个企业的董事会多元化。回归结果如表5.5所示,在第一阶段回归中,工具变量(Instrument)的系数在1%的水平上显著为正,这表明笔者的工具变量不是一个弱工具变量。然后,笔者把用工具变量预测的董事会多元化作为解释变量进行第二阶段的回归。根据表5.5列(2)的回归结果,董事会多元化(BDI)的系数仍然在1%的显著水平上为正,这表明在解决潜在的内生性问题之后,本书的研究结论依然成立。

其次,为了排除潜在的样本选择偏差内生性问题。本书参照安衡等人(2017)和姜付秀等人(2017)的方法,采用的赫克曼两阶段法消除样本选择偏误内生性问题。其中,在第一阶段的回归中,本书首先进行 Logit 回归,回归的因变量为企业董事会多元化程度是否较高,如果企业董事会多元化指数高于

---

① Heng An, Carl R. Chen, Qun Wu and Ting Zhang, "Corporate Innovation: Does Diverse Board Help?", *Journal of Financial and Quantitative Analysis*, Forthcoming, 2019. Ferdinand A. Gul, Bin Srinidhi and Anthony C. Ng, "Does Board Gender Diversity Improve the Informativeness of Stock Prices?", *Journal of Accounting and Economics*, 51(3), 2011, pp. 314-338.

当年同行业其他企业董事会多元化指数的中位数,则 BDI 赋值为 1,否则赋值为 0。古尔等(2011)认为,一个具有董事会多元化的公司往往企业规模更大、企业上市时间更长、营利性更强。因此,在第一阶段的回归中,除了加入模型 1 中全部的控制变量之外,笔者还加入了资产收益率(Roa)、企业年龄(Age)、财务杠杆(Lev)和现金持有比例(Cash)四个企业内部特征变量。在此基础上计算出逆米尔斯比率。在第二阶段回归中,将第一阶段计算得出的逆米尔斯比率加入主效应模型,两阶段的回归结果如表 5.5 的第(3)(4)列所示。根据表 5.5 列(4)的回归结果,Lambda 的系数在 1% 的显著性水平上为负,表明董事会多元化与企业社会之间的关系确实存在样本选择偏差的内生性问题。而 BDI 的系数在 1% 的显著性水平上为正,表明在控制了潜在的样本选择偏差的内生性之后,本书的研究结论依然成立。

表 5.5　内生性检验

	(1)First	(2)Second	(3)First	(4)Second
Variables	BDI	CSR	BDI	CSR
Instrument	0. 9998 ***			
	(0. 0000)			
BDI		0. 4258 ***		1. 2973 ***
		(0. 0001)		(0. 0050)
Size	0. 0067	5. 1895 ***	0. 1044 ***	4. 7935 ***
	(0. 8485)	(0. 0000)	(0. 0000)	(0. 0000)
Pol	0. 0213	−5. 1371	0. 0985	0. 3464
	(0. 9784)	(0. 3405)	(0. 4440)	(0. 8155)
Aud	0. 0120	3. 3337 **	0. 2600	−0. 8466
	(0. 9591)	(0. 0380)	(0. 4865)	(0. 8449)
Market	−0. 0014	0. 3155 **	0. 1736	−7. 8865
	(0. 9485)	(0. 0367)	(0. 7106)	(0. 1423)
Institution	−0. 0554	0. 6759	−0. 1939	3. 9685 **
	(0. 7989)	(0. 6501)	(0. 1601)	(0. 0132)

续表

	（1）First	（2）Second	（3）First	（4）Second
Indrate	−0.6580	0.6850	−0.0031	0.1581
	（0.2994）	（0.8747）	（0.8148）	（0.2967）
ROA				0.0019
				（0.6141）
Age				−0.2237***
				（0.0000）
Lev				−0.0187
				（0.8911）
Cash				0.2998
				（0.1089）
Lambda				−17.1248***
				（0.0000）
Year	Yes	Yes	Yes	Yes
Industry	Yes	Yes	Yes	Yes
Constant	0.1216	−86.9652***	−1.7450***	−62.6218***
	（0.8906）	（0.0000）	（0.0014）	（0.0000）
Observations	4142	4142	4137	4137
R^2	0.5155	0.1871	0.0237	0.2025

注:Instrument:工具变量,即各省份不同行业董事会多元化均值;Lambda:逆米尔斯比例;Age:企业年龄;其他变量名含义同表5.2。 ***、**、*为在1%、5%、10%水平下显著;括号是经过异方差调整后的稳健的标准误。

3. 稳健性检验

为了得到更加可靠的结论,本章进行了如下稳健性检验。第一,借鉴刘柏和卢家锐(2018)的研究,改变企业社会责任的衡量方式。设置企业社会责任哑变量(DCSR),如果该企业当年的企业社会责任得分高于同行业的平均值,则DCSR赋值为1,否则赋值为零。第二,缩小样本,由于和讯网还给出了不同企业的社会责任评分等级,笔者发现样本中大多数企业的评分都为D级,故只对在列(3)D级评分的样本和在列(4)删除D级评分的样本进行检验。

第三,对所有解释变量采取滞后一期处理,重新对样本进行检验。上述模型的回归结果在表5.6中显示。表5.6列(1)显示,BDI 的系数在1%的水平上显著为正。表5.6列(2)和列(3)显示,BDI 的系数在1%的水平上显著为正。表5.6列(4)显示,BDI 的系数在5%的水平上显著为正。以上结果均支持了本章的结论,董事会多元化会提高民营企业社会责任绩效。

表5.6　稳健性检验

Variables	(1)DCSR	(2)CSR	(3)CSR	(4)CSR
BDI	0.0090***	0.1123***	0.8920***	0.2168**
	−0.0026	−0.0367	−0.327	−0.0966
Size	0.0934***	1.2511***	10.5664***	5.5332***
	−0.0075	−0.1319	−0.8443	−0.3253
Institution	0.0687	0.9543	33.6484*	−0.2764
	−0.0496	−0.6956	−19.1926	−1.8249
Indrate	0.1228	0.0214	6.9877	2.0112
	−0.146	−2.1485	−6.8902	−5.2224
Aud	0.0627	1.8718*	−14.7352***	4.6716*
	−0.0492	−0.9802	−4.6732	−2.5629
Market	0.0208***	0.4509***	0.2124	0.3510**
	−0.005	−0.0751	−0.7267	−0.169
Pol	−0.2727	−7.8856***	−8.347	−4.7308
	−0.1749	−2.9081	−6.4409	−2.9981
Year	Yes	Yes	Yes	Yes
Industry	Yes	Yes	Yes	Yes
Constant	−1.7311***	−12.1019***	−201.2221***	−93.7030***
	−0.1881	−3.3384	−20.6068	−7.7043
Observations	4142	3500	642	3155
R^2	0.0511	0.1836	0.395	0.1911

注:变量名含义同表5.2。***、**、*为在1%、5%、10% 水平下显著;括号是经过异方差调整后的稳健的标准误。

4.企业社会责任具体回归

上文的研究结果表明,董事会多元化显著提升了民营企业的社会责任绩效。但并没有表明董事会多元化促进了民营企业的哪些社会责任绩效的提升。因此,笔者在表5.7中汇报了董事会多元化对具体民营企业社会责任绩效的影响。列(1)表明,董事会多元化在1%的显著性水平下提高了企业股东责任绩效。列(4)表明,董事会多元化在5%的显著性水平下提升了企业客户责任绩效。列(5)表明,董事会多元化10%的显著性水平下提高企业社区责任绩效。此外,董事多元化与企业员工责任绩效和环境责任绩效具有正相关关系,但不具有显著性水平。

表 5.7　企业社会责任具体分类回归

Variables	（1）Shareholder	（2）Employee	（3）Client	（4）Environment	（5）Community
BDI	0.1519 ***	0.0095	0.0534 **	0.0186	0.0357 *
	−0.0295	−0.015	−0.0236	−0.025	−0.0212
Size	1.2811 ***	0.7994 ***	1.1899 ***	1.1922 ***	0.7579 ***
	−0.0951	−0.0517	−0.0781	−0.0802	−0.0843
Indrate	−0.8635	0.379	0.8463	−1.2602	1.4891
	−1.6882	−0.7973	−1.348	−1.2674	−1.2334
Institution	1.3961 **	0.0199	−0.0381	−0.8883 **	0.2213
	−0.5817	−0.2897	−0.4749	−0.4335	−0.3514
Market	0.3884 ***	0.031	−0.0646	−0.0166	−0.0128
	−0.0625	−0.0266	−0.0433	−0.0422	−0.0402
Aud	0.2139	1.1531 ***	1.7035 **	1.1292 *	−0.8617
	−0.668	−0.4027	−0.7178	−0.6303	−0.6444
Pol	−3.8769 *	−0.55	0.44	−0.173	−0.9456
	−2.0451	−0.7956	−2.3676	−1.4865	−1.4526
Year	Yes	Yes	Yes	Yes	Yes
Industry	Yes	Yes	Yes	Yes	Yes

续表

	（1）	（2）	（3）	（4）	（5）
Constant	−19.335 ***	−13.6982 ***	−22.4310 ***	−22.1291 ***	−10.4273 ***
	−2.3776	−1.2903	−1.8453	−1.8656	−2.0398
Observations	4142	4142	4142	4142	4142
R^2	0.1604	0.1596	0.1339	0.128	0.2319

注:变量名含义同表5.2。 ***、**、* 为在 1%、5%、10% 水平下显著；括号是经过异方差调整后的稳健的标准误。

5. 哪种特征更重要

首先,根据前文研究笔者发现董事会多元化总体上对民营企业社会责任绩效具有提升作用。那么,董事会哪些特征对民营企业社会责任绩效的影响更显著呢? 本书参考安德森等(2011)的做法将董事会多样化的具体特征指标作为解释变量进行回归,回归结果如表5.8所示。结果显示,董事会社会资本多元化对民营企业社会责任绩效有显著的提升作用。但人口特征多元化与人力资本多元化对民营企业社会责任绩效没有显著影响。其次,笔者还发现董事会性别多元化、职业背景多元化和政府背景多元化显著提升了企业社会绩效。而其他维度的多元化对企业社会责任没有显著影响。

表5.8 董事会多元化的三个维度特征

Variables	（1）CSR	（2）CSR	（3）CSR
Demographic	0.2203		
	(0.1764)		
Human		0.1597	
		(0.2866)	
Social			0.4961 ***
			(0.0001)
Size	5.2938 ***	5.2679 ***	5.1490 ***
	(0.0000)	(0.0000)	(0.0000)

续表

Variables	（1）CSR	（2）CSR	（3）CSR
Institution	0. 8909	0. 6852	0. 6560
	(0. 5550)	(0. 6501)	(0. 6619)
Indrate	0. 3308	0. 5796	0. 4789
	(0. 9385)	(0. 8928)	(0. 9110)
Pol	−5. 1920	−5. 0558	−4. 8192
	(0. 3608)	(0. 3748)	(0. 3966)
Aud	3. 3785	3. 3379	3. 2798
	(0. 1264)	(0. 1310)	(0. 1346)
Market	0. 3320 **	0. 3372 **	0. 3498 **
	(0. 0228)	(0. 0205)	(0. 0158)
Year	Yes	Yes	Yes
Industry	Yes	Yes	Yes
Constant	−90. 0189 ***	−89. 5689 ***	−86. 8775 ***
	(0. 0000)	(0. 0000)	(0. 0000)
Observations	4142	4142	4142
R^2	0. 1859	0. 1858	0. 1883

注:变量名含义同表4.8和表5.2。 *** 、** 、* 为在 1%、5%、10% 水平下显著;括号是经过异方差调整后的稳健的标准误。

表 5. 9　董事会多元化八个子指标特征

Variables	CSR	CSR	CSR	CSR	CSR	CSR	CSR	CSR	CSR
Gender	2. 8864 *								3. 5391 **
	(0. 0521)								(0. 0192)
Age		1. 5820							2. 5622
		(0. 5178)							(0. 2961)
Degree			−0. 8105						0. 6500
			(0. 5329)						(0. 6283)
Function				−8. 4259 ***					−8. 5028 ***
				(0. 0000)					(0. 0000)

续表

Variables	CSR	CSR	CSR	CSR	CSR	CSR	CSR	CSR	CSR
Oversea					0.5985				3.0231
					(0.7802)				(0.1640)
Government						−4.3236 ***			−2.8474 **
						(0.0021)			(0.0464)
Academic							−0.2521		−0.2682
							(0.9541)		(0.9514)
Interlock								−0.8895	−0.7355
								(0.5616)	(0.6277)
Size	5.2844 ***	5.2707 ***	5.2522 ***	5.1724 ***	5.2714 ***	5.2085 ***	5.2730 ***	5.2809 ***	5.1462 ***
	(0.0000)	(0.0000)	(0.0000)	(0.0000)	(0.0000)	(0.0000)	(0.0000)	(0.0000)	(0.0000)
Institution	0.9302	0.7926	0.7602	0.7286	0.7590	0.3511	0.7681	0.7888	0.6430
	(0.5373)	(0.5984)	(0.6132)	(0.6249)	(0.6141)	(0.8169)	(0.6098)	(0.6001)	(0.6703)
Indrate	0.2030	0.3512	0.4352	−1.6951	0.3735	0.2148	0.4281	0.2551	−2.6853
	(0.9623)	(0.9349)	(0.9192)	(0.6902)	(0.9307)	(0.9600)	(0.9206)	(0.9529)	(0.5303)
Aud	3.4185	3.3147	3.3270	3.0085	3.3462	3.1934	3.3454	3.3213	2.9452
	(0.1219)	(0.1348)	(0.1325)	(0.1713)	(0.1305)	(0.1478)	(0.1307)	(0.1337)	(0.1798)
Market	0.3413 **	0.3383 **	0.3449 **	0.3379 **	0.3426 **	0.3064 **	0.3428 **	0.3421 **	0.3068 **
	(0.0186)	(0.0196)	(0.0175)	(0.0193)	(0.0182)	(0.0358)	(0.0190)	(0.0184)	(0.0353)
Pol	−5.4534	−5.0612	−5.1460	−4.4000	−5.0310	−4.9073	−5.0541	−5.1368	−4.7062
	(0.3389)	(0.3744)	(0.3660)	(0.4301)	(0.3777)	(0.3836)	(0.3759)	(0.3664)	(0.3932)
Constant	−90.4331 ***	−90.2007 ***	−88.8293 ***	−80.2833 ***	−90.0268 ***	−84.0523 ***	−89.7752 ***	−89.5759 ***	−79.2601 ***
	(0.0000)	(0.0000)	(0.0000)	(0.0000)	(0.0000)	(0.0000)	(0.0000)	(0.0000)	(0.0000)
Observations	4142	4142	4142	4142	4142	4142	4142	4142	4142
R^2	0.1863	0.1856	0.1856	0.1947	0.1855	0.1874	0.1855	0.1856	0.1972

注:变量名含义同表4.2和表5.2。 *** 、** 、* 为在1%、5%、10%水平下显著;括号是经过异方差调整后的稳健的标准误。

四、主要结论

随着公司治理研究的不断深入,民营企业董事会治理和企业社会责任已经引起了社会各界的关注。社会公众呼吁民营企业提高社会责任意识,积极承担社会责任,不同的法案也要求上市公司提高董事会多样性水平。笔者检验董事会多元化与民营企业社会责任绩效的关系,结果发现,董事会多元化能够提高企业认识不同利益相关者需求的能力,使企业在社会责任管理中平衡不同利益相关者的利益,从而提高民营企业社会责任绩效。具体来说,笔者发现董事会多元化能够显著提高企业股东责任绩效和客户责任绩效。并且,董事会多元化与企业环境责任绩效和社会责任绩效有正相关关系。笔者的研究为民营企业提升社会责任绩效提供了新的启示,也为民营企业提高董事会多样性提供了证据支持。此外,笔者的实证结果也进一步支持了凯瑟琳·饶和卡罗尔·提尔特(Rao and Tilt,2016)的研究结论,董事会构成是影响企业社会责任的一个重要因素。饶和提尔特(2016)认为,随着全球化和经济的发展,董事会必须打破控制管理层的传统角色。在有效的公司治理中,董事会的角色和职责不能只是以股东为中心,还需要兼顾各个利益相关者的利益。尽管许多文献都认为董事会多元化能够影响企业经济绩效和社会绩效,但只有较少的文献用多维的角度衡量董事会多元化,研究民营企业董事会多元化与民营企业社会责任绩效的关系。[①] 笔者的研究为民营企业董事会的治理提供了一个新的思路,民营企业在董事会成员的提名和筛选过程中需要考虑董事会多元化。

第二节　民营企业董事会多元化对企业
社会责任绩效的影响机制

21世纪初,美国安然、世通等公司的财务造假事件的发生,使公司治理问题吸引了大量公众、媒体和政府的关注。而随着公司治理研究的不断深入,董

[①] Craig Mackenzie, "Boards Incentives and Corporate Social Responsibility: The Case for a Change of Emphasis", *Corporate Governance: An International Review*, 15(5), 2010, pp. 935–943.

事会治理日益成为学者关注的重点领域。代理理论认为董事会的存在是一种代表投资者监督经理人的有效机制。[1] 为此,许多研究开始讨论董事会治理与企业绩效之间的关系,如董事会规模、董事会构成、董事会领导结构、董事会行为等。[2] 但是,董事会多元化究竟在公司治理中发挥怎样的作用,特别是董事会在影响企业社会绩效中扮演着什么样的角色,已有研究还未能给出确定的答案。为此,本章将讨论董事会多元化治理效率对民营企业社会责任绩效的影响。

一般认为,董事会在公司中主要扮演两个角色,一是为企业提供战略指导,决定企业的长期发展方向,即董事会的战略职能。二是监督企业管理层,确保经理人为股东利益而服务,即监督职能。[3] 近年来,随着中国市场化经济的发展,企业社会责任逐渐成为企业获得竞争优势的重要途经之一,制定最优的企业社会责任战略和监督管理层认真履行企业社会责任也不可避免地成为董事会的职责。贾马利等(2010)等人发现,公司治理能够促使企业高管制定与企业社会责任相关的目标,而董事会则是促使企业实现这些目标的关键。然而,科拉尔·B.英格利(Ingley,2008)的研究却发现,董事会对自己的受托责任持有狭隘的看法,它们对企业社会责任的态度更接近于股东模式,即认为履行企业社会责任分散了企业的核心任务——最大化股东价值,从而可能影响

---

① Michael C. Jensen and William H. Meckling, "Theory of the Firm: Managerial Behavior, Agency Costs, and Ownership Structure", *Journal of Financial Economics*, 3(4), 1976, pp. 305-360.

② Melsa Ararat, Mine Aksu and Ayse Tansel Cetin, "How Board Diversity Affects Firm Performance in Emerging Markets: Evidence on Channels in Controlled Firms", *Corporate Governance: An International Review*, 23(2), 2015, pp. 83-103. Kathyayini Rao and Carol Tilt, "Board Composition and Corporate Social Responsibility: The Role of Diversity, Gender, Strategy and Decision Making", *Journal of Business Ethics*, 138(2), 2016, pp. 327-347.

③ Amy J. Hillman and Thomas Dalziel, "Boards of Directors and Firm Performance: Integrating Agency and Resource Dependence Perspectives", *Academy of Management Review*, 28(3), 2003, pp. 383-396. David F. Larcker and Brian Tayan, "Corporate Governance Matters: A Closer Look at Organizational Choices and Their Consequences", *Siam Journal on Scientific Computing*, 29(2), 2015, pp. 842-863.

到管理层对企业社会责任的态度。所以,董事会的战略决策和监督决策是否能影响民营企业社会责任绩效,是一个需要被实证的问题。基于此,笔者选取2010—2016 年中国沪深两市 943 家民营上市公司作为样本,考察董事会多元化治理效率对民营企业社会责任的影响。

本章为多元化促进董事会治理效率提供了新的证据,本书的研究结论表明,董事会多元化能够影响董事会战略职能和监督职能的发挥,进而影响民营企业社会责任绩效。先前关于董事会多元化与企业社会责任的研究都是直接检验董事会多元化对企业社会责任的影响,而本章检验了董事会战略决策和监督决策在两者之间的中介作用。[①] 具体来说,董事会多元化通过降低公司风险,改善企业财务状况,进而提高企业社会责任的履行能力。同时,董事会多元化能够有效监督管理层,降低代理成本,进而平衡管理层与其他利益相关者的利益。因此,笔者的研究为民营企业改善公司治理提供了新的思路,民营企业可以通过提高董事会多元化来改善董事会战略职能和监督职能的发挥效率,并进一步提升民营企业社会责任绩效。

一、民营企业董事会多元化对企业社会责任绩效影响的机制

如今,越来越多的研究者意识到利益相关者管理对股东价值最大化的重要性,董事会不仅需要为企业社会责任战略决策提供指导,还需要积极监督管理层去履行企业社会责任。伯尼尔等(2018)通过多个维度的测量方式衡量企业董事会多元化,结果发现董事会多元化能够有效地降低企业风险并增加企业业绩。其原因很大程度上是由于多元化的董事会采用了更持久、风险更低的经营战略。与团队多样性会作出适度决策的观点一致。[②] 如果董事会缺

[①]　Dolors Setó‐Pamies,"The Relationship between Women Directors and Corporate Social Responsibility",*Corporate Social Responsibility and Environmental Management*,22,2013,pp. 334-345.

[②]　Nathan Kogan and Michael A.Wallach,"Modification of a Judgmental Style through Group Interaction",*Journal of Personality and Social Psychology*,4(2),1966,pp. 165-174.

乏多样性,那么董事会成员之间的偏好、激励和观点的同质性将导致更激进的战略决策,因为其决策很难遭到其他董事会成员的反对。这种内部治理的缺失最终将导致企业风险的增加。相反,如果董事会具有多样性,不同的董事会成员拥有不同的知识、专业和视角,他们可以从不同的角度考虑决策所带来的后果,从而避免董事会作出极端的决定,所以多元化的董事会往往会采用风险更低的战略决策。约翰·L.坎贝尔(Campbell,2007)认为企业风险对企业社会责任活动具有负向影响,那些财务表现很差以至于企业有可能遭受严重损失并危及股东价值的公司会不愿意进行社会责任活动。因为根据松弛资源理论,那些经营风险更低,财务状况更好的公司用于社会责任活动的资源会比其他公司更多,这一类公司往往社会责任绩效更好。[1] 根据以上分析,董事会多样化会降低企业风险,而较低企业风险又促进民营企业社会责任绩效的提升。所以本书认为董事会多元化通过影响董事会的战略决策对民营企业社会责任绩效产生了正向影响,并提出如下研究假设。

假设5.2:董事会多元通过影响董事会的战略决策对民营企业社会责任绩效产生了正向影响。

董事会的第二个职能就是监督经理人以降低代理成本,董事会代表着投资者的利益,它能够有效地监督职业经理人的机会主义行为,从而最大化股东价值。[2] 董事会有两种方式来缓解代理问题,首先,董事会可以改善信息获取渠道,通过获取更多的信息来加强对高管的监控。其次,董事会可以改变管理层的激励机制,以协调高管和股东的利益。[3] 然而,一方面由于获取信息的困

---

① Sandra A. Waddock and Samuel B. Gravesw, "The Corporate Social Performance-Financial Performance Link", *Strategic Management Journal*, 18(4), 1997, pp. 303-319.

② Michael C. Jensen and William H. Meckling, "Theory of the Firm: Managerial Behavior, Agency Costs, and Ownership Structure", *Journal of Financial Economics*, 3(4), 1976, pp. 305-360.

③ Matthew A. Rutherford, Ann K. Buchholtz and Jill A. Brown, "Examining the Relationships Between Monitoring and Incentives in Corporate Governance", *Journal of Management Studies*, 44(3), 2007, pp. 414-430.

难和高额成本,董事会往往很难完全掌控管理层的所有信息。这种情况下,高管很容易作出机会主义行为从而损害股东的利益。① 另一方面,由于股东不参与管理而享有投资收益,经理人参与管理却分享很少或者根本没有享有企业收益,董事会有时难以协调股东和管理层之间的利益。在这种情况下,董事会多元化在缓解代理问题上就发挥了重要的作用。阿拉特等(2015)认为,多样化能够为董事会带来批判性审查和防止群体思维,使董事会的监督更有效率。如果董事会每个成员都拥有自己独特的知识、技能、背景和经历,那么多元化就能够推动董事会采取更加广泛的评判标准。在对高管进行评估时,每个成员都能从自己专业的角度考察管理层,从而形成对高管更加客观、公正的评价,避免了因评价标准过于单一而带来的监管失效。所以,董事会多元化有利于董事会对高管实施更有效率的监管。② 另一方面,董事会多样化能为企业带来不同的专业知识、管理经验和社会视角,这有助于董事会认识管理层的需求,改善管理层的激励机制,协调管理层和股东之间的利益,并进一步缓解代理问题。③

代理理论认为,现在企业的基本特征是所有权和控制权的分离,这种控制权和所有权的分离容易产生道德风险问题。因为管理层和股东之间的目标冲突,管理者经常利用他们对公司运营的控制权,以牺牲股东的长期利益为代价,增加他们的短期财富。④ 而股东往往会将经理人的薪酬和企业业绩挂钩,以此来达到激励经理人和缓解代理问题的目的,但经理人有时为了自己的利

---

① Daniel Levinthal, "A Survey of Agency Models of Organizations", *Journal of Economic Behavior & Organization*, 9(2), 1988, pp. 153-185.

② 谢绚丽、赵胜利:《中小企业的董事会结构与战略选择——基于中国企业的实证研究》,《管理世界》2011年第1期。

③ Heng An, Carl R.Chen, Qun Wu and Ting Zhang, "Corporate Innovation:Does Diverse Board Help?", *Journal of Financial and Quantitative Analysis*, Forthcoming, 2019.

④ Eugene F.Fama and Michael C.Jensen, "Separation of Ownership and Control", *Journal of Law and Economics*, 26(2), 1983, pp. 301-325.

益会作出短视行为,损害企业的长期价值。① 因此,经理人可能不愿意承担没有直接经济利益的开支,因此往往把精力集中在保守的计划上,以便在短期内最大限度地提高他们的声誉和经济利益。比如,开展企业社会责任活动能为企业带来良好的商誉和竞争力,有利于最大化企业价值。但是,社会责任投资不同于其他经济项目,其难以为企业带来直接的经济流入,而且还具有投资周期长,回报率低的特点。这就可能会影响企业财务状况,导致短期收益降低,风险厌恶的经理人往往没有足够的动力积极履行社会责任。而且,高管对公司控制很强,其不仅可能对社会责任投资资金进行掏空,还有可能为了私利,把应该投资于社会活动资金转而投向其他经济项目,从而影响民营企业社会责任绩效。② 基于此,本章提出如下研究假设。

假设 5.3:董事会多元化会通过影响董事会的监督决策对民营企业社会责任绩效产生正向影响。

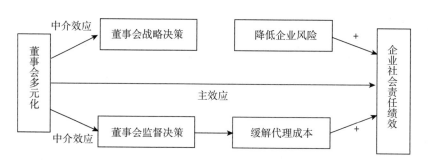

图 5.1 董事会多元化与企业社会责任绩效的影响机制:中介效应模型

---

① Canan C.Mutlu,Marc Van Essen,Mike W.Peng,Sabrina F.Saleh and Patricio Duran,"Corporate Governance in China:A Meta-analysis",*Journal of Management Studies*,55(6),2018,pp.943-979.

② Jie Chen,Woon Sau Leung and Marc Goergen,"The Impact of Board Gender Composition on Dividend Payouts",*Journal of Corporate Finance*,43,2017,pp.86-105.

二、模型设计与变量定义

为了检验董事会战略决策和董事多元化监督决策在董事会多元化与企业社会责任之间的中介作用,本章建立如下模型:

$$CSR_i = \beta_0 + \beta_1 BDI_i + \beta_2 Size_i + \beta_3 Si_i + \beta_4 Institution_i + \beta_5 Aud_i + \beta_6 Market_i + \beta_7 Pol_i + \varepsilon \tag{5.2}$$

$$Inter_i = \beta_0 + \beta_1 BDI_i + \beta_2 Size_i + \beta_3 Si_i + \beta_4 Institution_i + \beta_5 Aud_i + \beta_6 Market_i + \beta_7 Pol_i + \varepsilon \tag{5.3}$$

$$CSR_i = \beta_0 + \beta_1 BDI_i + \beta_2 Inter_i + \beta_3 Size_i + \beta_4 Si_i + \beta_5 Institution_i + \beta_6 Aud_i + \beta_8 Market_i + \beta_8 Pol_i + \varepsilon \tag{5.4}$$

其中,$Inter$ 为中介变量。参考希尔曼和道齐尔(2003)、阿拉特等(2015)的研究,本书选取企业财务杠杆(Lev)和企业现金持有水平(Cash)来衡量董事会的战略决策。选取代理成本(Cost)和高管持股比例(Manageown)来衡量董事会的监督决策。如果模型(5.3)中 BDI 的系数和模型(5.4)中 Inter 的系数都显著,并且模型(5.4)中 BDI 的系数比模型(5.2)中 BDI 的系数变小了,则可以认为 Inter 是 BDI 和 CSR 之间的中介变量(温忠麟,2004)。

三、董事会多元化与企业社会责任绩效的中介效应检验

(一)董事会战略决策的中介效应

为了检验董事会战略决策在董事会多元化与企业社会责任绩效之间的中介效应,本章对模型(5.2)—(5.4)进行了检验。回归结果如表 5.10 所示,列(2)显示,BDI 的系数在 1% 的水平上显著为负,列(3)显示,Lev 的系数在 1% 的水平上显著为负。这说明企业财务杠杆(Lev)会显著降低民营企业社会责任绩效(CSR),而董事会多元化(BDI)会显著降低财务杠杆(Lev)。并且,由列(1)和列(3)比较,在加入 Lev 这个中介变量后,BDI 的系数变小了。以上

回归结果说明财务杠杆(Lev)是董事会多元化与民营企业社会责任绩效之间的中介变量。同样,列(4)显示,BDI 的系数在 1% 的水平上显著为正,列(5)显示,Cash 的系数在 1% 的水平上显著为正。这说明企业现金持有(Cash)会显著增加企业社会绩效(CSR),而董事会多元化(BDI)会显著提高企业现金持有(Cash)。并且,由列(1)和列(5)相比较,在加入 Cash 这个中介变量之后,BDI 的系数变小了。因此,以上的实证结果验证了研究假设 5.2:董事会多元化通过影响董事会的战略决策对民营企业社会责任绩效产生了积极影响。具体而言,多元化的董事会采取风险更低的经营战略,这类企业往往有更加良好的财务状况,其可以应用于企业社会责任活动的资源也更加丰富,从而能够显著提高民营企业社会责任绩效。

表 5.10　董事会多元化战略决策的中介效应检验

Variables	(1)CSR	(2)Lev	(3)CSR	(4)Cash	(5)CSR
BDI	0.2690***	-0.0035***	0.2101***	0.0026***	0.2318***
	(0.0797)	(0.0009)	(0.0788)	(0.0006)	(0.0795)
Lev			-16.8141***		
			(1.3153)		
Cash					14.2576***
					(1.9285)
Size	5.2206***	0.0772***	6.5194***	-0.0248***	5.5735***
	(0.2622)	(0.0033)	(0.2808)	(0.0019)	(0.2640)
Institution	0.7109	0.0045	0.7858	-0.0060	0.7959
	(1.5058)	(0.0159)	(1.4844)	(0.0106)	(1.4898)
Indrate	0.5906	-0.0136	0.3615	0.0175	0.3412
	(4.2846)	(0.0493)	(4.1985)	(0.0350)	(4.2588)
Aud	3.3380	0.0032	3.3920	0.0084	3.2185
	(2.1927)	(0.0155)	(2.1464)	(0.0131)	(2.2200)
Market	0.3254**	-0.0067***	0.2127	0.0043***	0.2638*
	(0.1455)	(0.0017)	(0.1427)	(0.0011)	(0.1446)

续表

Variables	(1)CSR	(2)Lev	(3)CSR	(4)Cash	(5)CSR
Pol	−5. 1054	−0. 0106	−5. 2832	−0. 0452	−4. 4608
	(5. 6489)	(0. 0473)	(5. 8887)	(0. 0300)	(5. 6385)
Year	Yes	Yes	Yes	Yes	Yes
Industry	Yes	Yes	Yes	Yes	Yes
Constant	−88. 0202***	−1. 1399***	−107. 1867***	0. 6459***	−97. 2296***
	(6. 3271)	(0. 0964)	(6. 5162)	(0. 0466)	(6. 3555)
Observations	4142	4142	4142	4142	4142
R²	0. 1879	0. 3291	0. 2179	0. 2232	0. 0572

注:变量名含义同表5.2。 *** 、** 、* 为在 1%、5%、10% 水平下显著；括号内为经过异方差调整后的稳健的标准误。

(二)董事会监督决策的中介效应

为了检验董事会监督决策在董事会多元化与企业社会责任之间的中介效应,本章对模型 5.2—5.4 进行了检验。回归结果如表 5.11 所示,列(2)显示,BDI 的系数在 1%的水平上显著为负,列(3)显示,Cost 的系数在 1%的水平上显著为负。这说明代理成本(Cost)会显著降低民营企业社会责任绩效(CSR),而董事会多元化(BDI)会显著降低代理成本(Cost)。并且,由列(1)和列(3)相比较,在加入 Cost 这个中介变量之后,BDI 的系数变小了。以上回归结果说明代理成本(Cost)是董事会多元化与企业责任之间的中介变量。同样,列(4)显示,BDI 的系数在 1%的水平上显著为正,列(5)显示,Manageown 的系数在 1%的水平上显著为负。这说明高管持股(Manageown)会显著降低企业社会绩效(CSR),而董事会多元化(BDI)会显著提高企业高管持股(Manageown)。并且,由列(1)和列(5)相比较,在加入 Manageown 这个中介变量之后,BDI 的系数变小了。以上回归结果说明高管持股(Manageown)是董事会多元化与民营企业社会责任绩效之间的中介变量。所以,以上实证结果验证了研究假设 5.3:董事会多元化通过影响董事会的监督决策对民营企业社会责任绩效产生了积极影响。具体而言,多元化能够提升董事会对管理层的监督效率,又能够协调股东与管理层之间的利益,从而降低代理成本并提升企业社会绩效。

表 5.11 董事会监督决策的中介效应检验

Variables	(1)CSR	(2)Cost	(3)CSR	(4)Manageown	(5)CSR
BDI	0.2690***	−0.0031***	0.2554***	0.0157***	0.2468***
	(0.0797)	(0.0010)	(0.0797)	(0.0029)	(0.0799)
Cost			−4.4190***		
			(1.5266)		
Manageown					1.4124***
					(0.2835)
Size	5.2206***	−0.0504***	4.9978***	−0.0616***	5.3076***
	(0.2622)	(0.0060)	(0.2688)	(0.0085)	(0.2619)
Institution	0.7109	0.0059	0.7371	−0.5557***	1.4957
	(1.5058)	(0.0136)	(1.5021)	(0.0472)	(1.5227)
Indrate	0.5906	0.0264	0.7074	1.1136***	−0.9822
	(4.2846)	(0.0531)	(4.2728)	(0.1902)	(4.3052)
Aud	3.3380	0.0426***	3.5262	−0.0060	3.3464
	(2.1927)	(0.0129)	(2.2003)	(0.0581)	(2.1980)
Market	0.3254**	−0.0035	0.3101**	0.0155*	0.3035**
	(0.1455)	(0.0023)	(0.1452)	(0.0090)	(0.1451)
Pol	−5.1054	−0.0556	−5.3513	−0.1713***	−4.8635
	(5.6489)	(0.1004)	(5.5745)	(0.0660)	(5.6454)
Year	Yes	Yes	Yes	Yes	Yes
Industry	Yes	Yes	Yes	Yes	Yes
Constant	−88.0202***	1.2786***	−82.3702***	0.9927***	−89.4222***
	(6.3271)	(0.1506)	(6.5113)	(0.2130)	(6.3093)
Observations	4142	4142	4142	4142	4142
R^2	0.1879	0.1017	0.1920	0.1005	0.1906

注:变量名含义同表 5.2。***、**、*为在 1%、5%、10% 水平下显著;括号内为经过异方差调整后的稳健的标准误。

四、主要结论

战略职能和监督职能长期以来被认为是董事会的两个主要职能,大量的研究讨论了董事会战略职能和监督职能与企业经济绩效的关系。而笔者则检验了董事会战略决策和监督决策与企业社会绩效的关系。笔者发现,董事会战略职能与监督职能是董事多元化与民营企业社会责任绩效的中介变量。具体来说,笔者发现董事会多元化的民营企业往往会采取风险更低经营战略,这类企业的财务状况会表现得更好,其用来承担企业社会责任的资源也更多,所以这类企业往往有更好的社会绩效。笔者还发现董事会多元化有助于降低民营企业的代理成本。一方面,多元化的董事会能够更加有效的监督管理层去履行社会责任;另一方面,多元化的董事会能够平衡管理层和其他利益相关者的利益,从而增加民营企业社会责任绩效。笔者的研究为民营企业董事会治理提供了启示,即多元化能够提高董事会的治理效率。笔者的实证结果支持了本篇的研究假设,说明多元化有助于提高董事会治理效率。实证结果也支持阿拉特等(2015)的研究结论,董事会的监督职能是董事会多元化和企业绩效的中介变量。笔者发现,董事会多元化能够降低企业代理成本并且缓和管理层与股东利益冲突,从而使董事会更有效的监督管理层去履行企业社会责任。

我国民营企业由于缺乏社会责任意识而饱受利益相关者的诟病,如何提高民营企业社会责任绩效已经成为学术界和政策制定者广泛关注的问题。本章以2010—2016年民营上市公司为研究样本,实证检验了董事会多元化对民营企业社会责任绩效的影响及其作用机制。研究发现,董事会多元化有助于提升民营企业社会责任绩效,这一作用在民营企业所在地区市场化水平较低时更为显著。在解决了可能存在的内生性问题之后,本书的研究结论依然成立。进一步分析其影响机制后发现,董事会多元化通过影响民营企业董事会的战略决策和监督决策从而对企业社会责任绩效产生了积极影响,这为民营企业董事会多元化的治理效率有效性提供了重要的证据支持。菲利普·斯蒂尔斯(Stiles,2001)认为,尽管对董事会的研究在不断增加,但仍然缺乏对董事自身角色认知的实证研究以及对组织运行的影响,特别是对战略过程的影响。笔者发现董事会多元化能够降低企业财务杠杆和提高企业现金持有水平,这说明多元化对董事会的战略职能产生了影响。并且,多元化通过对董事会战略职能的影响,进一步影响了民营企业社会责任绩效。笔者的研究结果回应了对董事会研究的呼吁,加深了对于董事会自身角色的认知。

第六章　民营企业董事会多元化的
创新绩效效应研究

第一节　民营企业董事会多元化与创新绩效的
理论分析与研究假设

民营企业的发展推动着中国经济进步。习近平总书记2016年5月30日出席中国科协第九次全国代表大会时讲到：实施创新驱动发展战略是应对环境变化、把握发展自主权、提高核心竞争力的必然选择；是加快转变经济发展方式、破解经济发展深层次矛盾和发展问题的必然选择；是更好引领我国经济发展新常态、保持我国经济持续健康发展的必然选择。据统计，截至2017年年底，我国民营企业数量达2726.3万家，个体工商户达6579.3万户，注册资本超过165万亿，民营经济对国家财政收入的贡献占比超过50%；GDP、固定资产投资和对外直接投资占比超过60%；技术创新和新产品占比超过70%；吸纳城镇就业超过了80%；对新增就业贡献的占比超过90%。因此，民营企业的创新绩效具有举足轻重的地位。在创新引领的时代中，企业自主创新能力的不断提升，是我国构建现代化技术创新体系，推动经济由高速增长转向高质量发展的重要微观基础。此外，中美经贸摩擦对上市公司既是挑战又是机遇，企业要加大创新力度，不断提高产品市场竞争力，在推动经济增长和自身高质量发展中发挥"头雁效应"。

　　然而,由于创新本身的复杂性与结果的不确定性,企业在进行创新决策时会受到各种因素的干扰。因此企业创新绩效的影响因素受到学术界的广泛关注。已有研究表明,企业创新绩效的影响因素主要可以分为以下三类:宏观层面,比如政府补贴、政策不确定性;①中观层面,比如地区宗教程度、当地赌博倾向以及行业市场竞争程度;②微观层面,比如企业融资约束、企业风险投资者的来源和金融分析师为了实现短期目标带给管理层的压力等企业行为因素、③CEO特征、CEO过度自信和股权结构等公司治理机制因素。④ 其中,作为公司最高

---

　　① 宋鹏:《我国政府研发补贴与企业创新绩效及研发能力关联性研究》,《软科学》2019 年第 5 期。Utpal Bhattacharya,Po-Hsuan Hsu,Xuan Tian and Yan Xu,"What Affects Innovation More:Policy or Policy Uncertainty?", *Journal of Financial and Quantitative Analysis*, 52（5）, 2017, pp. 1869-1901.

　　② Dan Huang,Dong Lu and Jin-hui Luo,"Corporate Innovation and Innovation Efficiency:Does Religion Matter?", *Nankai Business Review International*, 7（2）, 2016, pp. 150-191. Gilles Hilary and Kai Wai Hui,"Does Religion Matter in Corporate Decision Making in America?" *Journal of Financial Economics*, 93（3）, 2009, pp. 455-473. Binay Kumar Adhikaria and Anup Agrawal,"Religion,Gambling Attitudes and Corporate Innovation", *Journal of Corporate Finance*, 37, 2016, pp. 229-248. Yangyang Chen, Edward Podolski,S.Ghon Rhee and Madhu Veeraraghavan,"Local Gambling Preferences and Corporate Innovative Success", *Journal of Financial and Quantitative Analysis*, 49（01）, 2014, pp. 77-106.

　　③ Meghana Ayyagari,Asli Demirgueg-Kunt and Vojislav Maksimovic,"Firm Innovation in Emerging Markets:The Role of Finance, Governance, and Competition", *Journal of Financial and Quantitative Analysis*, 46（6）, 2011, pp. 1545-1580. 孙博、刘善仕、姜军辉、葛淳棉、周怀康:《企业融资约束与创新绩效:人力资本社会网络的视角》,《中国管理科学》2019 年第 4 期。Thomas J. Chemmanur,Elena Loutskina and Xuan Tian,"Corporate Venture Capital, Value Creation, and Innovation", *Review of Financial Studies*, 27（8）, 2014, pp. 2434-2473. Jie He and Xuan Tian,"The Dark Side of Analyst Coverage:The Case of Innovation", *Journal of Financial Economics*, 109（3）, 2013, pp. 856-878.

　　④ Chen Lin,Ping Lin,Frank M.Song and Chuntao Li,"Managerial Incentives,CEO Characteristics and Corporate Innovation in China's Private Sector", *Journal of Comparative Economics*, 39（2）, 2011, pp. 176-90. David A. Hirshleifer, Angie Low and Siew Hong Teoh,"Are Overconfident CEOs Better Innovators?", *The Journal of Finance*, 67（4）, 2012, pp. 1457-1498. Meghana Ayyagari, Asli Demirgueg-Kunt and Vojislav Maksimovic,"Firm Innovation in Emerging Markets:The Role of Finance,Governance,and Competition", *Journal of Financial and Quantitative Analysis*, 46（6）, 2011, pp. 1545-1580. Peggy M.Lee and Hugh M.O'Neill,"Ownership Structures and R & D Investments of U. S.and Japanese Firms:Agency and Stewardship Perspectives", *The Academy of Management Journal*, 46（2）, 2003, pp. 212-225.

决策主体的董事会是公司治理机制的核心,对企业决策的制定具有关键作用。

目前,董事会多元化逐渐成为企业董事会治理的发展趋势。一方面,新兴市场的企业面对不稳定的经济政策环境,董事会对多元化人才的需求日益增加;另一方面,人们面对竞争激励的工作环境,极力提升自身人力资本,从而增加多元化董事人才的供给。此外,在 2018 年 9 月,《上市公司治理准则》也提出董事会多元化的政策建议,使得董事会多元化成为完善公司治理体制需要考虑的一个方向。但是,董事会多元化对企业行为之一创新绩效的影响机制如何,目前的研究较少,且尚未得出一致的结论。因此,在"大众创业,万众创新"的政策背景下,有必要对董事会多元化特征与企业创新绩效之间的影响机制进行研究。

关于董事会多元化对企业创新绩效的作用机制中董事会成员特征的侧重点尚未达成一致结论。较多研究单独研究董事会资本、人口异质性等特征与企业创新绩效之间的影响关系,较少关注多元化特征,并且董事会资本多元化的分类依据也存在差别。① 现有研究中,范建红和陈怀超(2010)单独研究董事会的连锁背景和政治背景两个社会资本;周建和李小青(2012)从职能背景、行业背景以及教育程度三个角度分析董事会认知异质性;张维今等(2018)将董事会资本分为教育和行业经验的人力资本以及连锁董事背景的社会资本;李玲等(2018)在周建和李小青(2012)分类基础上用学术背景替换行业背景分析董事会认知异质性。同时,加利亚和泽诺(2012)选取法国公司作为样本,发现董事会性别和年龄等人口特征对创新绩效的正向影响;米勒等(2009)研究财富 500 强企业,发现董事的种族和性别对企业创新具有正向作用,进而间接提升企业绩效。

董事会成员作为个体往往具备多方面的属性特征,并且每个成员的特征之间可能存在相互干扰,因此为了弥补上述单个指标研究结论的不足,本章从

---

① Heng An, Carl R. Chen, Qun Wu and Ting Zhang, "Corporate Innovation: Does Diverse Board Help?", *Journal of Financial and Quantitative Analysis*, Forthcoming, 2019.

董事会多元化的三个维度进行描述,即董事会成员人口特征、人力资本和社会资本。① 同时,研究董事会多元化与企业业绩的关系的文献较多,但是与企业创新绩效的直接影响的文献相对较少,部分研究将其作为企业业绩的中介变量以及作为影响路径探讨分析董事会多元化与企业业绩的关系。② 目前,民营企业贡献了70%以上的技术创新成果,已经成为技术创新的重要力量,在创新路径中起到了"领头羊"作用。③ 此外,梅加娜·艾亚加里、阿斯利·德米尔古格·昆特和沃伊斯拉夫·马克西莫维奇(Ayyagari et al.,2011)认为企业产权性质会影响企业创新绩效,研究发现相比国有企业独享的政策优惠,民营企业能否通过开放创新、提高企业吸收能力、整合企业知识资源从而提升创新绩效成为企业发展关键。此外,高华生、徐宝轩、李凯(Gao et al.,2018)认为民营企业的专利范围更广,更具探索性。为了排除产权性质带来的干扰,本书只选取在科技创新具有重要贡献的民营制造业作为样本研究董事会多元化对企业创新绩效的影响。此外,制造业具有较高的高度自由裁量权,因此可以更

---

① Amy J.Hillman and Thomas Dalziel,"Boards of Directors and Firm Performance:Integrating Agency and Resource Dependence Perspectives", *Academy of Management Review*, 28(3),2003, pp. 383-396.Scott Johnson, Karen Schnatterly and Aaron Hill,"Board Composition Beyond Independence:Social Capital, Human Capital, and Demographics", *Journal of Management*, 39(1), 2013, pp. 232-262.

② Melsa Ararat,Mine Aksu and Ayse Tansel Cetin,"How Board Diversity Affects Firm Performance in Emerging Markets:Evidence on Channels in Controlled Firms", *Corporate Governance:An International Review*,23(2),2015,pp. 83-103.Chih-shun Hsu, Wei-hung Lai and Sin-hui Yen,"Boardroom Diversity and Operating Performance:The Moderating Effect of Strategic Change", *Emerging Markets Finance and Trade*,55(11),2019,pp. 2248-2472.Cristian Pinto-Gutiérrez,Carlos Pombo and Jairo Villamil-Díaz,"Board Capital Diversity and Firm Value:Evidence from Latin-America", *Working Paper*, 2018.Heng An,Carl R.Chen, Qun Wu, and Ting Zhang,"Corporate Innovation:Does Diverse Board Help?", *Journal of Financial and Quantitative Analysis*,forthcoming,2019.Toyah Miller and María Del Carmen Triana,"Demographic Diversity in the Boardroom:Mediators of the Board Diversity-Firm Performance Relationship", *Journal of Management Studies*, 46(5), 2009, pp. 755-786. Mariassunta Giannetti and Mengxin Zhao,"Board Ancestral Diversity and Firm-Performance Volatility", *Journal of Financial and Quantitative Analysis*,54(3),2019,pp. 1117-1155.

③ 刘博、张多蕾、刘海兵:《高管团队社会资本断裂与企业创新能力关系研究——CEO权力的调节作用》,《华东经济管理》2018年第7期。

好发挥董事会多元化的治理优势作用。[①]

一、董事会多元化与企业创新绩效的理论基础与研究假设

（一）理论基础

高阶理论强调企业高层的经验、价值观和性格等影响其对外部环境的认知和解读，进而会影响企业战略及其绩效。[②] 高管与董事会对公司的资源分配、绩效以及战略决策均负有责任，并且董事的经验、认知和价值观等的不同反过来也将会影响企业效果，因此董事会同样适用于此理论。目前，董事会特征对企业创新的研究主要依据高阶理论。[③] 董事的教育背景、职业背景、海外背景等人力资本特征以及年龄、性别等人口特征都会影响个人的信念、价值观、认知偏差和风险态度。比如，吉安内蒂和赵梦欣（2019）研究发现拥有多元化董事会的公司制定的战略与同行业战略不同；伯尼尔等（2018）研究发现多元化董事通过制定更有力的政策选择，降低财务风险，提高企业创新活动效率。综上，董事会多元化提供的多元化资本影响企业创新绩效。

此外，学者对董事会的研究大部分基于委托代理理论，[④]他们认为随着企业所有权和经营权的分离，企业管理者作为企业所有者的代理人存在自利动机和信息优势，董事会的首要职能就是代表委托人监督和控制管理者的行为。

---

① Runtian Jing, Xuelian Huang and Zeyu Wang, "Assessing Managerial Discretion across Different Industries in China", *Frontier Business Research China*, 8(1), 2014, pp. 98-11.

② Donald C. Hambrick and Phyllis A. Mason, "Upper Echelons: The Organization as a Reflection of Its Top Managers", *Academy of Management Review*, 9(2), 1984, pp. 193-206.

③ Corinne Post and Kris Byron, "Women on Boards and Firm Financial Performance: A Meta-analysis", *Academy of Management Journal*, 58(5), 2015, pp. 1546-1571. 李玲、白昆艳、张巍：《董事会异质性、组织冗余与企业创新战略》，《科技管理研究》2018年第2期。刘凤朝、默佳鑫、马荣康：《高管团队海外背景对企业创新绩效的影响研究》，《管理评论》2017年第7期。宋建波、文雯：《董事的海外背景能促进企业创新吗？》，《中国软科学》2016年第11期。

④ Michael C. Jensen and William H. Meckling, "Theory of the Firm: Managerial Behavior, Agency Costs, and Ownership Structure", *Journal of Financial Economics*, 3(4), 1976, pp. 305-360.

董事会多元化可以增加董事会审查高管决策力度,提高董事会监督效应,降低企业代理成本,提高企业绩效。[1] 创新决策是一个相对风险较高的长期投资决策。然而,高管为了达到股东的考核指标,更关注短期利益,对创新投资积极性较低,倾向于选择次优策略。董事会多元化通过对高管决策的监督,提供创新决策建议,降低代理成本。因此,董事会监督效率与企业创新决策过程具有密切关系,进而影响企业创新绩效。

(二)董事会成员特征

1.董事性别与企业创新绩效

在中国传统性别观念的影响下,董事会性别差异将会导致高管在认知模式和管理风格方面存在差别。已有研究发现,女性董事可以为公司董事会治理带来优势,主要表现为促进企业合法化,更具有民主性和参与性,以及积极履行监督职能、提升董事会独立性。[2] 陈世民、徐妮和汤佳美(Chen et al.,2016)研究美国样本,发现女性董事提高了企业风险管理质量,降低研发支出风险。此外,相比男性,女性更加保守、厌恶风险,因此女性董事将会保留更多的现金资产,制定风险较低的创新战略,增加创新成功的可能性。[3] 因此,提升董事会性别多元化水平有利于中国民营企业创新绩效的提高。

2.董事年龄与企业创新绩效

较大的年龄差异容易引发情感冲突。一方面,年龄大的董事更可能倾向

① Melsa Ararat, Mine Aksu and Ayse Tansel Cetin, "How Board Diversity Affects Firm Performance in Emerging Markets: Evidence on Channels in Controlled Firms", *Corporate Governance: An International Review*, 23(2), 2015, pp. 83-103.

② Amy J. Hillman, Christine Shropshire and Albert A. Cannella, "Organizational Predictors of Women on Corporate Boards", *Academy of Management Journal*, 50(4), 2007, pp. 941-952. Xingqiang Du, Shaojuan Lai and Hongmei Pei, "Do Women Top Managers always Mitigate Earnings Management? Evidence from China", *China Journal of Accounting Studies*, 4(3), 2016, pp. 308-338. Shamsul Nahar Abdullah, "The Causes of Gender Diversity in Malaysian Large Firms", *Journal of Management and Governance*, 18(4), 2014, pp. 1137-1159.

③ Emilia Peni and Sami Vähämaa, "Female Executives and Earnings Management", *Managerial Finance*, 36(7), 2010, pp. 629-645.

风险规避战略,追求安稳发展,降低创新强度。另一方面,年龄代表董事经验,年龄大的决策者具有丰富的阅历,更好把握企业发展机遇,全面评估企业可能面临的风险,提高创新效率。① 但是,在中国传统年龄观念背景下,董事会年龄异质性,即董事会成员年龄差异较大,导致群体决策时产生情感冲突,进而降低团队效能和团队创造力,最终带来企业创新效率下降。② 综上,董事会中年龄异质性可能降低企业创新绩效。

3. 董事海外背景与企业创新绩效

伴随着地方政府海归人才引进政策的陆续推出以及国家创新型战略的实施,董事会中海归人才比例日益增加。首先,海归董事具有广博的知识、丰富的阅历以及广泛的国际视野进而能够提升企业创新绩效。③ 其次,刘凤朝等(2017)认为海外背景高管在个体层面可以带来国际化的思维方式和管理理念,深化企业的知识构建;同时,在网络层面可以带来国际关系网络,有利于整合国内外资源。最后,高管更高的海外背景异质性有助于企业战略变革,促进制定国际多元化战略,提高企业投资效率。④ 综上,具有多元化海外背景的董事会将积极促进企业创新。⑤

---

① Fabrice Galia and Emmanuel Zenou, "Board Composition and Forms of Innovation: Does Diversity Make a Difference?", *European Journal of International Management*, 6(6), 2012, pp. 630-650.

② 周明建、潘海波、任际范:《团队冲突和团队创造力的关系研究:团队效能的中介效应》,《管理评论》2014 年第 12 期。Mariassunta Giannetti and Mengxin Zhao, "Board Ancestral Diversity and Firm-Performance Volatility", *Journal of Financial and Quantitative Analysis*, 54(3), 2019, pp. 1117-1155.

③ 宋建波、文雯:《董事的海外背景能促进企业创新吗?》,《中国软科学》2016 年第 11 期。

④ Rakesh B.Sambharya, "Foreign Experience of Top Management Teams and International Diversification Strategies of U.S.Multinational Corporations", *Strategic Management Journal*, 17(9), 2015, pp. 739-746.代昀昊、孔东民:《高管海外经历是否能提升企业投资效率》,《世界经济》2017 年第 1 期。

⑤ Xiaohui Liu, Jiangyong Lu, Igor Filatotchev, Trevor Buck and Mike Wright, "Returnee Entrepreneurs, Knowledge Spillovers and Innovation in High-tech Firms in Emerging Economies", *Journal of International Business Studies*, 41(7), 2010, pp. 1183-1197.

4. 董事教育背景与企业创新绩效

教育背景代表董事成员的教育程度,一定程度上反映个人的认知基础、能力和价值观念,这些将会对企业行为产生影响。已有研究较多认为董事会教育程度越高,对知识和信息识别、获取、开发、分解和使用的能力越强,能以更加客观和理性的态度面对创新风险,增加企业制定创新战略的概率,提升企业创新效率。[①] 但是,刘凤朝等(2017)认为在中国目前的经济社会制度转型情境下,海外背景高管和本土高管的教育水平差异也将会增加情感冲突而导致团队凝聚力降低,决策质量下降,最终影响企业创新绩效。李玲等(2018)、李长娥和谢永珍(2016)研究发现教育水平的异质性对创新战略具有负向作用,主要是因为群体受教育程度差异过大,会阻碍团队间的有效沟通和交流,难以就相关问题达成共识,而同质性的受教育程度更有利于提高决策效率。因此,在中国新兴市场背景下,董事会较大的学历异质性会抑制企业创新绩效。

5. 董事职业背景与企业创新绩效

职业背景作为高管人力资本的一项重要指标已经被广泛研究。葛纳等(2008)研究具有财务专业知识的董事比如金融专家,对公司决策产生重大影响,但是不一定符合股东利益。胡元木和纪端(2017)认为技术专家型董事,比如具有研发、管理及财务等技术背景的专家董事,与其他董事成员具有"协同"效应,同时受到自身的"专家效应"与"声誉效应"的激励,在董事会决策制定中表现出"顾问效应"和"网络效应",因此将对企业的创新效率产生显著的促进作用,进而提升企业绩效。此外,崔也光等(2018)认为技术背景独立董事的存在对各个阶段企业的研发投入均具有促进作用。周建和李小青(2012)认为异质性的职能背景能够带来广博的知识和不同的视角,通过激发

[①] 周建、李小青:《董事会认知异质性对企业创新战略影响的实证研究》,《管理科学》2012年第6期。Meghana Ayyagari, Asli Demirgueg-Kunt and Vojislav Maksimovic, "Firm Innovation in Emerging Markets:The Role of Finance, Governance, and Competition", *Journal of Financial and Quantitative Analysis*, 46(6), 2011, pp. 1545–1580.

建设性辩论和认知冲突,有助于克服决策偏差,提高决策质量。他们认为异质性的职业背景通过影响对企业创新因素的全面、系统认识,从而有利于降低创新战略面临的风险,提高企业创新效率。因此,在中国背景下,董事会职业背景异质性将对创新策略的制定以及创新绩效产生积极作用。

6. 董事学术背景与企业创新绩效

李玲等(2018)通过高层阶梯理论分析发现,具有不同学术背景的董事在进行决策时,会根据各自在学术工作中所获取的信息和经验,对企业所处的内外部环境进行较为科学和严谨的分析,形成对面临风险的全面认识,增强董事会对技术创新的信心进而对创新战略具有正向影响。弗朗西斯等(2015)研究发现学术型董事通过其监督和建议职能发挥重要的战略作用,可以提高企业专利数量。克雷格·彼得森和詹姆斯·菲尔波特(Peterson and Philpot, 2009)认为学术董事可以增加董事会人口多样性,增加公司治理资本,是公司任命董事会成员的独特理由。杜剑和于芝麦(2019)发现学术型独立董事具有声誉效应,声誉越高,企业股价崩盘风险降低越明显,进而保障企业创新资金来源。崔也光等(2018)研究发现学术/科研背景独立董事对成长期、成熟期企业研发强度促进作用最明显。沈艺峰等(2016)发现学术背景的独立董事在研发投资上不仅存在咨询的作用,也可能起到技术创新的传递信号的作用,因此积极促进上市公司研发投入。综上,学术背景多元化的董事会将会对企业创新决策制定产生重要作用。

7. 董事连锁董事与企业创新绩效

连锁董事是指董事个人同时在多家企业董事会任职而带来的企业外部关系网络。段海艳(2012)认为连锁董事与其他企业建立较多的直接关系,借助参与其他企业董事会会议,通过相互交流获得外部创新知识,节省认知成本和交易成本,同时获得更多的创新机会,进而促进企业创新。[1] 但是,范建红和

---

① 张维今、李凯、王淑梅:《CEO 权力的调节作用下董事会资本对公司创新的内在机制影响研究》,《管理评论》2018 年第 4 期。

陈怀超(2015)认为连锁董事代表着董事网络嵌入程度,嵌入程度过深,将会阻碍创新所需的多元化信息的获取,并且更容易将远距离董事会的有效消息过滤掉,产生认知锁定,阻碍董事会对新观点的思考能力,进而对研发投资产生负向影响。此外,繁忙的董事导致公司治理薄弱。卡兹马雷克等(2014)认为董事兼任太多公司董事会席位而不能有效监督管理层,导致代理成本上升;并且董事的外部董事关系带来的阶层凝聚力可能阻碍变革和创新。因此,在中国民营企业背景下,笔者认为连锁董事异质性对企业创新产生负向影响。

8.董事政府背景与企业创新绩效

在中国社会,与政府建立联系对民营企业更有价值,特别是家族企业的二代继承,可帮助企业获取贷款、缓解现金流压力和抑制投资不足。[①] 范建红和陈怀超(2015)认为具有政府背景的董事将会为董事会和企业提供独特信息和资源,进而提升企业的创新强度。他们认为与政府建立联系的优势主要表现为三个方面:一是为企业获得研发资金支持;二是提供良好法律保障激励企业加大研发投入;三是顺应政策导向,与政府建立联系使得企业获得政府更多的认可和有利资源,更可能在运营决策中加大研发投入。此外,管理层具有寻租心理和机会主义倾向时,会将企业有限资源投入到与政府建立密切关系中,使得企业创新动力不足,表现为较低的创新产出和较高的研发投入,创新绩效下降。[②] 因此,政府背景的异质性对企业创新的影响具有不确定性。

(三)董事会多元化与企业创新绩效

创新投资具有风险性和特殊性,表现为存在较高的失败概率导致较高的

---

① Nianhang Xu, Qingbo Yuan, Xuanyu Jiang and Kam C. Chan, "Founder's Political Connections, Second Generation Involvement, and Family Firm Performance: Evidence from China", *Journal of Corporate Finance*, 33, 2015, pp. 243 – 259. Nianhang Xu, Xinzhong Xu and Qingbo Yuan, "Political Connections, Financing Friction, and Corporate Investment: Evidence from Chinese Listed Family Firms", *European Financial Management*, 19(4), 2013, pp. 675–702.

② 宋建波、文雯:《董事的海外背景能促进企业创新吗?》,《中国软科学》2016年第11期。

成本;同时,投资成功将会提高企业竞争力以及整体声誉,导致较高的回报。因此创新决策是决策者制定战略过程中最为谨慎以及股东最为关心的决策行为。宏观层面上,国家政策不确定性对企业创新产生消极影响。① 中观层面上,基于创新投资高风险高收益的特征,较多学者将创新投资与彩票类比,研究发现地区宗教代表的当地赌博偏好促进企业创新活动;②但是,黄丹、董路和罗金辉(Huang et al.,2016)和吉列·希拉里与许启伟(Hilary and Hui,2009)认为企业注册地宗教氛围较为浓厚,则会导致企业风险规避效应明显,进而导致投资不足,创新强度下降;此外,赵子乐和林建浩(2019)研究发现地区的海洋文化有助于企业创新。现有学者主要从公司治理层面分析企业创新投资的微观影响因素。比如,马骏等(2019)认为私营企业家自身地位感知是影响其所在企业进行创新投入的关键因素之一;大卫·A.赫什利弗、徐宝轩和李冬梅(Hirshleifer et al.,2013)研究发现拥有过度自信的 CEO 的公司获得更多的专利和专利引用,并获得更大的创新成功;赵旭峰和温军(2011)研究董事会结构特征对创新的影响。可见,对董事会多元化的创新绩效优势研究较少,接下来进行分析两者之间的影响机制。

笔者认为董事会多元化对创新决策的有利影响具体表现为以下两个方面。第一,董事会多元化可能促进企业创新战略决策制定。基于高层阶梯理论,多元化董事会带来的多元化思维,增加董事会制定战略决策的信息广度,同时增大企业审查力度,降低创新失败风险。图格尔等(2010)发现人口统计特征的更大异质性可能导致更多样化的信息来源和观点,导致创新性讨论时

① Utpal Bhattacharya,Po-Hsuan Hsu,Xuan Tian and Yan Xu,"What Affects Innovation More: Policy or Policy Uncertainty?", *Journal of Financial and Quantitative Analysis*, 52 (5), 2017, pp. 1869-1901.

② Binay Kumar Adhikaria and Anup Agrawal,"Religion,Gambling Attitudes and Corporate Innovation", *Journal of Corporate Finance*, 37, 2016, pp. 229-248. Yangyang Chen,Edward Podolski,S. Ghon Rhee and Madhu Veeraraghavan,"Local Gambling Preferences and Corporate Innovative Success", *Journal of Financial and Quantitative Analysis*, 49(01), 2014, pp. 77-106.

间更长;安衡等(2019)发现多元化董事会倾向于跳出思维,鼓励企业辩论和审查文化,帮助企业设计和实施更具探索性的创新战略,促进企业创新。同时,董事会多样化将有利于企业调节群体决策,增强企业内部治理,使得企业面临的决策风险降低,进而增加企业创新成功的可能性。① 海恩斯和希尔曼(2010)研究发现董事会资本广度与企业创新战略变革积极相关,促进企业创新绩效的提升。周建和李小青(2012)认为同质性的董事职能背景产生高水平团队凝聚力,其团队成员保持一致性的压力会阻碍创新。

第二,多元化的董事会可能降低企业代理成本,缓解内部控制和隧道效应。首先,董事会多元化可以增强董事会监督管理层的作用,降低内部人控制对企业创新决策的影响。由于女性董事更加勤勉,积极监督高管层的决策和行为,因此董事会性别多元化提升董事会监督职能。② 并且,受过高等教育、具有海外背景或者研发等工作经历的董事,凭借自身的独特人力资本,降低与管理层之间的信息不对称,为高管提供创新决策的高效建议,增加创新战略成功概率。其次,董事会多元化降低大股东的利益掏空行为,防止隧道效应引发创新投资不足。中国目前普遍存在"一股独大"的情况,民营企业中家族控股居多,并且目前中国投资者保护机制不健全,因此大股东损害中小股东利益的隧道掏空行为屡见不鲜。比如 2018 年康得新复合材料集团股份有限公司(002450)的大股东兼实际控制人钟玉掏空上市公司资金高达 122 亿元,减少企业创新投资资金。多元化董事可以从多方面进行监管,预防和识别大股东的隧道效应,合理分配企业资金。综上,董事会多元化可能降低企业代理成本,增强创新决策制定以及创新实施可能性,进而提高企业创新绩效的提升。

但是董事会多元化也存在成本。由于董事会成员认知框架不同,产生更

---

① Gennaro Bernile, Vineet Bhagwat and Scott Yonker, "Board Diversity, Firm Risk, and Corporate Policies", *Journal of Financial Economics*, 127, 2018, pp. 588-612.

② Renée B. Adams and Daniel Ferreira, "Women in the Boardroom and Their Impact on Governance and Performance", *Journal of Financial Economics*, 94(2), 2009, pp. 291-309.

多冲突进而降低群体凝聚力,产生群体断裂带,破坏成员之间的信任关系。[1]此外,董事会多元化会增加企业代理成本。[2] 尽管如此,作为经济政策不稳定的新兴市场,中国又是一个以关系为基础的社会。[3] 因此,在中国特定的经济背景下,团队多元化带来的好处不仅能抵消其消极影响,还能为团队带来更多收益。多元化的董事会带来的关系网络以及经验资源能够帮助企业高效的制定创新决策。

假设6.1:在其他条件不变的情况下,董事会多元化促进企业创新绩效的提升。

二、数据来源与模型设计

(一)数据来源

本书以2010—2016年中国制造行业民营上市公司为样本进行研究。本书的数据来源主要为:董事特征数据以及CEO特征数据主要来源于国泰安的上市公司人物特征数据库,同时依据新浪财经中公司高管信息补充缺失特征数据,并且手工核对巨潮资讯网披露的公司年报,确保数据来源准确性;企业研发投入、公司特征、公司治理数据均来自国泰安数据库;各省份市场化总指数和法律制度环境指数来源于王小鲁等(2018)的《中国分省企业经营环境指

---

①　Christopher S.Tuggle, Karen Schnatterly and Richard A.Johnson, "Attention Patterns in the Boardroom: How Board Composition and Processes Affect Discussion of Entrepreneurial Issues", *Academy of Management Journal*, 53(3), 2010, pp. 550-571. 严若森、朱婉晨:《女性董事、董事会权力集中度与企业创新投入》,《证券市场导报》2018年第6期。

②　Szymon Kaczmarek, Satomi Kimino and Annie Pye, "Antecedents of Board Composition: The Role of Nomination Committees", *Corporate Governance an International Review*, 20(5), 2012, pp. 474-489. Pei Sun, Helen W.Hu and Amy J.Hillman, "The Dark Side of Board Political Capital: Enabling Blockholder Rent Appropriation", *Academy of Management Journal*, 59(5), 2016, pp. 1801-1822.

③　Yadong Luo, Ying Huang and Stephanie Lu Wang, "Guanxi and Organizational Performance: A Metaâ-Analysis", *Management and Organization Review*, 8(1), 2012, pp. 139-172.

数 2017 年》;专利授予数据来自国家知识产权局。为了保证数据的完整性和可靠性,剔除以下样本:金融类上市公司;被标准 ST、ST＊和 S＊ST 的样本;其他数据缺失的样本。最终参与模型回归有 1939 个样本。此外,本书在所有模型回归过程中,对主要连续变量 1%与 99%分位数进行缩尾处理,保证结果的可靠性。本书采用 Stata 14 进行实证分析。

(二)变量定义

1. 被解释变量

现有研究经常采用研发支出等创新投入指标,或专利授权数目、专利引用数目以及创新产品销售额等创新产出指标。[①] 与之不同的是,本书主要考察企业的创新能力,采用同时衡量创新投入和产出的衡量指标——创新效率。已有文献大多只考虑董事会资本对研发支出的影响,但是由于创新决策具有较高风险性,研发支出不一定带来创新产出,故此指标不能很好代表创新绩效。[②] 已有的创新绩效衡量方式有主营业务增长率、托宾 Q 等,但是上述衡量方式在一定程度上放大了创新绩效数据。[③] 因此,本书借鉴赫什利弗等(2013)的创新效率衡量方法,结合创新投入和创新产出构建创新能力指标,具体为当年专利授予数量与研发支出比值加 1 的自然对数,经济含义为单位研发支出有效转化的专利授权数量。

---

① Chen Lin, Ping Lin, Frank M. Song and Chuntao Li, "Managerial Incentives, CEO Characteristics and Corporate Innovation in China's Private Sector", *Journal of Comparative Economics*, 39(2), 2011, pp. 176-190. 赵子乐、林建浩:《海洋文化与企业创新——基于东南沿海三大商帮的实证研究》,《经济研究》2019 年第 2 期。刘凤朝、默佳鑫、马荣康:《高管团队海外背景对企业创新绩效的影响研究》,《管理评论》2017 年第 7 期。宋鹏:《我国政府研发补贴与企业创新绩效及研发能力关联性研究》,《软科学》2019 年第 5 期。

② 范建红、陈怀超:《董事会社会资本对企业研发投入的影响研究——董事会权力的调节效应》,《研究与发展管理》2015 年第 5 期。

③ 段海艳:《连锁董事、组织冗余与企业创新绩效关系研究》,《科学学研究》2012 年第 4 期。Dan Huang, Dong Lu and Jin-hui Luo, "Corporate Innovation and Innovation Efficiency: Does Religion Matter?", *Nankai Business Review International*, 7(2), 2016, pp. 150-191.

2.解释变量

解释变量的衡量方式同第四章第一节。

3.控制变量

本书根据安衡等(2019)、艾亚加里等(2011)、黄丹等(2016)等的研究模型,控制可能影响企业创新绩效的三个层面的变量。第一,企业层面:资产规模(SIZE)反映企业自身资源,决定了企业的获取内外部资源和抓住投资机会的能力。[1] 小规模企业的组织能力和资源实力较弱,受到的约束更多,战略选择空间较小;大规模企业在社会资源、市场占有率和控制力等方面都比小企业有优势,企业战略选择空间更大,风险承受能力更强,有助于更好开展企业创新活动。[2] 资产负债率(Lev)代表企业外部融资的能力,为企业创新投资提供资金支持促进企业创新,带来更高的增长率。[3] 资产收益率(ROA)反映企业的盈利情况,提高企业创新竞争力的要求。第二,公司治理层面:第一大股东持股比例(Topone)代表股权集中情况,较为集中的股权可能由于隧道效应追求私利、规避风险进而限制企业的创新投入。[4] 机构投资者持股(Institution)代表机构投资者所有权,克里斯托弗·S.图格尔、凯伦·施纳特利和理查德·约翰逊(Tuggle et al.,2010)研究表明,机构投资者对董事会施加相当大的压力来监督高层管理人员,束缚了董事会决策自由,会对企业创新战略产生负向

① Chih-shun Hsu, Wei-hung Lai and Sin-hui Yen, "Boardroom Diversity and Operating Performance: The Moderating Effect of Strategic Change", *Emerging Markets Finance and Trade*, 55(11), 2019, pp. 2248-2472.

② Yunshi Liu, Yi-Jung Chen and Linda C. Wang, "Family Business, Innovation and Organizational Slack in Taiwan", *Asia Pacific Journal of Management*, 34(1), 2017, pp. 193-213.

③ Meghana Ayyagari, Asli Demirgueg-Kunt and Vojislav Maksimovic, "Firm Innovation in Emerging Markets: The Role of Finance, Governance, and Competition", *Journal of Financial and Quantitative Analysis*, 46(6), 2011, pp. 1545-1580.

④ Yunshi Liu, Yi-Jung Chen and Linda C. Wang, "Family Business, Innovation and Organizational Slack in Taiwan", *Asia Pacific Journal of Management*, 34(1), 2017, pp. 193-213.

影响。董事会规模(Bsize)越大,将越抑制全体创新决策,降低创新产出。[①]董事会独立性(Indrate)高,可以更好监督董事会决策为股东利益服务,企业创新将会增加股东价值,进而促进企业创新。第三,地区制度环境:地区市场化指数(Market)。在市场化水平较高的地区,政府控制稀缺资源和干预企业运营的程度相对较低,政府职能更多地体现出服务性特征,相对完善的法律体系和明晰的产权制度可以降低政策的不确定性,此时企业从事创新活动的概率增加,可以较好地保护知识产权。[②]

本节实证检验的全部变量的定义见表6.1。

表6.1 变量定义

变量名称	定义	计算方法
被解释变量:		
IE	创新效率	当年专利授予数量与研发支出比值加上1的自然对数
解释变量:		
BDI	董事会多元化	见表3.1
控制变量:		
ROA	资产收益率	净利润/平均资产总额
Size	资产规模	Ln(资产+1)
Lev	资产负债率	总负债/总资产
Topone	第一大股东持股	第一大股东持股/总股数
Institution	机构投资者持股	机构投资者持股/总股数
Bsize	董事会规模	董事会总人数取自然对数
Indrate	董事会独立性	独立董事/总董事人数
Market	地区市场化指数	企业总部所在省份观测年度的市场化总指数

---

① Mariassunta Giannetti and Mengxin Zhao, "Board Ancestral Diversity and Firm-Performance Volatility", *Journal of Financial and Quantitative Analysis*, 54(3), 2019, pp. 1117−1155.

② 马骏、罗衡军、肖宵:《私营企业家地位感知与企业创新投入》,《南开管理评论》2019年第2期。Dan Huang, Dong Lu and Jin-hui Luo, "Corporate Innovation and Innovation Efficiency: Does Religion Matter?", *Nankai Business Review International*, 7(2), 2016, pp. 150−191.

（三）研究设计

为了验证本节的假设,本书参考何杰和田轩(He and Tian,2013)、吉安内蒂和赵梦欣(2019)、图格尔等(2010)的研究,构建如下模型。

$$IE = \beta_0 + \beta_1 BDI + \beta_2 ROA + \beta_3 Size + \beta_4 Lev + \beta_5 Topone + \beta_6 Institution + \beta_7 Bsize + \beta_8 Indrate + \beta_9 Market + \varepsilon \tag{6.1}$$

三、董事会多元化与企业创新绩效的实证结果分析

（一）描述性统计

根据表6.2的Panel A,笔者可以得出企业的创新效率均值大于中位数,且标准差较大,说明目前制造业民营上市公司中,企业创新效率存在较大偏差,并且超过50%的企业创新效率没有达到平均值。目前民营企业正面临着融资难等困难,因此在有限的资源下,如何进行资源配置以达到较高的资产利用效率成为在健全公司治理机制过程中有必要考虑的问题。表6.2的Panel B主要对样本公司董事会多元化指标进行描述性统计。笔者可以发现,民营制造业上市公司的董事会中存在性别比例不均衡、董事会年龄差距较小以及连锁董事比例较为均衡的特征。同时,衡量海外背景、政府背景以及学术背景异质性的指标均值均大于0.5,说明董事会成员中上述三个背景仍存在严重匮乏。学历背景和职能背景异质性的指标均值远小于0.5,说明董事会成员中上述两个背景分散较为均匀,不存在严重同质性。

表6.2　描述性统计

Variable	N	Mean	Sd	P50	Min	Max
Panel A:模型涉及变量的描述性统计						
IE	1939	0.749	0.614	0.583	0.055	2.933
BDI	1939	1.45e-08	3.040	0.0879	−11.36	9.029

续表

Variable	N	Mean	Sd	P50	Min	Max
ROA	1939	0.0568	0.051	0.050	−0.0833	0.227
Size	1939	21.76	0.883	21.670	19.880	24.360
Lev	1939	0.358	0.181	0.344	0.045	0.803
Bsize	1939	2.107	0.183	2.197	1.609	2.485
Indrate	1939	0.371	0.051	0.333	0.333	0.571
Topone	1939	0.343	0.144	0.327	0.085	0.749
Institution	1939	0.209	0.213	0.129	7.00e−06	0.833
Market	1939	8.408	1.631	8.640	4	10.700
Panel B:董事会特征的描述性统计						
Gender	1939	0.226	0.155	0.219	0	0.494
Age	1939	0.165	0.052	0.166	0.052	0.283
Function	1939	0.297	0.105	0.278	0.143	0.654
Degree	1939	0.388	0.109	0.360	0.219	0.755
Oversea	1939	0.862	0.163	1	0.407	1
Government	1939	0.559	0.182	0.551	0.224	1
Interlock	1939	0.724	0.196	0.722	0.322	1
Academic	1939	0.375	0.141	0.444	0	0.500
Demographic	1939	6.99e—09	1.444	−0.029	−3.767	4.013
Human	1939	−4.26e—09	1.796	0.095	−7.932	4.752
Social	1939	−1.01e—08	1.795	0.109	−6.486	4.867

注:IE:企业创新绩效;其他变量名含义同表4.2和表4.8。

(二)相关性分析

根据变量之间的相关系数可知,各个变量之间不存在较高的相关关系,说明模型不存在多重共线性。根据表6.3的Panel A可知,董事会成员的多样化与创新效率在10%的水平上显著正相关,与本书的假设6.1符合。此外,

Panel B 的相关性矩阵显示,董事会多元化的八个子指标以及三个维度指标之间不存在高度的相关性,为笔者构建董事会多元化指标的方法的合理性提供了支持。

表 6.3　相关性分析矩阵

Panel A:模型涉及变量相关性分析									
	IE	BDI	ROA	Size	Lev	Bsize	Indrate	Topone	Institution	Market
IE	1									
BDI	0.041 *	1.000								
ROA	0.079 ***	0.056 **	1							
Size	0.337 ***	0.003	0.041 *	1						
Lev	0.129 ***	−0.032	−0.413 ***	0.434 ***	1					
Bsize	0.041 *	0.151 ***	0.025	0.187 ***	0.116 ***	1				
Indrate	−0.021	−0.034	0.009	−0.108 ***	−0.055 **	−0.562 ***	1			
Topone	0.051 **	0.071 ***	0.173 ***	0.103 *	−0.041 *	−0.120 ***	0.098 ***	1		
Institution	0.075 ***	0.001	0.083 ***	0.230 ***	0.041 *	0.071 ***	−0.040 *	0.115 ***	1	
Market	0.160 ***	−0.034	0.025	0.039 *	−0.076 ***	−0.095 ***	−0.006	0.018	0.074 ***	1

Panel B:董事会多元化特征相关性分析									
	Gender	Age	Function	Degree	Oversea	Academic	Government	Interlock	Demographic	Human
Gender	1									
Age	0.044 *	1								
Function	−0.087 ***	0.003	1							
Degree	−0.017	−0.031	−0.009	1						
Oversea	0.017	0.036	0.131 ***	−0.01	1					
Academic	0.050 **	0.074 ***	0.026	0.139 ***	0.148 ***	1				
Interlock	0.087 ***	−0.134 ***	−0.044 *	0.018	0.012	0.158 ***	1			
Government	0.054 **	−0.014	−0.003	0.022	−0.033	0.056 **	−0.008	1		
Demographic	0.722 ***	0.723 ***	−0.057 **	−0.034	0.037	0.086 ***	−0.033	0.027	1	
Human	0.049 **	0.001	−0.623 ***	−0.544 ***	−0.625 ***	−0.175 ***	0.008	0.006	0.034	1
Social	−0.046 **	0.026	0.009	−0.075 **	−0.108 ***	−0.614 ***	−0.650 ***	0.530 ***	−0.014	0.097 ***

注:变量名含义同表 6.2。 * p<0.1, ** p<0.05, *** p<0.01。

（三）主效应分析

本书采用 2010—2016 年中国制造业民营上市公司作为样本,采用最小二乘法对模型进行验证。主效应回归结果如表 6.4 所示。根据表 6.4 的第 1 列,笔者发现董事会多元化会积极促进企业创新效率的提升,显著性水平为 5%。模型中加入全部可能影响企业创新绩效的控制变量后,结果如表 6.4 第 3 列所示,董事会多元化对企业创新效率的影响仍然为正向促进,与张维今等（2018）的结论具有一致性,验证了本书假设 6.1。上述结论充分说明了董事会多元化在中国民营企业的创新绩效中的重要作用。本节为董事会多元化的公司治理行为增加了新的证据,同时也有利于企业进一步通过董事会完善公司治理,进而提高企业创新水平。

表 6.4 第 2 列显示的是控制变量与企业创新绩效的回归结果。企业业绩、资产规模与市场竞争程度正向促进企业创新效率,且显著性水平为 1%。董事会规模（Bsize）与创新效率不存在显著的关系,与赵旭峰和温军（2011）的结论具有一致性。独立董事与创新效率不存在相关关系,主要原因可能是民营企业所有权和经营权统一,独立董事不能有效发挥监督职能。此外,笔者没有发现第一大股东持股比例和机构投资者与企业创新效率之间存在显著关系。

表 6.4　主效应回归结果

	（1）IE	（2）IE	（3）IE
BDI	0.0093**		0.0089**
	(0.0046)		(0.0043)
ROA		0.9773***	0.9628***
		(0.2979)	(0.2978)
Size		0.2160***	0.2166***
		(0.0182)	(0.0182)
Lev		0.1363	0.1406
		(0.0925)	(0.0925)

续表

	（1）IE	（2）IE	（3）IE
Bsize		0.0020	−0.0285
		(0.0886)	(0.0898)
Indrate		0.1482	0.1119
		(0.3098)	(0.3100)
Topone		0.0250	0.0087
		(0.0943)	(0.0946)
Institution		−0.0537	−0.0514
		(0.0677)	(0.0677)
Market		0.0532***	0.0535***
		(0.0086)	(0.0086)
Year	Yes	Yes	Yes
Industry	Yes	Yes	Yes
Constant	0.6024***	−4.5885***	−4.5220***
	(0.0544)	(0.4460)	(0.4469)
Observations	1939	1939	1939
adj_R^2	0.0164	0.135	0.136
F	5.623	22.59	21.40

注:变量名含义同表6.2。 * p<0.1, ** p<0.05, *** p<0.01;括号中显示标准误。

（四）稳健性分析

1.内生性分析

本节的主要结论是董事会多元化积极促进企业创新效率提升,但是根据安衡等(2019)、乌特帕尔·巴塔查里亚、徐宝轩、田玄、徐彦(Bhattacharya et al.,2017)、陈阳阳、爱德华·波多尔斯基、S.高恩·李和马杜韦·拉哈万(Chen et al.,2014)等的分析,可能存在以下三种内生性问题干扰本书的实证结果。第一,遗漏变量偏误。尽管笔者的主效应模型控制了企业层面、公司治理以及市场环境特征四个变量,但是仍可能遗漏部分影响企业创新绩效的同时影响董事会多元化的变量。第二,反向因果偏误。对于董事会多元化和企业创新之间的积极联系有两种可能的解释。一方面,多元化的董事会提供多样资源和积极监督促进企业创新效率提高。另一方面,由于企业想要实现创新目标进而促使企业董事会构成多元化。第三,样本自选择偏误。在积极倡导创新的中国经济背景中,多元化的董事人才往往选择企业创新绩效较高的企业进行应聘,使得创新绩效较高的企业拥有多元化董事。针对上述三种可能潜在的内生性问题,本节进行如下稳健性检验。

首先,本节将采用倾向得分匹配法(PSM)排除遗漏变量可能带来的干扰。首先,利用 Logit 模型回归获得倾向得分,模型的因变量为董事会多元化程度高低,具体衡量方式为董事会多元化大于同年度所有企业董事会多元化均值则赋值为 1,否则为 0;解释变量为主效应模型的全部控制变量,符合平行假设。然后根据样本倾向得分进行匹配样本。其次,根据匹配的样本,进行主效应模型回归。两步模型回归结果如表 6.5 的第 1、2 列所示。笔者发现,倾向得分匹配法得出的样本结论与原始结论具有一致性。

其次,本节将全部自变量滞后一期放入模型中进行回归,排除可能的因果关系干扰,结果如表 6.5 的第 3 列所示。根据结果,笔者发现董事会多元化与企业创新的确存在显著的正向因果关系。同时,由于董事会多元化的决策可能滞后两年才会产生效果,因此参照徐志顺等(2019)的模型,用董事会多元化滞后两期、控制变量滞后一期构造模型,如表 6.5 的第 4 列所示,笔者发现两者之间仍呈现显著的正向关系。并且滞后两期的模型更能有效排除反向因果内生性对结果产生的干扰。

最后,采用赫克曼两阶段模型排除可能存在的样本自选择问题。第一步进行 Logit 模型回归,采用的处理变量是企业是否存在董事会多元化,为了稳健性,本节采取的衡量方式有两种,董事会多元化高于样本年度的董事会多元化的中位数赋值为 1,否则为 0;回归结果见表 6.5 第 5 列所示。根据第一步回归结果计算出逆米尔斯比率。第二步,将计算得到的逆米尔斯比率加入模型中进行回归。根据表 6.5 的第 6 列可知,在排除样本自选择干扰下,董事会对企业创新绩效具有积极的促进作用,并且显著性水平为5%。此外,逆米尔斯比例在5%的水平上显著,说明模型存在样本自选择问题。

表6.5　内生性检验

	PSM		反向因果		Heckman	
	（1）1st	（2）st	（3）滞后一期	（4）滞后两期	（5）1st	（6）2st
BDI		0.0139**	0.0102*	1.1614**		0.0089**
		(0.0062)	(0.0053)	(0.4652)		(0.0043)
ROA	1.7618*	0.9702**	1.0689***	0.2462***	1.9596*	2.5849***
	(1.0475)	(0.3841)	(0.3746)	(0.0297)	(1.0661)	(0.8026)
Size	−0.1139*	0.2548***	0.2436***	0.0152	−0.1312**	0.1054*
	(0.0626)	(0.0230)	(0.0234)	(0.1428)	(0.0648)	(0.0542)
Lev	−0.0363	0.1449	0.0544	−0.0365	0.0101	0.1444
	(0.3244)	(0.1173)	(0.1146)	(0.1342)	(0.3284)	(0.0924)
Bsize	1.7288***	0.0464	−0.0070	0.3427	1.7578***	1.4840**
	(0.3247)	(0.1149)	(0.1094)	(0.4534)	(0.3261)	(0.7008)
Indrate	3.5892***	0.2403	0.3810	−0.2325*	3.5092***	3.0382**
	(1.1212)	(0.3888)	(0.3679)	(0.1391)	(1.1227)	(1.3800)
Topone	1.1983***	0.0332	−0.1395	0.0688	1.2428***	1.0298**
	(0.3337)	(0.1168)	(0.1128)	(0.1102)	(0.3384)	(0.4787)
Institution	0.0679	−0.1062	0.0332	0.0559***	0.0016	−0.0527
	(0.2251)	(0.0860)	(0.0887)	(0.0133)	(0.2413)	(0.0676)
Market	−0.0212	0.0519***	0.0581***	0.0111*	−0.0323	0.0274*
	(0.0287)	(0.0108)	(0.0109)	(0.0065)	(0.0306)	(0.0148)
Lambda						1.3553**
						(0.6229)
Year	Yes	Yes	Yes	Yes	Yes	Yes
Constant	−2.7936*	−5.5228***	−5.1053***	−4.9157***	−2.4654	−7.7362***
	(1.5693)	(0.5629)	(0.5611)	(0.7069)	(1.5991)	(1.5431)
Observations	1939	1266	1355	940	1939	1939
adj_R^2		0.158	0.134	0.124		0.138
F		16.88	15.93	11.25		20.40

续表

	PSM		反向因果		Heckman	
	（1）1st	（2）st	（3）滞后一期	（4）滞后两期	（5）1st	（6）2st
Log pseudo-likelihood	−1319				−1318	
Pseudo R^2	0.0186				0.0194	

注:变量名含义同表6.2。* p<0.1, ** p<0.05, *** p<0.01;括号中显示标准误。第1列和第5列的 Logit 模型中被解释变量为董事会多元化是否大于当年样本观察值的董事会多元化均值。

2.稳健性分析

为了验证本书结论的可靠性,笔者在内生性分析的基础上进行如下稳健性检验。(1)变换衡量指标:第一,变换董事会多元化指数衡量方法,将八个子指标进行五等分,依次赋值为1—5,代表董事会多元化程度由小到大。其中,年龄、性别以及连锁董事三个指标从小到大进行五等分,依次赋值1—5;但是,针对学历、职业、海外、政府以及学术5个指标从小到大表示的是董事会异质性从大到小,因此将此5个指标从小到大五等分,依次赋值1—5。将新的董事会多元化指标放进模型中进行回归,回归结果如表6.6的第1列所示。根据回归结果可知,分类指标与企业创新效率仍存在经济意义上的正相关,显著性降低。第二,变化创新绩效衡量指标。虽然本书创新性研究创新效率的影响因素,但是本书仍单独考察董事会多元化对企业创新投入以及创新产出的影响。本书沿用黄丹等(2016)、宋鹏(2019)以及赵子乐和林建浩(2019)采取的创新投入的衡量指标研发支出/营业收入,以及创新产出的常用衡量方法发明专利、外观设计以及实用新型专利的总授予量加上1的自然对数。① 回

---

① Shimin Chen,Xu Ni and Jamie Y.Tong, "Gender Diversity in the Boardroom and Risk Management:A Case of R & D Investment", *Journal of Business Ethics*, 136(3), 2016, pp. 599–621.袁建国、后青松、程晨:《企业政治资源的诅咒效应——基于政治关联与企业技术创新的考察》,《管理世界》2015 年第 1 期。

归结果如表6.6的第2、3列所示,可以看到董事会多元化积极促进企业创新投入,对创新产出的正向影响不存在显著性。

(2)使用稳健性标注误,排除异方差的干扰。回归结果如表6.6的第4列所示,与主效应结果具有一致性。

(3)根据现有文献考虑其他可能遗漏的潜在变量并加以控制。第一,资本性支出(Capital),衡量方式为当期处置固定资产净额、无形资产和其他长期资产的现金净额之和与总资产的比值。① 资本性支出较多,则企业冗余资产相对较少,将会影响董事会创新战略制定,进而影响企业创新。因此,控制资本性支出,其结果如表6.7第1列所示。第二,政府补贴(Gov_subsidy),衡量方式为当年政府补贴占总资产比例。政府补贴较多,将会影响董事会研发资金分配,进而影响企业创新投入,因此控制此变量,其结果如表6.7第2列所示。② 第三,地区创新力(Re_IE),衡量方法是观测年度地区申请专利数或获得成功申请专利数的自然对数。地区创新力越高,企业创新效率提升的可能性越高,更有利于董事会多元化的优势作用发挥。控制地区创新力,其结果如表6.7第3列所示。第四,CEO与董事会共同负责企业决策制定过程,并且CEO权利可能对选聘董事产生影响,同时将会对企业创新绩效产生影响。因此参照安衡等(2019)的方法,控制CEO特征变量,分别为衡量CEO与董事长兼任的哑变量(Dual),衡量CEO性别哑变量(CEO_gender)以及衡量CEO年龄的自然对数的连续变量(CEO_age),结果如表6.7第4列所示。第五,将其他可能影响创新效率的指标全部放在一起进行回归,结果如表6.7第5列所示。综合分析表6.7的1—5列,笔者发现,在考虑其他可能影响企业创新效率的因素的情况下,董事会多元化仍对企业创新产生显著的正向影响。

---

① 袁建国、后青松、程晨:《企业政治资源的诅咒效应——基于政治关联与企业技术创新的考察》,《管理世界》2015年第1期。

② 宋鹏:《我国政府研发补贴与企业创新绩效及研发能力关联性研究》,《软科学》2019年第5期。

表 6.6　稳健性检验一

	（1）分类指标	（2）研发投入	（3）专利数量	（4）稳健标准误
BDI	0.0050	0.0003*	0.0120	0.0089*
	(0.0031)	(0.0002)	(0.0083)	(0.0047)
ROA	0.9667***	−0.0110	1.5972***	0.9628***
	(0.2979)	(0.0115)	(0.5677)	(0.3117)
Size	0.2167***	−0.0019***	0.4075***	0.2166***
	(0.0182)	(0.0007)	(0.0347)	(0.0214)
Lev	0.1389	−0.0367***	0.2249	0.1406
	(0.0925)	(0.0036)	(0.1763)	(0.0903)
Bsize	−0.0197	−0.0014	−0.0397	−0.0285
	(0.0896)	(0.0035)	(0.1711)	(0.0920)
Indrate	0.1261	0.0022	−0.0687	0.1119
	(0.3099)	(0.0120)	(0.5911)	(0.3067)
Topone	0.0109	−0.0108***	0.0324	0.0087
	(0.0947)	(0.0036)	(0.1803)	(0.0969)
Institution	−0.0483	0.0060**	−0.1395	−0.0514
	(0.0678)	(0.0026)	(0.1290)	(0.0712)
Market	0.0534***	0.0009***	0.1138***	0.0535***
	(0.0086)	(0.0003)	(0.0164)	(0.0082)
	Yes	Yes	Yes	Yes
Constant	−4.6705***	0.0815***	−7.2131***	−4.5220***
	(0.4487)	(0.0174)	(0.8519)	(0.5174)
Observations	1939	1923	1939	1939
adj_R^2	0.136	0.137	0.137	0.136
F	21.28	21.38	21.52	15.96

注：变量名含义同表 6.2。* p<0.1，** p<0.05，*** p<0.01；括号中显示标准误。第 1 列采取分类方法构建董事会多元化指标作为解释变量放入模型进行回归；第 2 列采用研发投入作为被解释变量；第 3 列采用专利申请数量作为被解释变量；第 4 列采用稳健性标准误。

表 6.7 稳健性检验二

	（1）IE	（2）IE	（3）IE	（4）IE	（5）IE
BDI	0.0079*	0.0084*	0.0100**	0.0086**	0.0096**
	（0.0044）	（0.0044）	（0.0044）	（0.0044）	（0.0045）
Capital	-2.7281*				-3.2827**
	（1.5662）				（1.6097）
Gov_subsidy		4.8895**			5.3007***
		（2.0422）			（2.0533）
Re_IE			0.0660***		0.0677***
			（0.0245）		（0.0249）
Dual				0.0387	0.0542*
				（0.0283）	（0.0288）
CEO_age				0.0231	0.0726
				（0.0931）	（0.0953）
CEO_gender				0.0467	-0.0220
				（0.0505）	（0.0511）
ROA	0.7928***	0.6860**	0.9741***	0.9477***	0.6630**
	（0.3014）	（0.3049）	（0.3002）	（0.2980）	（0.3072）
Size	0.2115***	0.2194***	0.2130***	0.2193***	0.2183***
	（0.0185）	（0.0186）	（0.0183）	（0.0183）	（0.0189）
Lev	0.1254	0.0657	0.1439	0.1415	0.0899
	（0.0937）	（0.0939）	（0.0931）	（0.0925）	（0.0951）
Bsize	-0.0586	-0.0358	-0.0053	-0.0159	-0.0034
	（0.0900）	（0.0909）	（0.0912）	（0.0902）	（0.0928）
Indrate	-0.0225	0.0596	0.0980	0.0729	0.0157
	（0.3113）	（0.3139）	（0.3144）	（0.3113）	（0.3195）
Topone	-0.0209	-0.0125	0.0061	0.0099	-0.0246
	（0.0953）	（0.0959）	（0.0949）	（0.0947）	（0.0963）
Institution	-0.0862	-0.0885	-0.0364	-0.0477	-0.0742
	（0.0684）	（0.0687）	（0.0682）	（0.0677）	（0.0694）
Market	0.0573***	0.0606***	0.0120	0.0537***	0.0167
	（0.0087）	（0.0087）	（0.0179）	（0.0086）	（0.0181）

续表

	（1）IE	（2）IE	（3）IE	（4）IE	（5）IE
Year	Yes	Yes	Yes	Yes	Yes
Constant	-4.2866^{***}	-4.5715^{***}	-4.9293^{***}	-4.6992^{***}	-5.3410^{***}
	（0.4531）	（0.4593）	（0.4711）	（0.5681）	（0.6116）
Observations	1877	1861	1911	1939	1833
adj_R^2	0.132	0.136	0.139	0.136	0.141
F	18.89	19.25	20.34	18	15.33

注：Capital：资本性支出；Gov_subsidy：政府补贴；Re_IE：地区创新力；Dual：总经理兼任；CEO_age：总经理年龄；CEO_gender：总经理性别；其他变量名含义同表6.2。* $p<0.1$，** $p<0.05$，*** $p<0.01$；括号中显示标准误。

四、董事会多元化与企业创新绩效关系的进一步分析

本书的研究结论是董事会多元化积极促进企业创新绩效的提升，并经过一系列稳健性检验证明了结论的可靠性。接下来将做进一步探究。首先，董事按照是否与股东和高管有关分为独立董事和非独立董事两类。现有研究较多针对独立董事的资本特征以及人口特征的创新绩效展开研究，较少针对执行董事的多元化特征进行研究。其次，现有研究主要针对董事会单个特征异质性与企业创新绩效之间的关系进行展开。在构建的董事会多元化综合指标中到底哪一类指标发挥关键性作用，笔者将对此予以验证。

（一）谁的多元化更重要

本书根据伯尼尔等（2018）的做法分别计算董事会中独立董事群体多样化（IN_BDI）和非独立董事群体多样化（EX_BDI）水平。独立董事机制是缓解代理问题的一种机制，往往被认为可以更好地监督管理层，履行董事会职能。但是，独立董事在中国企业很多时候并没有发挥其客观职能，往往呈现出一种"花瓶"作用。非独立董事兼任公司管理层，可以减轻董事会与管理层间的信

息不对称,同时在决策过程中被认为更有发言权。为了验证哪一类董事会多元化对企业创新绩效的影响更明显,笔者将非独立董事多元化和独立董事多元化分别放入模型中进行回归。回归结果如表 6.8 第 1、2 列所示。通过分析,笔者发现非独立董事的多元化对企业创新绩效具有显著的提升作用,并且显著性水平为 1%,但是,独立董事多元化对企业创新绩效没有显著的促进作用。可能的原因是,创新战略决策的制定更多受到非独立董事的影响,而有限的独立董事人数往往起到监督作用。因此,通过实证证据得知股东在选聘董事时应选聘多元化非独立董事成员,进而增进董事会多元化对企业创新绩效的提升作用,提升企业的核心竞争力。

表 6.8　两类董事多元化的重要性

	（1）非独立董事	（2）独立董事
EX_BDI	0.0111***	
	（0.0042）	
IN_BDI		0.0067
		（0.0046）
ROA	0.9841***	0.9648***
	（0.2975）	（0.2980）
Size	0.2145***	0.2173***
	（0.0182）	（0.0182）
Lev	0.1562*	0.1342
	（0.0927）	（0.0925）
Bsize	−0.0344	−0.0531
	（0.0895）	（0.0962）
Indrate	0.2294	0.0563
	（0.3108）	（0.3159）
Topone	0.0242	0.0124
	（0.0942）	（0.0947）
Institution	−0.0520	−0.0545
	（0.0676）	（0.0677）

续表

	（1）非独立董事	（2）独立董事
Market	0.0543***	0.0525***
	（0.0086）	（0.0086）
Year	Yes	Yes
Constant	−4.5233***	−4.4571***
	（0.4460）	（0.4548）
Observations	1939	1939
adj_R^2	0.138	0.135
F	21.63	21.24

注:变量名含义同表4.7。 * p<0.1, ** p<0.05, *** p<0.01;括号中显示标准误。

（二）哪种特征更重要

为了进一步分析董事会多元化中哪些维度的特征对企业创新作出突出贡献。本书将董事会人口特征异质性、人力资本异质性以及社会资本异质性分别放入模型中进行回归,回归结果如表6.9的第1、2、3列所示。最后根据相关性矩阵,笔者发现三个维度的多元化特征之间不存在高度相关系数,为了说明单个维度指标的稳健性,将三个指标全部放入模型中,回归结果如表6.9第4列所示。根据表6.9的回归结果,笔者发现不论是单个维度指标回归还是将三个指标全部放入模型回归,笔者均发现董事会社会资本的多样性积极促进了企业创新,并且显著性水平为1%。但是董事会人口特征和人力资本特征的异质性对企业创新绩效不存在显著的影响关系。因此,为了提高企业的创新绩效,选聘董事时,股东应该重点考虑董事会成员社会资本的多元化,而非董事会的人口特征和人力资本特征多元化。

为了更细致的分析董事会的每个特征指标的重要性。本书将董事会多元化的八个子指标分别作为解释变量放进模型并进行回归,结果如表6.10第1—8列所示。由于董事会八个子指标之间不存在高度相关性,因此将八个子指标全部放入模型回归结果如表6.10第9列所示。根据表6.10笔者发现，首先，董事会成员的年龄异质性与教育背景异质性抑制企业创新绩效；其次，海外背景异质性和学术背景异质性促进企业创新绩效的提升；再次，职业背景异质性、政府背景异质性和连锁背景异质性对企业创新绩效没有显著的影响；最后，性别均衡对企业创新的正向影响在全部特征变量一起放进模型时效果显著，单个特征放入模型时正相关，但是不显著。此研究结论与李玲等（2018）以及宋建波和文雯（2016）的结论具有一致性。

表6.9 董事会多元化三个维度特征

	（1）IE	（2）IE	（3）IE	（4）IE
Demographic	−0.0114			−0.0111
	(0.0090)			(0.0090)
Human		0.0068		0.0045
		(0.0074)		(0.0074)
Social			0.0264***	0.0258***
			(0.0074)	(0.0074)
ROA	0.9870***	0.9666***	0.9983***	1.0001***
	(0.2980)	(0.2982)	(0.2971)	(0.2974)
Size	0.2148***	0.2167***	0.2122***	0.2117***
	(0.0182)	(0.0182)	(0.0182)	(0.0182)
Lev	0.1388	0.1356	0.1576*	0.1591*
	(0.0925)	(0.0925)	(0.0924)	(0.0925)
Bsize	0.0069	−0.0118	−0.0234	−0.0272
	(0.0887)	(0.0899)	(0.0886)	(0.0898)
Indrate	0.1491	0.1210	0.1481	0.1310
	(0.3097)	(0.3112)	(0.3088)	(0.3102)
Topone	0.0327	0.0207	0.0107	0.0157
	(0.0945)	(0.0945)	(0.0941)	(0.0944)
Institution	−0.0602	−0.0555	−0.0549	−0.0623
	(0.0679)	(0.0677)	(0.0675)	(0.0677)

续表

	（1）IE	（2）IE	（3）IE	（4）IE
Market	0.0538***	0.0532***	0.0555***	0.0559***
	(0.0086)	(0.0086)	(0.0086)	(0.0086)
Year	Yes	Yes	Yes	Yes
Constant	−4.5811***	−4.5604***	−4.4832***	−4.4597***
	(0.4460)	(0.4471)	(0.4456)	(0.4466)
Observations	1939	1939	1939	1939
adj_R^2	0.135	0.135	0.140	0.140
F	21.20	21.14	22.07	19.58

注:变量名含义同表4.8。* p<0.1, ** p<0.05, *** p<0.01;括号中显示标准误。

表6.10　董事会多元化八个子指标特征

	(1)性别	(2)年龄	(3)职能	(4)学历	(5)海外	(6)政府	(7)学术	(8)连锁	(9)IE
Gender	0.1165								0.1546*
	(0.0846)								(0.0846)
Age		−0.8062***							−0.7569***
		(0.2504)							(0.2516)
Function			−0.1711						−0.1158
			(0.1268)						(0.1270)
Degree				0.2682**					0.3478***
				(0.1210)					(0.1213)
Oversea					−0.2045**				−0.1369*
					(0.0809)				(0.0816)
Government						−0.1006			−0.0675
						(0.0706)			(0.0721)
Academic							−0.3513***		−0.3439***
							(0.0716)		(0.0745)
Interlock								0.0118	0.0116
								(0.0927)	(0.0921)
ROA	0.9454***	0.9382***	0.9670***	0.9717***	0.9374***	1.0006***	0.9346***	0.9778***	0.8313***

续表

	(1)性别	(2)年龄	(3)职能	(4)学历	(5)海外	(6)政府	(7)学术	(8)连锁	(9)IE
	(0.2988)	(0.2975)	(0.2980)	(0.2977)	(0.2979)	(0.2983)	(0.2963)	(0.2980)	(0.2970)
Size	0.2167***	0.2133***	0.2173***	0.2132***	0.2141***	0.2143***	0.2131***	0.2160***	0.2064***
	(0.0182)	(0.0182)	(0.0182)	(0.0182)	(0.0182)	(0.0182)	(0.0181)	(0.0182)	(0.0182)
Lev	0.1296	0.1298	0.1295	0.1353	0.1443	0.1398	0.1650*	0.1367	0.1513
	(0.0926)	(0.0923)	(0.0926)	(0.0924)	(0.0924)	(0.0925)	(0.0922)	(0.0926)	(0.0921)
Bsize	0.0018	0.0198	−0.0175	0.0188	−0.0104	−0.0058	−0.0144	0.0015	−0.0030
	(0.0886)	(0.0885)	(0.0897)	(0.0888)	(0.0886)	(0.0887)	(0.0881)	(0.0887)	(0.0896)
Indrate	0.1383	0.1285	0.1104	0.1534	0.0912	0.1535	0.0839	0.1494	0.0014
	(0.3098)	(0.3091)	(0.3110)	(0.3095)	(0.3102)	(0.3097)	(0.3082)	(0.3100)	(0.3088)
Topone	0.0196	0.0407	0.0308	0.0501	0.0218	0.0192	0.0183	0.0248	0.0561
	(0.0944)	(0.0942)	(0.0944)	(0.0949)	(0.0942)	(0.0944)	(0.0938)	(0.0944)	(0.0944)
Institution	−0.0471	−0.0621	−0.0558	−0.0647	−0.0710	−0.0514	−0.0547	−0.0540	−0.0796
	(0.0679)	(0.0676)	(0.0677)	(0.0678)	(0.0680)	(0.0677)	(0.0673)	(0.0678)	(0.0678)
Market	0.0528***	0.0543***	0.0537***	0.0541***	0.0530***	0.0540***	0.0563***	0.0532***	0.0585***
	(0.0086)	(0.0086)	(0.0086)	(0.0086)	(0.0086)	(0.0086)	(0.0086)	(0.0086)	(0.0086)
Year	−0.0051	−0.0062	−0.0060	−0.0009	−0.0036	−0.0038	−0.0011	−0.0047	0.0020
Constant	(0.0654)	(0.0653)	(0.0654)	(0.0654)	(0.0653)	(0.0654)	(0.0650)	(0.0654)	(0.0648)
	0.0184	0.0192	0.0187	0.0232	0.0201	0.0206	0.0192	0.0200	0.0208
Observations	(0.0623)	(0.0622)	(0.0623)	(0.0623)	(0.0622)	(0.0623)	(0.0619)	(0.0623)	(0.0617)
adj_R^2	0.0278	0.0277	0.0270	0.0310	0.0291	0.0302	0.0277	0.0290	0.0279
F	(0.0623)	(0.0622)	(0.0623)	(0.0623)	(0.0622)	(0.0623)	(0.0619)	(0.0623)	(0.0617)

注:变量名含义同表6.2。 * $p<0.1$, ** $p<0.05$, *** $p<0.01$;括号中显示标准误。

五、主要结论

笔者采取2010—2016年中国制造业民营上市公司作为样本,深入研究董事会多元化对企业创新绩效的影响机制。本节通过实证分析发现董事会多元化积极促进企业创新绩效的提升,并且排除遗漏变量、反向因果以及自选择的内生性问题后,结论仍成立。进一步分析发现董事会中非独立董事的多元化对企业创新绩效的正向影响更显著,并且董事会多元化中社会资本异质性能够更好地促进企业创新绩效提升。然后,对于董事会单个指标特征,笔者发现董事会的年龄教育背景异质性抑制企业创新绩效,海外背景和学术背景的异质性促进企业创新绩效提升。

第二节 民营企业董事会多元化对创新绩效的影响机制

企业创新作为企业追求长期经济增长和竞争优势的工具被广泛关注。[1] 然而,董事会多元化特征与企业创新绩效之间仍存在不一致的结论,因此学术界对学者深入探究两者之间的影响机制提出了更高要求。情境因素是研究董事会多元化治理行为的重要考虑因素。[2] 良好的公司治理需要内部治理结构和外部治理机制共同作用,董事会作为现代企业公司治理机制的核心,其内外部治理环境将对其发挥职能产生重要影响。目前,研究主要集中于 CEO 权利、董事会权利以及组织冗余、产品市场竞争等对董事会多元化与企业创新之间的调节作用。[3] 但是关于董事会多元化与企业创新之间的中介效应研究

---

[1] Thomas J. Chemmanur, Elena Loutskina and Xuan Tian, "Corporate Venture Capital, Value Creation, and Innovation", *Review of Financial Studies*, 27(8), 2014, pp. 2434-2473.

[2] Scott Johnson, Karen Schnatterly and Aaron Hill, "Board Composition beyond Independence: Social Capital, Human Capital, and Demographics", *Journal of Management*, 39(1), 2013, pp. 232-262.

[3] 张维今、李凯、王淑梅:《CEO 权力的调节作用下董事会资本对公司创新的内在机制影响研究》,《管理评论》2018 年第 4 期。刘博、张多蕾、刘海兵:《高管团队社会资本断裂与企业创新能力关系研究——CEO 权力的调节作用》,《华东经济管理》2018 年第 7 期。范建红、陈怀超:《董事会社会资本对企业研发投入的影响研究——董事会权力的调节效应》,《研究与发展管理》2015 年第 5 期。严若森、朱婉晨:《女性董事、董事会权力集中度与企业创新投入》,《证券市场导报》2018 年第 6 期。李玲、白昆艳、张巍:《董事会异质性、组织冗余与企业创新战略》,《科技管理研究》2018 年第 2 期。Yunshi Liu, Yi-Jung Chen and Linda C. Wang, "Family Business, Innovation and Organizational Slack in Taiwan", *Asia Pacific Journal of Management*, 34(1), 2017, pp. 193-213. 李长娥、谢永珍:《产品市场竞争、董事会异质性对技术创新的影响——来自民营上市公司的经验证据》,《华东经济管理》2016 年第 8 期。

较少。

本书将调节机制归纳总结,发现已有研究基于董事会的监督、战略决策以及资源提供三大职能分别从 CEO 权利、企业财务战略决策以及市场竞争力三个角度着手分析。因此,董事会多元化与企业创新效率的影响机制也主要从董事会三个职能角度出发。首先,高级管理人员作为公司战略决策最高层,他们制定、影响或最终负责关键资源分配,以及对新产品和技术的投资,因此高管激励机制将影响企业创新。[①] 其次,企业创新绩效的提升需要企业资金作为保障,研究表明外部融资显著促进企业创新。[②] 最后,企业处于竞争程度较高的行业,将会努力促进企业创新,提高自身的核心竞争力。

根据中国具体背景特征,民营企业制造业作为高科技企业,是中国创新能力的主体也是关键。[③] 井润田、黄雪莲和王泽宇(Jing et al.,2014)认为民营企业制造业具有较高的高管自由裁量权,有利于董事会和高管自由发挥决策职能。因此,本章仍然选取制造业民营上市公司作为样本。但是,由于企业市场竞争力常常采用企业所在行业的市场竞争力的指标进行表示,因此选取同行业的样本不需要考虑产品市场竞争力的影响作用。综上,本节对董事会多元化的监督优势和战略咨询优势带来的公司治理效应如何影响企业创新绩效进行深入研究。

一、董事会多元化与企业创新绩效影响的机制假设

董事会主要具有监督和战略咨询的职能,其通过发挥职能改善公司治理

---

① David B.Balkin,Gideon D.Markman and Luis R.Gomez-Mejia,"Is CEO Pay in High-Technology Firms Related to Innovation?",*Academy of Management Journal*,43(6),2000,pp. 1118-1129.

② Meghana Ayyagari,Asli Demirgueg-Kunt and Vojislav Maksimovic,"Firm Innovation in Emerging Markets: The Role of Finance, Governance, and Competition",*Journal of Financial and Quantitative Analysis*,46(6),2011,pp. 1545-1580.

③ 刘博、张多蕾、刘海兵:《高管团队社会资本断裂与企业创新能力关系研究——CEO 权力的调节作用》,《华东经济管理》2018 年第 7 期。

效率,进而影响企业创新绩效。高层阶梯理论认为董事会多元化可能带来多元化的知识和技术,由于认知冲突进而促进企业技术水平的提升。① 代理理论认为,董事会的重要职能之一是代表股东监督高管行为,减轻代理成本。高管和董事会均对企业创新战略决策具有发言权,并且高管更直接接触战略决策的后期执行,企业越来越重视高管的价值作用。但是高管可能在执行决策过程中谋求私利,因此董事会代表股东对高管层进行监督,并且制定经理人的激励方案,进而达到监督和激励管理层、促进企业创新的作用。

(一)管理层薪酬激励的中介效应

董事会多元化通过促进高管激励提升企业创新绩效,主要体现在两个方面。第一,董事会多元化为了降低代理成本和提高监督效能可能增加高管薪酬,进而促进企业创新绩效。董事会对管理层具有监督控制职能,有效的经理薪酬契约能使经理与股东利益趋于一致,从而降低代理成本,提高公司价值。② 此外,董事会通过增加高管薪酬,降低管理层的监督压力,花费更多精力在战略决策职能上,从而提高企业创新绩效。③ 第二,董事会多元化为了充分发挥高管在决策制定中的作用促进高管薪酬激励,进而间接提升企业创新绩效。董事会多元化导致公司业绩波动较大,因此更易提高 CEO 薪酬业绩敏感度。④ 此外,创新战略决策具有长期性和风险性,为了提高决策者创新积极性,需要对高管提供足够的利益保障。⑤ 并且,薪酬激励的增加对于促进高管

---

① 刘凤朝、默佳鑫、马荣康:《高管团队海外背景对企业创新绩效的影响研究》,《管理评论》2017 年第 7 期。

② 姜付秀、黄继承:《经理激励、负债与企业价值》,《经济研究》2011 年第 5 期。

③ Heng An,Carl R.Chen,Qun Wu and Ting Zhang,"Corporate Innovation:Does Diverse Board Help?",*Journal of Financial and Quantitative Analysis*,Forthcoming,2019.

④ Mariassunta Giannetti and Mengxin Zhao,"Board Ancestral Diversity and Firm-Performance Volatility",*Journal of Financial and Quantitative Analysis*,54(3),2019,pp. 1117-1155.

⑤ David B. Balkin,Gideon D. Markman and Luis R. Gomez-Mejia,"Is CEO Pay in High-Technology Firms Related to Innovation?",*Academy of Management Journal*,43(6),2000,pp. 1118-1129.

进行创新活动起到推动作用,尤其在内部控制有效性充分的环境下,高管薪酬激励对创新活动影响更显著。① 综上,本书推测:

假设6.2:董事会多元化通过激励管理层,提升企业创新绩效。

(二)现金持有的中介效应

董事会积极履行战略决策职能,为管理层提供战略建议,降低企业创新决策风险。同时,董事会多元化制定创新战略决策的过程受到企业财务状况的影响。企业创新决策的制定需要董事会结合企业现有的资源分配情况进行制定,特别是作为企业内部融资主要来源的现金资产。组织冗余越多,代表企业存在大量冗余资源,是内部创新发展的强大推动力,有效缓解企业在战略决策过程中面临的资金压力,将会积极促进董事会制订创新战略计划。② 可见,现金持有对创新决策的重要性。尽管当企业内部控制大量的现金资产时,容易导致严重的代理问题。但是,董事会多元化积极的监管效应将会降低股东和高管的信息不对称,进而减轻代理成本。此外,由于企业创新决策需要资金支持,董事会在降低外部融资成本的同时把握创新机遇。因此,本书推测:

假设6.3:董事会多元化通过提高企业现金持有水平,促进企业创新。

二、模型设计和变量定义

(一)模型设计

为了实证检验本节的假设,本节参照程新生和赵旸(2019)的研究建立如下检验模型。模型(6.3)和(6.4)中的变量 M 表示董事会多元化的中介变

---

① 许瑜、冯均科:《内部控制、高管激励与创新绩效——基于内部控制有效性的实证研究》,《软科学》2017年第2期。

② Yunshi Liu, Yi-Jung Chen and Linda C. Wang, " Family Business, Innovation and Organizational Slack in Taiwan", *Asia Pacific Journal of Management* ,34(1) ,2017,pp. 193-213.李玲、白昆艳、张巍:《董事会异质性、组织冗余与企业创新战略》,《科技管理研究》2018年第2期。

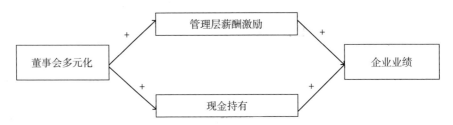

图 6.1 董事会多元化与企业创新绩效的影响机制:中介效应模型

量、管理层薪酬激励以及现金持有。

$$IE = \beta_0 + \beta_1 BDI + \beta_2 ROA + \beta_3 Size + \beta_4 Lev + \beta_5 Topone + \beta_6 Institution +$$
$$\beta_7 Bsize + \beta_8 Indrate + \beta_9 Market + \varepsilon \qquad (6.2)$$

$$M = \beta_0 + \beta_1 BDI + \beta_2 ROA + \beta_3 Size + \beta_4 Lev + \beta_5 Topone + \beta_6 Institution +$$
$$\beta_7 Bsize + \beta_8 Indrate + \beta_9 Market + \varepsilon \qquad (6.3)$$

$$IE = \beta_0 + \beta_1 BDI + \beta_2 M + \beta_3 ROA + \beta_4 Size + \beta_5 Lev + \beta_6 Topone +$$
$$\beta_7 Institution + \beta_8 Bsize + \beta_9 Indrate + \beta_{10} Market + \varepsilon \qquad (6.4)$$

(二)变量定义

被解释变量以及解释变量和控制变量均与本章第一节一致,在此不予介绍。本书主要介绍中介变量的选取。首先,定义管理层薪酬激励为前三名高管薪酬总和的自然对数。选取高管薪酬而不是在职消费等隐性激励方式的原因是:一方面,姜付秀和黄继承(2011)发现非国有企业经理人的薪酬激励机制相对完善;并且在民营企业激励手段比较单一的情况下,关注经理的货币薪酬激励有其合理性;另一方面,高管短期薪酬与企业创新的关系比长期股权薪酬与企业创新的关系更显著。[1] 其次,企业现金持有的具体定义方式为企业持有的货币资金占企业总资产的比例。研究表明,在融资约束相对较高的环

---

[1] David B.Balkin, Gideon D.Markman and Luis R.Gomez-Mejia, "Is CEO Pay in High-Technology Firms Related to Innovation?", *Academy of Management Journal*, 43(6), 2000, pp. 1118–1129.

境下,竞争强大的企业倾向于持有更多的现金。① 相比国有企业,民营企业具有硬预算约束,并且融资难,面临的竞争较为激烈,因此用货币资金可以表示企业现金资产状况。

模型涉及的全部变量定义如表 6.11 所示。

表 6.11 变量定义

变量名称	定义	计算方法
被解释变量		
IE	创新效率	当年专利授予数量与研发支出比值加上 1 的自然对数
解释变量		
BDI	董事会多元化	见表 3.1
中介变量		
Managewage	高管薪酬	前三名高管薪酬总额+1 的自然对数
Cash	现金持有	货币资金/总资产
控制变量:		
ROA	资产收益率	净利润/平均资产总额
Size	资产规模	Ln(资产+1)
Lev	资产负债率	总负债/总资产
Topone	第一大股东持股	第一大股东持股/总股数
Institution	机构投资者持股	机构投资者持股/总股数
Bsize	董事会规模	董事会总人数取自然对数
Indrate	董事会独立性	独立董事/总董事人数
Market	地区市场化指数	企业总部所在省份观测年度的市场化总指数

---

① Evgeny Lyandres and Berardino Palazzo,"Cash Holdings,Competition,and Innovation",*Journal of Financial and Quantitative Analysis*,51(6),2016,pp. 1823-1861.

三、董事会多元化与企业创新绩效的中介效应检验

(一)描述性统计

通过表 6.12 的描述性统计,笔者发现制造业民营上市公司样本中企业创新效率极差较大,证明我国民营企业创新力度仍不均衡。关于中介变量,笔者发现企业管理层薪酬指标的均值和中位数均为 14.130,说明民营企业管理层薪酬激励力度较大。现金持有的均值和中位数分别为 0.196 和 0.157,说明民营企业内部现金持有较少且不均衡。

表 6.12　描述性统计

Variable	N	Mean	SD	P50	Min	Max
IE	1939	0.749	0.614	0.583	0.055	2.933
BDI	1939	1.45e—08	3.040	0.088	−11.360	9.029
Managewage	1939	14.130	0.664	14.130	12.390	16.070
Cash	1939	0.196	0.133	0.157	0.025	0.633
ROA	1939	0.057	0.051	0.050	−0.083	0.227
Size	1939	21.760	0.883	21.670	19.880	24.360
Lev	1939	0.358	0.181	0.344	0.045	0.803
Bsize	1939	2.107	0.183	2.197	1.609	2.485
Indrate	1939	0.371	0.051	0.333	0.333	0.571
Topone	1939	0.343	0.144	0.327	0.085	0.749
Institution	1939	0.209	0.213	0.129	7.00e—06	0.833
Market	1939	8.408	1.631	8.640	4.000	10.700

注:Managewage:管理层薪酬;Cash:现金持有;其他变量名含义同表 6.2。

(二)相关性分析

根本表 6.13 的相关系数矩阵,笔者发现,模型中涉及的变量之间不存在较大的相关系数,说明本书设计的模型不存在严重的多重共线性。其中,管理

层薪酬与企业业绩正相关,现金持有与企业业绩负相关,董事会多元化与管理层薪酬以及现金持有均正相关,初步证明笔者的假设。

表6.13 相关性矩阵

	IE	BDI	Managewage	Cash	ROA	Size	Lev	Bsize	Indrate	Topone	Institution
BDI	0.041*	1									
Managewage	0.225***	0.086***	1								
Cash	-0.036	0.068***	-0.019	1							
ROA	0.079***	0.056**	0.294***	0.330***	1						
Size	0.337***	0.003	0.396***	-0.224***	0.041*	1					
Lev	0.129***	-0.032	0.043*	-0.421***	-0.413***	0.434***	1				
Bsize	0.041*	0.151***	0.175***	-0.024	0.025	0.187***	0.116***	1			
Indrate	-0.021	-0.034	-0.060***	-0.011	0.009	-0.108***	-0.055***	-0.562***	1		
Topone	0.051**	0.071***	0.039*	0.116***	0.173***	0.103***	-0.041*	-0.120***	0.098***	1	
Institution	0.075***	0.001	0.168***	-0.037*	0.083***	0.230***	0.041*	0.071***	-0.040*	0.115***	1
Market	0.160***	-0.034	0.196***	-0.088***	0.025	0.039*	-0.076***	-0.095***	-0.006	0.018	0.074***

注:变量名含义同表6.12。 * $p<0.1$, ** $p<0.05$, *** $p<0.01$。

(三)主效应结果

1. 管理层薪酬的中介效应

为了验证董事会多元化通过增加管理层薪酬激励促进企业创新,笔者根据研究模型得到的回归结果如表6.14所示。表6.14的第(1)列显示,董事会多元化积极促进企业创新绩效的提升,显著性水平为5%。表6.14的第(2)列显示,董事会多元化积极促进企业管理层薪酬激励水平的提升。然后,将企业管理层薪酬激励指标加入模型(6.2)中,实证结果如表6.14第(3)列所示。笔者发现,董事会多元化对企业创新的影响系数以及显著性水平均有所下降,并且管理层薪酬与企业创新具有积极关系。综上,笔者认为管理层薪酬在董事会多元化和企业创新之间存在部分中介效应。验证了笔者的假设6.2,即董事会多元化通过提高管理层薪酬激励水平进而提高企业创新绩效。

表 6.14　管理层激励的中介效应

	（1）IE	（2）Managewage	（3）IE
BDI	0.0089 **	0.0134 ***	0.0081 *
	（0.0043）	（0.0043）	（0.0044）
Managewage			0.0586 **
			（0.0232）
ROA	0.9628 ***	3.7129 ***	0.7453 **
	（0.2978）	（0.2927）	（0.3096）
Size	0.2166 ***	0.2492 ***	0.2020 ***
	（0.0182）	（0.0179）	（0.0191）
Lev	0.1406	0.0592	0.1371
	（0.0925）	（0.0909）	（0.0924）
Bsize	−0.0285	0.5138 ***	−0.0586
	（0.0898）	（0.0882）	（0.0904）
Indrate	0.1119	0.7564 **	0.0676
	（0.3100）	（0.3047）	（0.3101）
Topone	0.0087	−0.1878 **	0.0197
	（0.0946）	（0.0930）	（0.0946）
Institution	−0.0514	0.1166 *	−0.0582
	（0.0677）	（0.0665）	（0.0676）
Market	0.0535 ***	0.0684 ***	0.0495 ***
	（0.0086）	（0.0084）	（0.0087）
Year	Yes	Yes	Yes
Constant	−4.5220 ***	6.4413 ***	−4.8993 ***
	（0.4469）	（0.4392）	（0.4705）
Observations	1939	1939	1939
adj_R^2	0.136	0.287	0.139
F	21.40	52.96	20.52

注:变量名含义同表6.12。* p<0.1, ** p<0.05, *** p<0.01;括号中显示标准误。

2. 现金持有的中介效应

为了验证企业现金持有对董事会多元化和企业创新绩效之间的中介作用,笔者的模型回归结果如表6.15所示。表6.15的第(1)列显示董事会多元化积极促进企业创新绩效的提升;第(2)列显示董事会多元化积极促进企业现金持有水平的提升,显著性水平为10%。在模型(6.2)的基础上加入企业现金持有指标得到模型(6.4),回归结果表6.15第(3)列所示。结果显示董事会多元化对企业创新绩效的影响系数下降,显著性下降,并且企业现金持有显著促进企业创新绩效的提升。上述结果表明企业现金持有水平在董事会多元化与创新绩效之间发挥部分中介作用,支持假设6.3:董事会多元化促进现金持有,缓解企业融资约束,进而提升企业创新效率。

表6.15 现金持有的中介效应

	(1)IE	(2)Cash	(3)IE
BDI	0.0089**	0.0015*	0.0085*
	(0.0043)	(0.0008)	(0.0043)
Cash			0.2676**
			(0.1164)
ROA	0.9624***	0.4170***	0.8508***
	(0.2978)	(0.0583)	(0.3014)
Size	0.2166***	−0.0058	0.2182***
	(0.0182)	(0.0036)	(0.0182)
Lev	0.1405	−0.2456***	0.2062**
	(0.0925)	(0.0181)	(0.0967)
Bsize	−0.0281	−0.0217	−0.0223
	(0.0897)	(0.0176)	(0.0897)
Indrate	0.1115	−0.0995	0.1381
	(0.3100)	(0.0607)	(0.3099)
Topone	0.0087	0.0547***	−0.0060
	(0.0946)	(0.0185)	(0.0947)

	（1）IE	（2）Cash	（3）IE
Institution	−0.0518	0.0132	−0.0553
	（0.0677）	（0.0132）	（0.0676）
Market	0.0535***	−0.0031*	0.0543***
	（0.0086）	（0.0017）	（0.0086）
Year	Yes	Yes	Yes
Constant	−4.5227***	0.5565***	−4.6716***
	（0.4468）	（0.0874）	（0.4510）
Observations	1939	1939	1939
adj_R^2	0.136	0.291	0.138
F	21.40	54.14	20.44

注:变量名含义同表6.12。 * p<0.1, ** p<0.05, *** p<0.01;括号中显示标准误。

四、主要结论

本节采用2010—2016年中国制造业民营上市公司为样本,深入分析董事会多元化的治理效应对企业创新绩效的影响。基于董事会的监督和提供战略建议两大主要职能,发现董事会多元化通过提高管理层薪酬激励促进企业创新;并且在民营企业融资约束和竞争激励较高的外部环境下,董事会多元化通过提高企业现金持有水平促进企业创新绩效的提升。

综上所述,本章采用2010—2016年中国制造业民营上市公司作为样本,实证分析董事会多元化与企业创新绩效之间的关系,并深入研究董事会治理效应对企业创新绩效的影响机制。笔者发现董事会多元化对企业创新绩效具有积极促进作用,排除可能存在遗漏变量,反向因果以及自选择内生性问题后,本书的实证结果均成立。进一步分析发现,董事会多元化的三个维度指标中社会资本多元化对企业创新绩效具有显著影响;董事会单个指标异质性中董事会的年龄和教育背景异质性与企业创新绩效存在消极关系,海外背景和学术背景的异质性与企业创新绩效存在积极的关系。此外,在本章选取制造业样本保证企业外部市场竞争环境一致的前提下,基于董事会的监督职能和战略咨询职能,研究董事会多元化的管理层激励效应以及现金持有效应对创新绩效的影响。笔者发现董事会多元化通过促进企业管理层薪酬激励、提高现金持有水平,进而提高企业创新绩效。

第七章　民营企业董事会多元化的
结论与政策建议

第一节　主要结论

　　民营企业在经过一系列政策变革之后已经成为推动我国经济发展不可或缺的中坚力量。然而，由于我国民营企业发展历程较短，许多民营上市公司在公司治理结构方面仍然存在很大缺陷。为此，本书利用委托代理理论、资源依赖理论、人力资本理论、高层阶梯理论和利益相关者理论来解释董事会多元化对民营企业公司治理的重要作用，这为后文的实证研究提供了重要的理论基础。为了检验民营企业董事会多元化的治理有效性，笔者结合中国民营企业的董事会构成现状，以董事会性别和年龄等人口特征，职业背景、教育背景以及海外背景等人力资本特征，政府背景、学术背景以及连锁背景等社会资本特来构建董事会多元化指标。并采用我国2008—2016年民营上市公司为样本，考察民营企业董事会多元化对企业经济绩效的影响并进一步研究其影响机制，最后，结合已有文献和研究结论提出对应的政策建议。表7.1是本书的主要数据。

表7.1　董事会多元化与企业经济绩效的主要影响关系

多元化维度	财务绩效	社会绩效	创新绩效
董事会多元化（BDI）	+ve	+ve	+ve
人口统计特征（Demographic）	Not sig	Not sig	Not sig
人力资本特征（Human）	Not sig	Not sig	Not sig
社会资本特征（Social）	Not sig	+ve	+ve
性别（Gender）	+ve	+ve	Not sig
年龄（Age）	−ve	Not sig	−ve
职业背景（Function）	Not sig	+ve	−ve
教育背景（Degree）	Not sig	Not sig	−ve
海外背景（Oversea）	+ve	Not sig	+ve
政府背景（Government）	−ve	+ve	Not sig
学术背景（Academic）	+ve	Not sig	+ve
连锁背景（Interlock）	Not sig	Not sig	Not sig

注:各变量名定义见表4.1;+ve代表正向影响,−ve代表负向影响,Not sig代表没有影响。

一、民营企业董事多元化对企业财务绩效的影响

基于代理理论和资源依赖理论的视角,本书探讨了民营企业董事会多元化与企业财务绩效之间的关系。研究结果表明,民营企业董事会多元化提高了企业财务绩效。在经过内生性和稳健性检验之后,该研究结论依然成立。把董事会多元化分解为三个维度指标和各个子指标后发现:董事会性别多元化、董事会海外背景多元化以及董事会学术背景多元化提高了企业财务绩效;但董事会年龄背景多元化以及董事会政府背景多元化则抑制了企业财务绩效。进一步地,基于董事会治理有效性,本书深入探究民营企业董事会多元化对企业财务绩效的影响机制。研究发现董事会促进企业财务绩效主要通过三个途径,分别是:第一,董事会多元化通过促进管理层股权激励,降低高管的代理成本,增加董事会监督效应,进而提升企业财务绩效;第二,董事会多元化通过增加企业现金持有,降低融资约束,增强未来战略投资实力,进而提升企业

财务绩效;第三,董事会多元化提供多样化资源,有利于企业增强自身竞争力,进而促进企业财务绩效的提升。

二、民营企业董事会多元化对企业社会责任绩效的影响

基于代理理论、人力资本理论以及利益相关者理论,本书探讨了民营企业董事会多元化与社会责任绩效之间的关系。研究结果表明,民营企业董事会多元化提高了企业社会责任绩效。在经过内生性和稳健性检验之后,该研究结论依然成立。把董事会多元化分解为三个维度指标和各个子指标后发现:董事会社会资本多元化、董事会性别多元化、董事会职业背景多元化以及董事会政府背景多元化提高了企业社会责任绩效。进一步地,基于董事会监督和战略决策职能的有效性,本书深入探究民营企业董事会多元化对企业社会责任绩效的影响机制。研究发现:第一,董事会多元化通过降低债务融资和提高现金持有的方式降低企业经营风险,进而提高企业社会责任绩效;第二,董事会多元化通过增加管理层股权激励,缓解代理成本,进而对民营企业社会责任绩效产生了积极影响。

三、民营企业董事会多元化对企业创新绩效的影响

基于高层阶梯理论和代理理论,本书探讨了董事会多元化与创新绩效之间的关系。研究结果表明,民营企业董事会多元化提高了企业创新绩效。在经过内生性和稳健性检验之后,该研究结论依然成立。把董事会多元化分解为三个维度指标和各个子指标后发现:董事会社会资本多元化、董事会海外背景多元化以及董事会学术背景多元化提高了企业创新绩效;但董事会年龄多元化、董事会职业背景多元化和董事会学历背景多元化抑制了企业创新绩效。进一步地,基于董事会多元化的监督和制定创新战略的有效性,本书深入研究民营企业董事会多元化对企业创新绩效的影响机制。研究发现:第一,董事会多元化通过增加企业现金持有,降低创新战略风险,促进企业创新绩效的提

升;第二,董事会多元化通过增加管理层薪酬激励,提高高管创新积极性,进而提高企业创新绩效。

第二节　政策建议

民营企业董事会多元化不仅能够直接影响企业的财务绩效、社会责任绩效以及创新绩效,而且通过影响公司董事会的监督管理、战略决策和资源提供职能影响它们之间的关系。基于此,针对我国民营企业在董事会运作不足和外部治理环境较差的情况,笔者认为应该把提高董事会多元化水平作为改善董事会治理的突破口。总体而言,为了提高民营企业的董事会治理效率,董事会制度改革和政策创新应该与董事会多元化相结合,以外部监督和内部治理相结合的方式提升民营企业董事会自身的治理能力。具体而言,应该从以下几个方面进行改进。

一、制度层面

近年来,许多西方发达国家都以立法的形式明确要求上市公司提高其董事会多元化水平。挪威在 2005 年修订的《挪威公共有限公司法案》成为第一个引入董事会性别配额制度的国家。此后,越来越多的国家开始采用性别配额相关的法律提升公司董事会性别多元化水平。土耳其和英国已经有相关的公司治理准则要求其上市公司的提名委员会考虑性别多元化。不仅如此,澳大利亚、丹麦、新西兰和美国已经对上市公司董事会多元化披露作出相应的要求。显然,越来越多的国家意识到董事会多元化对公司治理的积极作用,并逐渐开始采用立法手段强制要求上市公司提高董事会多元化水平。资源依赖理论认为,董事会多元化代表了企业对多元化的承诺,并在外部环境中为公司创造合法性。

上文的理论分析和实证结果表明,董事会多元化对企业绩效有明显的提升作用,所以民营企业应该努力提升董事会多元化水平。然而,前文的数据分析却表明董事会多元化在民营企业之间的分布很不均衡,不同地区的民营企业有不同程度的董事会多元化,不同行业的民营企业有不同程度的董事会多元化。甚至在一些企业中,某些维度的董事会多元化特征还可能存在完全同质的情况。一般而言,民营企业提高董事会多元化不是一蹴而就的过程,因为董事会多元化也需要付出相应的成本。比如,引入女性董事虽然能够提高董事会独立性并加强董事会的监督效率,但是如果一次引入大量的女性董事则有可能加剧男性董事和女性董事之间的冲突,从而影响董事会的决策效率并导致企业当期业绩降低。因此,一些民营企业意识到董事会多元化最终能够促进企业绩效提升,但是也不愿意付出其中的成本。在这种情况下,就需要政府等相关机构制定促进民营企业董事会多元化的法律法规,从制度层面要求民营企业提升其董事会多元化水平。证监会于 2018 年 9 月颁布了修订的《中国上市公司治理准则》,在该准则第三节中鼓励上市公司董事会成员的多元化,但是其对上市公司董事会多元化并未作出明确要求,民营企业董事会同质性仍然比较严重。显然,仅仅是鼓励而没有具体要求是难以提高民营企业董事会多元化水平的。

基于此,我国可以借鉴外国的经验,采用配额法促进民营企业董事会多元化。具体而言,首先,笔者建议政府等相关部门要制定相应的配额法案来提升民营企业董事会多元化水平,但不应该只针对性别多元化。前文的实证研究表明,董事会性别多元化、学历背景多元化以及海外背景多元化都能够提升企业绩效,所以政府制定的提升民营企业董事会多元化的配额法案应该综合考虑以上所有维度的多元化。而且,董事会多元化配额法案在开始时不能够要求太高的配额比例,因为民营企业提升董事会多元化是一个循序渐进的过程,如果多元化的配额过高则可能会加剧董事会异质性成员之间的冲突,从而影响董事会的决策效率。其次,也应该制定配套的法律要求民营企业在其年报或社会责任报告中披露其董事会多元化程度,并且披露其在董事的提名和聘任过程中是否考虑了董事会多元化。最后,有效的监督是保证民营企业提升其董事会多元化水平的必要手段,政府可以成立监督委员会对民营企业公布的董事会多元化程度进行核实和检查,对未达到法案要求的民营企业进行相应惩罚。当然,配额法案只是基础的提升董事会多元化水平的法案,未来还应该积极探索其他有效的法律措施来提升民营企业董事会多元化水平。

二、地区层面

国内外许多研究者都认识到中国的市场化改革给经济注入了活力,不仅提高了生产效率,也使要素配置更加合理,是中国近二十多年经济高速增长的主要动力。但是,由于政治、经济、人口、历史等因素的影响,市场化进程在我国不同区域发展仍然很不平衡。市场化水平越高的地区,经济发展水平高,地区法制环境好,企业受到的外部监督也较强。在市场竞争和外部监督双重压力下,企业不得不主动提高自身的治理水平。相反,在市场化水平较低的地区,企业所处的竞争环境不公平,法制环境较差,社会透明度低,公共关注与媒体监督力度更小,民营企业就越有可能忽视自身的治理水平。因此,前文的研究发现,企业所处地区的市场化水平越高,民营企业董事会多元化程度也就越高。针对这种情况,笔者建议在市场水平较低地区的民营企业应该关注自身的公司治理水平,提高董事会多元化程度以促进董事会治理效率的提升。同时,政府监管部门也应该重点关注市场化水平较低地区的民营企业的公司治理水平,以外部监督和内部治理相结合的方式提升民营企业董事会多元化程度。

三、产权层面

改革开放之后,民营企业逐渐获得健康发展的市场环境,但由于各种历史原因,我国民营企业的发展历程与国有企业不同。总体看来,我国民营企业已经建立起比较规范的公司治理结构,无论在法律上还是实际运行上都比较符合现代企业范畴,与国有企业并无明显区别。但是,由于我国在建设经济转型制度方面的不完善,再加上经济转型时期的不稳定性和市场环境的迅速变化,使得民营企业的公司治理结构变得更加复杂。在我国,民营企业较多采用家族式和合伙式的组织形式创立和发展,大多数的民营上市公司具有股权集中的特征,公司大股东有足够的动机和能力对管理层进行监督,能够有效缓解第一类代理问题。然而,由于民营上市公司大股东持股比例相对较高,也极容易产生第二类代理问题,即大股东可以利用控制权寻求私有收益。并且,与国有企业相反,我国大多数民营企业存在着较为严重的家族控制现象,其董事会成员的提名和任命多由大股东决定,而非行政干预。大股东任命的董事降低了董事会独立性,进而降低了董事会职能的有效性。因此,民营企业董事会很难履行其自身的职责。所以想要发挥出董事会多元化的治理有效性,民营企业首先就需要提高董事会的独立性,使民营企业董事会摆脱大股东和内部人的控制。具体而言,民营企业董事会应该引入一定数量的外部董事,使外部董事和内部董事形成制约关系,减少企业内部人对董事会的影响。此外,民营企业应该尽量避免董事长兼任总经理的情况,将董事会的决策权和管理层的经营权分开,使董事会独立的成为战略决策机构。

四、股权结构层面

由于我国大量的民营上市公司是家族企业演变而来的,股权结构呈现出股权集中和一股独大的特征。虽然证监会规定上市公司单一股东及其一致行动人拥有权益的股份比例在30%以上时,该公司在聘任董事过程中应该按照累积投票制度的方式选举,但是由于大股东持股比例较高,大股东对董事的选聘干预程度很大,从而使很多民营企业的董事会缺乏独立性。虽然前文的研究表明第一大股东的持股比例与民营企业董事会多元化呈正相关关系,但是笔者并不建议民营企业以提升大股东持股比例的方式来提升董事会多元化水平。相反,民营企业应该优化股权结构,降低公司大股东对董事会的干预。很多研究发现机构投资者对董事会多元化具有很高的偏爱,他们的实证研究表明机构投资者能够提高民营企业董事会多元化水平。[1] 并且,机构投资者由于持股比例相对较高,能够对公司大股东形成有效的监督与制衡,从而减少大股东对中小股东利益的侵犯,缓解第二类代理冲突。因此,笔者建议民营企业在优化股权结构时可以重点关注机构持股对民营企业公司治理水平的提升效应。在董事选聘过程中,民营企业需要提高中小股东的话语权,使董事会能够为中小股东的利益发声。

五、董事会层面

虽然笔者的理论分析和实证结果表明董事会多元化通过董事会职能显著提高企业的财务绩效、社会责任绩效和创新绩效,但是笔者认为不能只是单纯提高董事会多元化水平,还应该完善相应的董事会制度才能发挥民营企业董事会多元化的治理有效性。具体而言,可以从以下几个方面考虑。

(一)优化董事会的决策机制

要建立科学的董事会决策机制,首先是明确民营企业董事会的主要任务与基本职能,明确董事会在企业中的核心作用。而董事会的主要任务就是确保投资者的利益不受到损害,实现股东利益最大化。一般认为,董事会的基本职能应该包括:负责管理层的招聘、评价、薪酬和持续监督,即监督职能;制定企业的经营战略和发展方向,即战略决策职能;与重要客户、供应商和金融机构建立相应联系,确保企业能够获得相关资源,即资源提供职能。前文的分析已经表明,董事会多元化正是通过董事会的这三个基本职能从而对民营企业绩效产生了积极作用,所以民营企业董事会多元化治理必须要明确董事会的基本职能。其次,民营企业要扩大董事会的权力,把董事会与公司其他机构重

---

① Maria Camila De-La-Hoz, Carlos Pombo and Rodrigo Taborda, "Does Board Diversity Affect Institutional Investor Preferences? Evidence from Latin America", *Working Paper*, 2018.

叠的权力完全划归董事会,特别是关于公司经营战略决策和管理层聘任方面的权力。应设立专门由外部董事和独立董事组成的董事会委员会,如审计和薪酬等委员会,让不同的委员会独立的完成董事会的任务,减少内部人的干预,提高董事会决策的独立性,让董事会有真正的权力去履行其自身的职能。最后,要减少控股股东和大股东对董事会决策的干预,提高董事会的独立性。要让董事会成员能够独立的对公司决策作出判断并提出相应的建议,优化董事会的决策水平。

(二)建立明确的责任承担机制

我国许多民营上市公司都是由家族企业演变而来,这类企业董事会成员的提名和任用往往由家族决定,甚至董事会成员就是其家族成员。这种家族式的管理方式不仅会削弱董事会的独立性,使董事会对大股东和管理层的监督流于形式,还会造成民营企业董事会职责不明确、义务不清晰的问题。一旦民营企业出现问题,董事会成员之间往往会以不明晰义务为借口,逃避自己应尽的责任,又或者整个董事会串通一气而掩盖自身的错误。并且,在家族企业中,董事长往往是企业的创始人,其权力很难受到其他董事的制约,董事会集体决策的优势也很难发挥效果。所以民营企业应该建立明确的董事责任承担机制,董事会成员应该按照自己的义务行事并为自己的行为负责。建立有效的责任承担机制可以帮助民营企业增强董事会独立性,也能够加强董事对自身角色的认知,使其在履行自己的职责时能够以最大化公司价值为目标,尽到自己忠实的义务。具体来说,首先,要建立明确的责任承担机制就要明确董事会责任,同时也应该把董事会成员的工作义务和权力阐明清楚,这样做的好处是在检查不同董事会成员工作效率和贡献时能够做到有理可依,追究责任时也可以明确责任主体。其次,应当确定一个独立的委员来评价董事会的工作效率和贡献,在这个过程中,应当充分发挥外部董事的积极作用,保证评价的客观性。

（三）完善董事会的考核体系和激励机制

企业的成功与失败在很大程度上依赖于董事会的工作能力和工作质量，所以建立一整套科学的评估体系来评判董事会的工作质量会对企业的发展产生深远的影响。就目前而言，我国民营企业对董事会工作的评判还是以经济绩效作为主要的考核指标，对董事会的激励机制也是以物质激励为主要的手段。实践经验已经说明，仅仅把经济绩效当作发展目标的企业是无法健康成长和持续发展的，民营企业想要提高董事会治理效率就需要打破对董事会传统的考核方式和激励机制。前文的分析已经表明，董事会多元化不仅仅能够促进企业财务绩效的提升，还可以提升企业的社会绩效和创新绩效，所以民营企业要想通过多元化来提升董事会的治理效率，在对董事会进行考核时就应该兼顾除财务绩效以外的其他的绩效。总的来说，民营企业应当建立一整套能够综合反映公司经营业绩、创新水平、社会责任绩效和管理水平的考核体系，真实的反映整个董事会和个别董事的工作能力和工作质量，提高董事会工作的团队优势，而不是单纯以奖金或股权激励来促进董事会的工作效率。相反，民营企业需要建立市场化、长期的、动态化和多元化的激励措施，以绩效和期权相结合的方式对董事会成员进行激励，建立科学的激励机制以促进董事会的工作效率是董事会多元化发挥作用不可缺少的条件。

（四）建立规范的董事会会议制度

很多研究都发现董事会会议召开的次数和董事出席的频率能够影响公司绩效，因为董事会会议召开次数多，则表明董事会更有可能关注到了企业内外部环境的变化并及时作出经营决策的调整。董事出席会议的频率越高，则表明该董事更加勤勉和尽责。显然，一个更加勤勉和尽职的董事会能够提高董事会的治理效率并最终提高公司绩效。我国《公司法》规定，上市公司董事会每年定期会议至少召开两次，临时会议仅在必要的时候召开，显然这样的董事会会议的频率是不够的。在当前的环境下,我国民营企业面临激烈的市场竞争,企业所处的外部环境也在迅速变化。作为公司的最高决策层,董事会需要及时作出决策调整以适应迅速变化的外部环境。一些西方发达国家的学者认为董事会应该每月举行一次整日会议,并且出席会议的董事人数应该达到一定比例。因此,要想发挥董事会多元化的积极作用,民营企业就需要建立规范的董事会会议制度,增加董事会会议召开的次数和提高董事出席会议的频率,并且还需要在会议召开的时候鼓励多元化的董事发表自己对董事会决策的看法和建议。

具体而言,民营企业可以在公司章程中提高召开董事会会议的次数,同时明确董事会会议召开的具体规定,比如规定以何种方式通知召开会议,规定哪些事项必须要经过董事会成员的现场磋商而不能以通信方式召开,规定重要会议召开的人数和必须要有外部董事出席等。而且,民营企业需要制定严格的董事会会议考勤和绩效管理制度,在召开董事会会议时应该尽量避免董事无故缺席的情况,建立董事个人档案,记录其出席会议和会议发言状况,以便在董事考核时对其职责履行状况有所依据,从制度上保障董事的勤勉尽职。

(五)建立完善的独立董事制度

西方国家的独立董事制度的实践经验已经表明,独立董事在保障董事会独立性,维护中小股东利益中发挥着至关重要的作用。首先,民营企业应该建立科学的独立董事选配机制,让独立董事的选聘真正做到规范化、制度化,杜绝任人唯亲的选聘,避免独立董事形同虚设的局面。其次,民营企业要引入足够数量的、有独立判断能力的独立董事,并且要在董事会中营造出一个鼓励外部董事积极发表意见的氛围,因为积极的外部董事很难受制于管理层,他们往往能够坦率地表达自己对企业发展和公司战略方面的看法,提高董事会的决策效率。最后,应该建立规范的独立董事的声誉机制和权益保护机制,主要是由于规范的声誉机制可以使独立董事为维护自己的声誉而尽职尽责,而规范的权益保护机制能够让独立董事敢于为中小股东的利益发声。

六、多元化层面

前文的理论分析和实证研究都表明多元化提高了民营企业董事会的治理效率,从而改善企业绩效。因此,民营企业应该提高董事会多元化,以完善董事会治理机制。但是,也有研究指出,多元化也可能带来摩擦,加剧董事会成员之间的冲突,扰乱董事会的决策过程。因此,民营企业在董事会成员的选聘和留任过程中不能一味地追求多元化,而是应该有甄别地增加不同维度的多元化。例如,前文的实证结果显示,并不是所有维度的多元化都可以提升企业绩效。相反,部分董事会多元化特征会显著抑制企业绩效,如董事会年龄多元化不仅没有提升企业绩效,反而显著抑制了企业的经济绩效和创新绩效。所以民营企业在董事会成员的选聘过程中,应该避免增加此类维度的董事会多元化。就民营企业提高董事会多元化本身而言,民营企业可以进行如下考虑。

(一)肯定女性董事的工作能力,适当增加女性董事比例

在封建社会,女性由于受到三纲五常的压迫,社会地位极低。新中国成立之后,从立法层面主张男女平等,空前的改变了我国女性的社会地位。但是,根据全国妇联和国家统计局联合组织实施的第三期中国妇女社会地位调查显示,2.2%的在业女性为国家机关、党群组织、企事业单位负责人,这个比例是男性比例的一半;高层人才所在单位一把手为男性的比例是80.5%。这说明我国女性在工作层面,还是会遭受性别歧视。前文的描述性统计显示,在我国的民营企业中,大约有73%的企业董事会中存在女性董事。然而,在这些企业中,女性董事的占比很小,据描述性统计显示,性别指标的平均值为0.224,中位数为0.219,远远小于0.5。这说明我国民营企业董事性别多元化程度较低。

近年来,随着公司治理领域研究的不断深入,大量的实践经验证明女性董

事对企业绩效的正向作用。首先,相比于男性董事,女性董事更厌恶风险且不过度自信,因而董事会性别多元化有助于减少对风险过高项目的投资。① 而且,董事会性别多元化可以提升董事会的独立性,因为女性董事具有更强的民主性和参与性,所以拥有更多女性董事的董事会能够分配更多的精力于其监督职能,并最终提高企业经济绩效。其次,女性比男性具有更深的情感属性,她们善良,乐于助人,富有同情心,关心他人的福利,关注人际关系。② 所以,女性对他人需求的关注和考虑可能会引导女性董事积极参与社会公益事业,从而提升民营企业社会责任绩效。最后,增加董事会性别多元化可以改善董事会的决策过程,女性董事参与董事会决策可以提供不同的观点和意见,并评估出不同的结果,优化董事会的决策过程。③ 因此,笔者建议民营企业应该规范董事会结构,在董事会成员选聘过程中不应该存在性别歧视,也不能够因性别不同而产生不同衡量标准,而是应该充分肯定和正视女性在董事会中的工作能力和对董事会治理效率的促进作用。具体来说,首先,民营企业需要引入一定数量女性董事,在引入女性董事之后,需要根据女性董事的特征,构建女性董事治理行为和董事会监督效应之间的运行机制,发挥女性董事的积极作用。其次,民营企业需要优化女性董事的选拔和任命机制,在董事会中充分考虑女性对公司治理的观点和建议,发挥女性董事对大股东和管理层的监督作用。此外,也应该加强女性董事对董事会运作的考核和评价,保证女性董事的监督参与程度,实现董事会会议的有效运行,促进民营企业绩效的提升。不过,笔者虽然强调了女性董事的积极作用,但民营企业在引入女性董事时也需

① Brad M. Barber and Terrance Odean, "Boys will be Boys: Gender, Overconfidence, and Common Stock Investment", *Quarterly Journal of Economics*, 116(1), 2001, pp. 261-292.

② Alice H. Eagly, Mary C. Johannesen-Schmidt and Marloes L. van Engen, "Transformational, Transactional, and Laissez-Faire Leadership Styles: A Meta-Analysis Comparing Women and Men", *Psychological Bulletin*, 129(4), 2003, pp. 569-591.

③ Catherine M. Daily and Dan R. Dalton, "Women in the Boardroom: A Business Imperative", *Journal of Business Strategy*, 24(5), 2003, pp. 8-9.

要考虑女性董事的质量,而不能只是强调女性董事的数量,所以民营企业要建立适当的激励和约束机制来培养女性董事履行相关职能的能力和经验。

表7.2　各国的董事会性别法规和建议

国家	法律年限	配额比例	实现年份	公司治理准则中性别平等	2010 年平均女性董事比例(%)
挪威	2003	40%	2008	2009	39
西班牙	2007	40%	2015	2006	10
冰岛	2010	40%	2013	2010	16
芬兰	2010[a]	1 Woman	2010	2010	26
法国	2011	40%	2017	2010	12
比利时	Pending[a]	33%	N/A	2009	10
荷兰	Pending[b]	30%	2015	2010	15
意大利	Pending[c]	30%	2015		5
瑞典	Discussion[d]			2004	26
德国	Discussion[e]			2009	13
英国	Discussion[f]			2010	9
加拿大	Discussion[g]				14

注:待定(Pending)表示法律至少通过了立法程序的一个阶段;讨论(Discussion)表明,媒体来源引用了政治家关于配额的争论;a 表示比利时参议院第 5—603/1 号立法文件;b 来源于 Vijselaar(2011)的文章;c 来源于 PIRC(2011);d 表示瑞典于 2003 年讨论过(Lindahl,2003);e 来源于 Fox(2011)的文章;f 来源于 2011 年戴维斯勋爵报告;g 来源于 Bitti(2010)的文章。

(二)避免董事会出现过大的年龄异质性和学历背景异质性

笔者的研究结论表明董事会年龄多元化抑制了企业的财务绩效与创新绩效。一般认为,平均年龄较低的董事更愿意进行战略变革,与年龄较高的董事相比,年龄较小的董事更加具有风险偏好,他们更愿意制定风险战略。不过,年轻的董事由于阅历和经验欠缺,全面认知问题的水平较低,导致决策失误概率增加。而年龄较大的董事具有丰富的从业经验，能够为董事会决策提供建设性意见。但年龄较大的董事学习能力和变通能力也会减弱，其风险承受能力也不断降低，他们往往不愿意企业进行较大的变革。所以，董事会年龄多元化往往会加剧董事会冲突。因此，具有不同年龄特征的董事不太可能相互公开沟通，年龄多元化可能会导致董事会缺乏凝聚力、沟通和合作以至造成更多的冲突和不满，从而降低企业绩效。基于此，笔者建议民营企业在董事的选聘和留任过程中，应该尽量避免董事会出现较大的年龄异质性。具体而言，笔者认为不同行业的企业应该选择不同年龄类型的董事会。如年龄较小的董事更愿意制定风险战略，因为他们有更高的风险偏好，所以科技创新型的民营企业应该尽量聘任年龄偏小的成员构建其董事会。而年龄较大的董事具有丰富的从业经验和较多的社会资本，但其风险承受能力较低，往往不愿意企业进行较大的变革，所以非创新性企业可以多雇用年龄偏大的董事，为企业带来丰富的社会资本。

笔者的研究也表明董事会教育背景多元化降低了企业创新绩效。可能的原因是因为董事会中教育水平的差异会导致感情冲突进而导致董事会的凝聚力下降，从而影响了董事会的决策效率。[1] 此外，如果董事会成员受教育程度差异过大，会阻碍董事会的沟通和协调，从而使董事会在关键问题上难以达成共识，延长了决策时间。据描述性统计显示，在我国民营企业中，研究生以上学历背景的董事高达 69.81%，并且该比例正在逐年上升。可见，在民营企业董事会中引入高学历背景的董事已经成为趋势。但是，笔者发现董事会教育背景异质性对企业的创新绩效具有显著的负面影响。因此，笔者建议民营企业在选聘董事的过程中，应该避免董事会出现过大的学历背景异质性，因为学历背景的差异带来的认知差异，会阻碍董事会的信息共享和有效沟通，降低决策效率。

---

① 刘凤朝、默佳鑫、马荣康：《高管团队海外背景对企业创新绩效的影响研究》，《管理评论》2017 年第 7 期。

（三）引入一定数量具有海外背景和学术背景的董事，优化董事会结构

一般认为，具有海外背景的董事在海外拥有学习或工作的经验，他们长时间接触海外文化和思想。这种经历可以加强董事的认知能力，在董事会决策时提供更有效的咨询。而且，具有海外背景的董事由于长时间在海外学习或工作，还累积了一定的社会资本。在经济全球化的背景下，通过累积的人际关系和社交网络能够获取大量的商业信息与资源，能为企业带来显著的优势，从而提升企业绩效。同时，海外经历个体一生中重要的经历与洗礼，个体会经历其他多种文化的冲击和影响，并影响到个体的思维模型等。如果董事长时间在海外学习和工作，这种经历将会转化为他们的认知能力。宋建波和文雯（2016）认为，具有海外背景的董事对企业自主创新的重要性有着更深刻的理解，在海外的经历使他们更愿意接受新思想，也更容易接受企业的战略创新。这种心理资本优势使他们更能积极地促使企业进行创新活动，并且对创新失败的容忍度也更强，从而能提升企业的创新绩效，这也与笔者的研究结论一致。因此，笔者建议民营企业应该加强海外背景董事的引入，为企业带来丰富的海外经验和国际化的观点。特别是在跨国企业中，具有海外背景的董事显得尤为重要，他们熟悉海外企业的发展战略，能够为我国跨国民营企业带来丰富的发展经验和战略指导。

此外，具有学术背景的董事一般都是来自高校和科研机构的科研人员或是教授，他们往往具有较强的信息处理分析能力和逻辑思维能力。这类董事具有比较扎实、系统的理论功底，他们通常掌握了特定领域比较全面和专业的知识，这使得董事会在对待不同问题时有更加广泛和全面的认识，从而提升了董事的决策效率。[①] 一方面，具有学术背景的董事往往拥有较高学位，他们在学校经过了长期系统的训练，遇到问题能够进行独立的思考、提出自己独到的

---

① 张鸿、王分棉：《学者董事研究现状和未来展望》，《外国经济与管理》2016 年第 12 期。

见解,从而能够提升董事会战略和监督职能,促进企业业绩提升。① 另一方面,具有学术背景的董事一般来自高校和科研机构,他们可以帮助企业获取高校资源,如提供优秀的科研人员、帮助企业获取专业知识和技术等。而且,学术背景较强的董事本身就具有较强的科研能力,他们更加关注企业创新,所以董事会学术背景多元化能够提升企业的创新绩效。因此,笔者建议民营企业引入一定数量具有学术背景的董事,区别于其他背景,具有学术背景董事的特征在于高级知识禀赋,从知识积累的角度而言,具有学术背景的独立董事在知识创新和知识发展的方面具有一定的权威性,与其他董事之间进行思想或知识的交流时更能理解企业长远研发投入的价值,所以他们的存在能够提高企业的创新能力和产出效率。②

(四)谨慎地引入具有政府背景的董事

笔者的研究表明,董事会政府背景多元化在提升民营企业社会绩效的同时还降低了民营的经济绩效。近年来,随着我国市场化改革的不断发展,政府对民营企业的干预程度也逐渐下降。然而,据前文的描述性统计显示,仍然有75.96%的企业有政府背景董事。民营企业引入具有政府背景的董事从而与政府建立联系并从中获益。相关的实证研究表明,这种联系能够帮助民营减轻税收负担,缓解融资约束,获得法律优待,从而让民营企业在激烈的市场竞争中获得长足发展。③ 如果民营企业的董事在政府任职或曾经任职,那么凭

---

① Bill Francis,Iftekhar Hasan and Qiang Wu,"Professors in the Boardroom and Their Impact on Corporate Governance and Firm Performance",*Financial Management*,44(3),2015,pp. 547-581.

② 沈艺峰、王夫乐、陈维:《"学院派"的力量:来自具有学术背景独立董事的经验证据》,《经济管理》2016 年第 5 期。

③ 李维安、徐业坤:《政治身份的避税效应》,《金融研究》2013 年第 3 期。吴文锋、吴冲锋、芮萌:《中国上市公司高管的政府背景与税收优惠》,《管理世界》2009 年第 3 期。李姝、谢晓嫚:《民营企业的社会责任、政治关联与债务融资——来自中国资本市场的经验证据》,《南开管理评论》2014 年第 6 期。Mara Faccio,Ronald W.Masulis and John J.McConnell,"Political Connections and Corporate Bailouts",*The Journal of Finance*,61(6),2006,pp. 2597-2635.

借其在任职期间建立起的社会资本,有助于企业获得政府的帮助。① 不过,建立并维护这种联系并不容易,在为民营企业带来竞争优势的同时也加剧了企业的负担。比如,政府可能为了某种目的让民营企业增加环境保护和慈善捐赠等社会责任投资,从而影响了民营企业正常经营和投资活动,导致其经济绩效降低。因此,民营企业在引入具有政府背景的董事时,需要考虑这种联系给自身带来的影响。在综合了政治关联优点和缺点之后,谨慎地引用具有政府背景的董事。所以那些董事会政府背景多元化程度很高的民营企业,应该适当减少一些具有政府背景的董事。

---

① 潘越、戴亦一、吴超鹏、刘建亮:《社会资本、政治关系与公司投资决策》,《经济研究》2009 年第 11 期。

参 考 文 献

一、中文著作

崔新建、郑勇男:《中国民营企业现代企业制度建设研究》,经济管理出版社 2018 年版。

樊纲:《金融改革与企业发展》,经济科学出版社 2000 年版。

郭吉涛:《民营企业高管团队特征对企业绩效的影响研究》,经济科学出版社 2018 年版。

黄速建、王钦、贺俊:《中国民营企业治理演进问题研究》,经济管理出版社 2008 年版。

李亚、郝臣:《中国民营企业上市公司治理报告》,中国经济出版社 2014 年版。

[美]倪志伟、[德]欧索菲、Victor Nee、Sonja Opper:《自下而上的变革》,北京大学出版社 2016 年版。

宋天宇:《董事职业背景异质性对技术创新绩效影响研究》,东北财经大学硕士学位论文,2017 年。

苏琦:《企业社会责任研究:以中国民营企业为例》,中国书籍出版社 2013 年版。

王小鲁、樊纲、胡李鹏:《中国分省份市场化指数报告》,社会科学文献出版社 2019 年版。

徐淑英、边燕杰、郑国汉:《中国民营企业的管理和绩效:多学科视角》,北京大学出版社 2008 年版。

[美]约瑟夫·熊彼特:《经济发展理论——对于利润、资本、信贷、利息和经济周期的考察》,商务印书馆 2009 年版。

252

张余华:《家族企业发展进程及治理模式研究》,华中科技大学出版社 2006 年版。

赵岩:《民营企业政治联系下的过度投资治理效应研究》,经济科学出版社 2017 年版。

二、中文论文

曹芳、钟乃雄:《基于经理人代理和管家行为倾向的民营企业公司治理选择》,《科学学与科学技术管理》2008 年第 4 期。

陈春花、朱丽、宋继文:《学者价值何在？高管学术资本对创新绩效的影响研究》,《经济管理》2018 年第 10 期。

陈建林:《家族终极所有权与民营企业债务代理成本的关系研究》,《当代经济科学》2015 年第 1 期。

陈凌、王萌、朱建安:《中国家族企业的现代转型——第六届"创业与家族企业成长"国际研讨会侧记》,《管理世界》2011 年第 4 期。

陈仕华、姜广省、卢昌崇:《董事联结、目标公司选择与并购绩效——基于并购双方之间信息不对称的研究视角》,《管理世界》2013 年第 12 期。

程新生、赵旸:《权威董事专业性、高管激励与创新活跃度研究》,《管理科学学报》2019 年第 3 期。

储小平:《职业经理与家族企业的成长》,《管理世界》2002 年第 4 期。

崔淼、肖咪咪、王淑娟:《组织创新氛围研究的元分析》,《南开管理评论》2019 年第 1 期。

崔勋、武月、丁昊明:《董事会多样性与公司绩效的关系——高管薪酬中私有信息的中介机制》,《现代管理科学》2019 年第 1 期。

崔也光、王肇、周畅:《独立董事背景特征影响企业研发强度吗？——基于企业生命周期视角》,《经济与管理》2018 年第 12 期。

代昀昊、孔东民:《高管海外经历是否能提升企业投资效率》,《世界经济》2017 年第 1 期。

邓宏图、周立群:《经理人市场:供求与交易关系研究——从交易的角度解析经理报酬(定价)》,《江苏社会科学》2002 年第 4 期。

杜剑、于芝麦:《学术型独立董事的声誉与比例对公司股价崩盘风险的影响》,《改革》2019 年第 1 期。

杜颖洁、杜兴强:《女性董事、法律环境与企业社会责任——基于中国资本市场的经验证据》,《当代会计评论》2014 年第 13 期。

段海艳:《连锁董事、组织冗余与企业创新绩效关系研究》,《科学学研究》2012 年第 4 期。

范建红、陈怀超:《董事会社会资本对企业研发投入的影响研究——董事会权力的调节效应》,《研究与发展管理》2015 年第 5 期。

高凤莲、王志强:《独立董事个人社会资本异质性的治理效应研究》,《中国工业经济》2016 年第 3 期。

何贤杰、孙淑伟、朱红军、牛建军:《证券背景独立董事、信息优势与券商持股》,《管理世界》2014 年第 3 期。

胡琦、周端明:《女性董事对公司绩效影响的实证分析——基于中国 1042 家上市公司的数据》,《管理学刊》2016 年第 4 期。

胡元木、纪端:《董事技术专长、创新效率与企业绩效》,《南开管理评论》2017 年第 3 期。

黄秋风、唐宁玉、葛明磊:《团队多样化对团队创新作用的双刃剑效应——来自元分析的证据》,《商业经济与管理》2018 年第 9 期。

黄健柏、钟美瑞:《我国经理人市场定价效率及实证分析》,《中南大学学报(社会科学版)》2003 年第 6 期。

黄群慧:《控制权作为企业家的激励约束因素:理论分析及现实解释意义》,《经济研究》2000 年第 1 期。

黄群慧、李春琦:《报酬、声誉与经营者长期化行为的激励》,《中国工业经济》2001 年第 1 期。

黄速建、王钦、贺俊:《制度约束、需求驱动和适应性选择——中国民营企业治理演进的分析》,《中国工业经济》2008 年第 6 期。

黄速建、余菁:《国有企业的性质、目标与社会责任》,《中国工业经济》2006 年第 2 期。

黄志忠、薛清梅、宿黎:《女性董事、CEO 变更与公司业绩——来自中国上市公司的证据》,《经济评论》2015 年第 6 期。

贾明、张喆:《高管的政治关联影响公司慈善行为吗?》,《管理世界》2010 年第 4 期。

贾兴、刘益:《外部环境、内部资源与企业社会责任》,《南开管理评论》2014 年第 6 期。

姜付秀、黄继承:《经理激励、负债与企业价值》,《经济研究》2011 年第 5 期。

姜付秀、刘志彪:《行业特征、资本结构与产品市场竞争》,《管理世界》2005 年第

10 期。

况学文、彭迪云、林妮:《女性董事改善了公司财务绩效吗?——基于我国上市公司的经验证据》,《江西社会科学》2012 年第 4 期。

黎来芳、张伟华、陆琪睿:《会计信息质量对民营企业债务融资方式的影响研究——基于货币政策的视角》,《会计研究》2018 年第 4 期。

李玲、白昆艳、张巍:《董事会异质性、组织冗余与企业创新战略》,《科技管理研究》2018 年第 2 期。

李玫:《论民营企业法律环境及其自我优化的必要性——一种外部性理论视角》,《经济管理》2009 年第 9 期。

李姝、谢晓嫣:《民营企业的社会责任、政治关联与债务融资——来自中国资本市场的经验证据》,《南开管理评论》2014 年第 6 期。

李四海:《制度环境、政治关系与企业捐赠》,《中国会计评论》2010 年第 2 期。

李维安、南开大学国际商学院公司治理原则课题组:《改革实践的呼唤:中国公司治理原则》,《中国改革》2000 年第 10 期。

李维安、徐业坤:《政治身份的避税效应》,《金融研究》2013 年第 3 期。

李新春:《经理人市场失灵与家族企业治理》,《管理世界》2003 年第 4 期。

李新春:《信任、忠诚与家族主义困境》,《新经济》2005 年第 5 期。

李增福、汤旭东、连玉君:《中国民营企业社会责任背离之谜》,《管理世界》2016 年第 9 期。

李长娥、谢永珍:《产品市场竞争、董事会异质性对技术创新的影响——来自民营上市公司的经验证据》,《华东经济管理》2016 年第 8 期。

李长娥、谢永珍:《区域经济发展水平、女性董事对公司技术创新战略的影响》,《经济社会体制比较》2016 年第 4 期。

李姝、谢晓嫣:《民营企业的社会责任、政治关联与债务融资——来自中国资本市场的经验证据》,《南开管理评论》2014 年第 6 期。

刘柏、卢家锐:《"顺应潮流"还是"投机取巧":企业社会责任的传染机制研究》,《南开管理评论》2018 年第 4 期。

刘博、张多蕾、刘海兵:《高管团队社会资本断裂与企业创新能力关系研究——CEO 权力的调节作用》,《华东经济管理》2018 年第 7 期。

刘凤朝、默佳鑫、马荣康:《高管团队海外背景对企业创新绩效的影响研究》,《管理评论》2017 年第 7 期。

刘浩、唐松、楼俊:《独立董事:监督还是咨询?——银行背景独立董事对企业信贷融资影响研究》,《管理世界》2012 年第 1 期。

刘绪光、李维安:《基于董事会多元化视角的女性董事与公司治理研究综述》,《外国经济与管理》2010 年第 4 期。

陆静、徐传:《董事会文化多样性对公司绩效的影响》,《山西财经大学学报》2017 年第 11 期。

罗殿军、冀田:《产业群共生环境下民营企业发展战略研究》,《研究与发展管理》2006 年第 4 期。

马骏、罗衡军、肖宵:《私营企业家地位感知与企业创新投入》,《南开管理评论》2019 年第 2 期。

马云飙、石贝贝、蔡欣妮:《实际控制人性别的公司治理效应研究》,《管理世界》2018 年第 7 期。

潘越、戴亦一、李财喜:《政治关联与财务困境公司的政府补助——来自中国 ST 公司的经验证据》,《南开管理评论》2009 年第 5 期。

潘越、戴亦一、吴超鹏、刘建亮:《社会资本、政治关系与公司投资决策》,《经济研究》2009 年第 11 期。

庞凤喜、刘畅、米冰:《减税与减负:企业负担的类型与成因》,《税务研究》2016 年第 12 期。

曲亮、章静、郝云宏:《独立董事如何提升企业绩效——立足四层委托—代理嵌入模型的机理解读》,《中国工业经济》2014 年第 7 期。

任凌玉:《产品市场竞争衡量方法综述》,《经济问题探索》2009 年第 1 期。

任颋、王峥:《女性参与高管团队对企业绩效的影响:基于中国民营企业的实证研究》,《南开管理评论》2010 年第 5 期。

沈倩岭:《金融市场竞争、公司治理机制与中国民营企业成长:跨层次模型》,《云南财经大学学报》2018 年第 4 期。

沈艺峰、王夫乐、陈维:《"学院派"的力量:来自具有学术背景独立董事的经验证据》,《经济管理》2016 年第 5 期。

疏礼兵:《基于需要满足的民营企业社会责任行为动机研究》,《软科学》2012 年第 8 期。

宋建波、文雯:《董事的海外背景能促进企业创新吗?》,《中国软科学》2016 年第 11 期。

宋鹏:《我国政府研发补贴与企业创新绩效及研发能力关联性研究》,《软科学》2019 年第 5 期。

孙博、刘善仕、姜军辉、葛淳棉、周怀康:《企业融资约束与创新绩效:人力资本社会网络的视角》,《中国管理科学》2019 年第 4 期。

孙亮、周琳:《女性董事、过度投资与绩效波动——基于谨慎性视角的研究》,《管理评论》2016 年第 7 期。

谭雪:《行业竞争、产权性质与企业社会责任信息披露——基于信号传递理论的分析》,《产业经济研究》2017 年第 3 期。

唐国平、李龙会:《股权结构、产权性质与企业环保投资——来自中国 A 股上市公司的经验证据》,《财经问题研究》2013 年第 3 期。

王红建、李青原、邢斐:《经济政策不确定性、现金持有水平及其市场价值》,《金融研究》2014 年第 9 期。

王明杰、朱如意:《上市公司女性董事对公司绩效影响研究》,《统计与决策》2010 年第 5 期。

王勇、刘志远、郑海东:《多元化经营与现金持有"竞争效应"——基于中国制造业上市公司的实证分析》,《管理评论》2015 年第 1 期。

王裕、任杰:《独立董事的海外背景、审计师选择与审计意见》,《审计与经济研究》2016 年第 4 期。

王跃堂、朱林、陈世敏:《董事会独立性、股权制衡与财务信息质量》,《会计研究》2008 年第 1 期。

文雯、宋建波:《高管海外背景与企业社会责任》,《管理科学》2017 年第 2 期。

吴伟达:《民营企业市场竞争的法律环境研究》,《浙江学刊》2006 年第 6 期。

吴文锋、吴冲锋、芮萌:《中国上市公司高管的政府背景与税收优惠》,《管理世界》2009 年第 3 期。

武勇:《民营企业家与职业经理人的协调与约束机制》,《当代经济研究》2005 年第 8 期。

冼国明、崔喜君:《外商直接投资、国内不完全金融市场与民营企业的融资约束——基于企业面板数据的经验分析》,《世界经济研究》2010 年第 4 期。

向锐、秦梦:《审计委员会女性董事、事务所声誉与审计定价》,《会计与经济研究》2016 年第 6 期。

萧维嘉、王正位、段芸:《大股东存在下的独立董事对公司业绩的影响——基于内生视角的审视》,《南开管理评论》2009 年第 2 期。

谢绚丽、赵胜利:《中小企业的董事会结构与战略选择——基于中国企业的实证研究》,《管理世界》2011 年第 1 期。

谢志明、易玄:《产权性质、行政背景独立董事及其履职效应研究》,《会计研究》2014年第9期。

徐军辉:《我国民营企业社会资本的来源及特征——基于转型期民营企业的分析》,《北方论丛》2012年第6期。

许瑜、冯均科:《内部控制、高管激励与创新绩效——基于内部控制有效性的实证研究》,《软科学》2017年第2期。

薛求知、宋丽丽:《中国家族企业治理模式变迁的权变因素及过程——一个动态分析模型》,《当代财经》2006年第10期。

闫坤、于树一:《开启减税降费的新时代:以降"税感"拓展政策空间》,《税务研究》2018年第3期。

严若森、朱婉晨:《女性董事、董事会权力集中度与企业创新投入》,《证券市场导报》2018年第6期。

杨兴全、吴昊旻、曾义:《公司治理与现金持有竞争效应——基于资本投资中介效应的实证研究》,《中国工业经济》2015年第1期。

叶国灿:《论家族企业控制权的转移与内部治理结构的演变》,《管理世界》2004年第4期。

余明桂、钟慧洁、范蕊:《民营化、融资约束与企业创新——来自中国工业企业的证据》,《金融研究》2019年第4期。

虞义华、赵奇锋、鞠晓生:《发明家高管与企业创新》,《中国工业经济》2018年第3期。

袁建国、后青松、程晨:《企业政治资源的诅咒效应——基于政治关联与企业技术创新的考察》,《管理世界》2015年第1期。

翟淑萍、袁克丽:《财务独立董事职业背景与分析师预测准确性》,《华东经济管理》2019年第5期。

张宏军:《民营企业发展历程与成长机制研究》,《商业时代》2017年第21期。

张鸿、王分棉:《学者董事研究现状和未来展望》,《外国经济与管理》2016年第12期。

张梅、汪佑德:《上市公司女性董事对企业绩效影响实证研究——来自于"象征主义"理论的解释》,《福建论坛》2017年第4期。

张娜:《女性董事对企业绩效影响的实证研究——来自中国973家上市公司的证据》,《妇女研究论丛》2013年第4期。

章丽厚:《中国民营企业可持续性发展的实证研究——基于上市公司的数据》,南京航空航天大学博士学位论文,2009年。

张维今、李凯、王淑梅:《CEO权力的调节作用下董事会资本对公司创新的内在机制影响研究》,《管理评论》2018年第4期。

张维迎:《产权安排与企业内部的权力斗争》,《经济研究》2000年第6期。

赵成国、甘胜军:《民营企业产权结构与人力资本产权问题探讨》,《汉江论坛》2008年第3期。

赵旭峰、温军:《董事会治理与企业技术创新:理论与实证》,《当代经济科学》2011年第3期。

赵子乐、林建浩:《海洋文化与企业创新——基于东南沿海三大商帮的实证研究》,《经济研究》2019年第2期。

郑志刚、郑建强、李俊强:《任人唯亲的董事会文化与公司治理——一个文献综述》,《金融评论》2016年第5期。

周建、李小青:《董事会认知异质性对企业创新战略影响的实证研究》,《管理科学》2012年第6期。

周建波、孙菊生:《经营者股权激励的治理效应研究——来自中国上市公司的经验证据》,《经济研究》2003年第5期。

周楷唐、麻志、吴联生:《高管学术经历与公司债务融资成本》,《经济研究》2017年第7期。

周明建、潘海波、任际范:《团队冲突和团队创造力的关系研究:团队效能的中介效应》,《管理评论》2014年第12期。

周雪峰、兰艳泽:《债务融资对非效率投资行为的影响作用——基于中国民营上市公司的实证研究》,《暨南学报(哲学社会科学版)》2011年第3期。

周煊、孟庆丽、刘晓辉:《女性董事对企业社会责任履行的影响——以慈善捐赠为例》,《北京工商大学学报》2016年第4期。

周泽将、胡琴、修宗峰:《女性董事与经营多元化》,《管理评论》2015年第4期。

周泽将、马静、刘中燕:《独立董事政治关联会增加企业风险承担水平吗?》,《财经研究》2018年第8期。

周泽将、修宗峰:《女性董事对企业经营绩效影响的实证研究——基于2000—2009年中国证券市场A股上市公司样本》,《财经理论与实践》2014年第2期。

周泽将:《女性董事影响了企业慈善捐赠吗?——基于中国上市公司的实证研究》,《上海财经大学学报》2014年第3期。

朱健齐、李天成、孟繁郇、翁胤哲:《海峡两岸独立董事设置对企业绩效的影响——基于政策实施的视角》,《管理科学》2017 年第 4 期。

朱晓文、吕长江:《家族企业代际传承:海外培养还是国内培养?》,《经济研究》2019 年第 1 期。

三、英文著作

Gary S. Becker, *Human Capital:A Theoretical and Empirical Analysis with Special Reference to Education*(3rd Edition), Chicago:The University of Chicago Press, 1964.

Adolf A. jr.Berleand Gardiner C. Means, *The Modern Corporate and Private Property*, New York, MacMillan, 1932.

Sydney Finkelstein, Donald C. Hambrick, Albert A. Cannella Jr., *Strategic Leadership: Theory and Research on Executives, Top Management Teams, and Boards*, New York:Oxford University Press,2009.

四、英文论文

Abdullah, Shamsul Nahar, "The Causes of Gender Diversity in Malaysian Large Firms", *Journal of Management and Governance*, 18(4),2014.

Acero, Isabel and Nuria Alcalde, "Controlling Shareholders and the Composition of the Board:Special Focus on Family Firms", *Review of Managerial Science*, 10(1), 2016.

Adams, Renée B. and Daniel Ferreira, "Women in the Boardroom and Their Impact on Governance and Performance", *Journal of Financial Economics*, 94(2),2009.

Adhikaria, Binay Kumar and Anup Agrawal, "Religion, Gambling Attitudes and Corporate Innovation", *Journal of Corporate Finance*, 37, 2016.

Admati, Anat R., Paul Pfleiderer and Josef Zechner, "Large Shareholder Activism, Risk Sharing, and Financial Market Equilibrium", *Journal of Political Economy*, 102(6), 1994.

Ahern, Kenneth R. and Amy K. Dittmar, "The Changing of the Boards:The Impact on Firm Valuation of Mandated Female Board Representation", *Quarterly Journal of Economics*, 127(1), 2012.

Ali, Muhammad, Yin Lu Ng and Carol T. Kulik, "Board Age and Gender Diversity:A Test of Competing Linear and Curvilinear Predictions", *Journal of Business Ethics*, 125(3), 2014.

An, Heng, Carl R. Chen, Qun Wu, and Ting Zhang, "Corporate Innovation: Does Diverse Board Help?", *Journal of Financial and Quantitative Analysis*, Forthcoming, 2019.

Anderson, Ronald C., David M. Reeb, Arun Upadhyay and Wanli Zhao, "The Economics of Director Heterogeneity", *Financial Management*, 40(1), 2011.

Ararat, Melsa, Mine Aksu and Ayse Tansel Cetin, "How Board Diversity Affects Firm Performance in Emerging Markets: Evidence on Channels in Controlled Firms", *Corporate Governance: An International Review*, 23(2), 2015.

Au, Kevin, Mike W. Peng and Denis Wang, "Interlocking Directorates, Firm Strategies, and Performance in Hong Kong: Towards a Research Agenda", *Asia Pacific Journal of Management*, 17(1), 2000.

Ayyagari, Meghana, Asli Demirgueg—Kunt and Vojislav Maksimovic, "Firm Innovation in Emerging Markets: The Role of Finance, Governance, and Competition", *Journal of Financial and Quantitative Analysis*, 46(6), 2011.

Balkin, David B., Gideon D. Markman and Luis R. Gomez—Mejia, "Is CEO Pay in High—Technology Firms Related to Innovation?", *Academy of Management Journal*, 43(6), 2000.

Baranchuk, Nina and Philip H. Dybvig, "Consensus in Diverse Corporate Boards", *Review of Financial Studies*, 22(2), 2009.

Barber, Brad M. and Terrance Odean, "Boys will be Boys: Gender, Overconfidence, and Common Stock Investment", *Quarterly Journal of Economics*, 116(1), 2001.

Berger, Allen N., Iftekhar Hasan and Leora F. Klapper, "Further Evidence on the Link between Finance and Growth: An International Analysis of Community Banking and Economic Performance", *Journal of Financial Services Research*, 25(2—3), 2004.

Bernile, Gennaro, Vineet Bhagwat and Scott Yonker, "Board Diversity, Firm Risk, and Corporate Policies", *Journal of Financial Economics*, 127, 2018.

Bhattacharya, Utpal, Po—Hsuan Hsu, Xuan Tian and Yan Xu, "What Affects Innovation More: Policy or Policy Uncertainty?", *Journal of Financial and Quantitative Analysis*, 52(5), 2017.

Bohdanowicz, Leszek, "Ownership Structure and Female Directors on Two—Tier Boards: Evidence from Polish Listed Companies", *Working Paper*, 2012.

Boone, Christophe, Boris Lokshin, Hannes Guenter and René Belderbos, "Top Management Team Nationality Diversity, Corporate Entrepreneurship, and Innovation in Multinational Firms", *Strategic Management Journal*, 40(2), 2019.

Boubakri, Narjess, Jean—Claude Cosset and Walid Saffar, "The Role of State and Foreign Owners in Corporate Risk—Taking:Evidence from Privatization", *Journal of Financial Economics*, 108(3),2011.

Byron, Kris and Corinne Post, "Women on Boards of Directors and Corporate Social Performance: A Meta—Analysis", *Corporate Governance: An International Review*, 24 (4), 2016.

Campbell, John L., "Why would Corporations Behave in socially Responsible Ways? An Institutional Theory of Corporate Social Responsibility",*Academy of Management Review*, 32(3), 2007.

Carpenter, Mason A., Gerard Sanders and Hal B. Gregersen, "Bundling Human Capital with Organizational Context:The Impact of International Assignment Experience on Multinational Firm Performance and CEO Pay", *Academy of Management Journal*, 44 (3), 2001.

Carter, David A., Frank D.Souza, Betty J. Simkins and W. Gary Simpson, "The Gender and Ethnic Diversity of U.S. Boards and Board Committees and Firm Financial Performance", *Corporate Governance:An International Review*, 18(5), 2010.

Carter, David A., Betty J. Simkins and W. Gary Simpson, "Corporate Governance, Board Diversity, and Firm Value", *Financial Review*, 38(1), 2003.

Chemmanur, Thomas J., Elena Loutskina and Xuan Tian, "Corporate Venture Capital, Value Creation, and Innovation", *Review of Financial Studies*, 27(8), 2014.

Chen, Chao C., Xiao—Ping Chen and Shengsheng Huang, "Chinese Guanxi:An Integrative Review and New Directions for Future Research", *Management and Organization Review*, 9(1), 2013.

Chen, Jie, Woon Sau Leung and Marc Goergen, "The Impact of Board Gender Composition on Dividend Payouts", *Journal of Corporate Finance*, 43, 2017.

Chen, Shimin, Xu Ni, Jamie Y. Tong,"Gender Diversity in the Boardroom and Risk Management:A Case of R & D Investment", *Journal of Business Ethics*, 136(3), 2016.

Chen, Yangyang, Edward Podolski, S. Ghon Rhee and Madhu Veeraraghavan, "Local Gambling Preferences and Corporate Innovative Success", *Journal of Financial and Quantitative Analysis*, 49(01), 2014.

Chizema, Amon, Xiaohui Liu and Jiangyong Lu,"Politically Connected Boards and Top

Executive Pay in Chinese Listed Firms", *Strategic Management Journal*, 36(6), 2015.

Cho, Charles H., Jay Heon Jung and Byungjin Kwak, "Professors on the Board: Do They Contribute to Society outside the Classroom?", *Journal of Business Ethics*, 141 (2), 2017.

Coffey, Betty S. and Jia Wang, "Board Diversity and Managerial Control as Predictors of Corporate Social Performance", *Journal of Business Ethics*, 17(14), 1998.

Dahya, Jay, Orlin Dimitrov and John J. McConnell, "Does Board Independence Matter in Companies with a Controlling Shareholder?", *Journal of Applied Corporate Finance*, 21 (1), 2009.

Daily, Catherine M. and Dan R. Dalton, "Women in the Boardroom: A Business Imperative", *Journal of Business Strategy*, 24(5), 2003.

Dalton, Dan R., Catherine M. Daily, Alan E. Ellstrand and Jonathan L. Johnson, "Meta—Analytic Reviews of Board Composition, Leadership Structure, and Financial Performance", *Strategic Management Journal*, 19(3), 1998.

Darmadi, Salim, "Do Women in Top Management Affect Firm Performance? Evidence from Indonesia", *Corporate Governance: The International Journal of Effective Board Performance*, 13(3), 2013.

Dearborn, DeWitt C. and Herbert A. Simon, "Selective Perception: A Note on the Departmental Identifications of Executives", *Sociometry*, 21(2), 1958.

De-La-Hoz, Maria Camila and Carlos Pombo, "Institutional Investor Heterogeneity and Firm Valuation: Evidence from Latin America", *Emerging Markets Review*, 26, 2016.

De-La-Hoz, Maria Camila, Carlos Pombo and Rodrigo Taborda, "Does Board Diversity Affect Institutional Investor Preferences? Evidence from Latin America", *Working Paper*, 2018.

Dobbin, Frank and Jiwook Jung, "Corporate Board Gender Diversity and Stock Performance: The Competence Gap or Institutional Investor Bias", *North Carolina Law Review*, 89(3), 2011.

Du, Xingqiang, "Does Confucianism Reduce Board Gender Diversity? Firm—Level Evidence from China", *Journal of Business Ethics*, 136(2), 2014.

Du, Xingqiang, Shaojuan Lai, Hongmei Pei, "Do Women Top Managers always Mitigate Earnings Management? Evidence from China", *China Journal of Accounting Studies*, 4(3), 2016.

Eagly, Alice H., Mary C. Johannesen-Schmidt and Marloes L. van Engen, "Transformational, Transactional, and Laissez-Faire Leadership Styles: A Meta-Analysis Comparing Women and Men", *Psychological Bulletin*, 129(4), 2003.

Faccio, Mara, Ronald W. Masulis and John J. McConnell, "Political Connections and Corporate Bailouts", *Journal of Finance*, 61(6), 2006.

Fama, Eugene F. and Michael C. Jensen, "Separation of Ownership and Control", *Journal of Law and Economics*, 26(2), 1983.

Farag, Hisham and Chris Mallin, "The Impact of the Dual Board Structure and Board Diversity: Evidence from Chinese Initial Public Offerings (IPOs)", *Journal of Business Ethics*, 139(2), 2016.

Farrell, Kathleen A. and Philip L. Hersch, "Additions to Corporate Boards: The Effect of Gender", *Journal of Corporate Finance*, 11(1), 2005.

Forbes, Daniel P., Frances J. Milliken, "Cognition and Corporate Governance: Understanding Boards of Directors as Strategic Decision—Making Groups", *Academy of Management Review*, 24(3), 1999.

Francis, Bill, Iftekhar Hasan and Qiang Wu, "Professors in the Boardroom and Their Impact on Corporate Governance and Firm Performance", *Financial Management*, 44(3), 2015.

Friedman, Ray, Wu Liu, Shu—Cheng Chi, Ying—Yi Hong and Li—Kuo Sung, "Cross—Cultural Management and Bicultural Identity Integration: When does Experience abroad Lead to Appropriate Cultural Switching?", *International Journal of Intercultural Relations*, 36(1), 2012.

Gabaldon, Patricia, Celia de Anca, Ruth Mateos de Cabo and Ricardo Gimeno, "Searching for Women on Boards: An Analysis from the Supply and Demand Perspective", *Corporate Governance: An International Review*, 24(3), 2016.

Galia, Fabrice and Emmanuel Zenou, "Board Composition and Forms of Innovation: Does Diversity Make a Difference?", *European Journal of International Management*, 6(6), 2012.

Gao, Huasheng, Po—Hsuan Hsu and Kai Li, "Innovation Strategy of Private Firms", *Journal of Financial and Quantitative Analysis*, 53(1), 2018.

Giannetti, Mariassunta, Guanmin Liao and Xiaoyun Yu, "The Brain Gain of Corporate Boards: Evidence from China", *Journal of Finance*, LXX(4), 2015.

Giannetti, Mariassunta and Mengxin Zhao, "Board Ancestral Diversity and Firm-Performance Volatility", *Journal of Financial and Quantitative Analysis*, 54(3), 2019.

Gillan, Stuart L., "Recent Developments in Corporate Governance: An Overview", *Journal of Corporate Finance*, 12(3), 2006.

Goodstein, Jerry, Kanak Gautam and Warren Boeker, "The Effects of Board Size and Diversity on Strategic Change", *Strategic Management Journal*, 15(3), 1994.

Gregorič, Aleksandra, Lars Oxelheim, Trond Randøy and Steen Thomsen, "Resistance to Change in the Corporate Elite: Female Directors' Appointments onto Nordic Boards", *Journal of Business Ethics*, 141(2), 2017.

Grosfeld, Irena and Thierry Tressel, "Competition and Ownership Structure: Substitutes or Complements? Evidence from the Warsaw Stock Exchange", *Economics of Transition*, 10 (3), 2002.

Grosvold, Johanne, Bruce Rayton and Stephen Brammer, "Women on Corporate Boards: A Comparative Institutional Analysis", *Business and Society*, 55(8), 2016.

Güner, A. Burak, Ulrike Malmendier and Geoffrey Tate, "Financial Expertise of Directors", *Journal of Financial Economics*, 88(2), 2008.

Hambrick, Donald C., Theresa Seung Cho and Ming-Jer Chen, "The Influence of Top Management Team Heterogeneity on Firms' Competitive Moves", *Administrative Science Quarterly*, 41(4), 1996.

Hambrick, Donald C. and Phyllis A. Mason, "Upper Echelons: The Organization as a Reflection of its Top Managers", *Academy of Management Review*, 9(2), 1984.

Hambrick, Donald C., "Fragmentation and the other Problems CEOs have with Their Top Management Teams", *California Management Review*, 37(3), 1995.

Harjoto, Maretno, Indrarini Laksmana and Robert Lee, "Board Diversity and Corporate Social Responsibility", *Journal of Business Ethics*, 132(4), 2015.

Hauser, Roie, "Busy Directors and Firm Performance: Evidence from Mergers", *Journal of Financial Economics*, 128(1), 2018.

Haynes, Katalin Takacs and Amy Hillman, "The Effect of Board Capital and CEO Power on Strategic Change", *Strategic Management Journal*, 31(11), 2010.

He, Jie and Xuan Tian, "The Dark Side of Analyst Coverage: The Case of Innovation", *Journal of Financial Economics*, 109(3), 2013.

Hendry, Kevin and Geoffrey C. Kiel, "The Role of the Board in Firm Strategy: Integrating Agency and Organizational Control Perspectives", *Corporate Governance: An International Review*, 12(4), 2004.

Hermalin, Benjamin E. and Michael S. Weisbach, "Endogenously Chosen Boards of Directors and Their Monitoring of the CEO", *American Economic Review*, 88(1), 1998.

Hilary, Gilles and Kai Wai Hui, "Does Religion Matter in Corporate Decision Making in America?" *Journal of Financial Economics*, 93(3), 2009.

Hillman, Amy J. and Thomas Dalziel, "Boards of Directors and Firm Performance: Integrating Agency and Resource Dependence Perspectives", *Academy of Management Review*, 28(3), 2003.

Hillman, Amy J., Albert A. Cannella and Ramona L. Paetzold, "The Resource Dependence Role of Corporate Directors: Strategic Adaptation of Board Composition in Response to Environmental Change", *Journal of Management Studies*, 37(2), 2000.

Hillman, Amy J., Christine Shropshire and Albert A. Cannella, "Organizational Predictors of Women on Corporate Boards", *Academy of Management Journal*, 50(4), 2007.

Hirshleifer, David A., Po-Hsuan Hsu and Dongmei Li, "Innovative Efficiency and Stock Returns", *Journal of Financial Economics*, 107(3), 2013.

Hoang, Trang Cam, Indra Abeysekera and Shiguang Ma, "Board Diversity and Corporate Social Disclosure: Evidence from Vietnam", *Journal of Business Ethics*, 151(3), 2018.

Hoitash, Udi, "Should Independent Board Members with Social Ties to Management Disqualify Themselves from Serving on the Board?", *Journal of Business Ethics*, 99 (3), 2011.

Hsu, Chih—shun, Wei—hung Lai and Sin—hui Yen, "Boardroom Diversity and Operating Performance: The Moderating Effect of Strategic Change", *Emerging Markets Finance and Trade*, 55(11), 2019.

Huang, Chi—Jui, "Corporate Governance, Corporate Social Responsibility and CorporatePerformance", *Journal of Management and Organization*, 16(5), 2010.

Huang, Dan, Dong Lu and Jin—hui Luo, "Corporate Innovation and Innovation Efficiency: Does Religion Matter?", *Nankai Business Review International*, 7(2), 2016.

Ibrahim, Nabil A., Donald P. Howard and John P. Angelidis, "Board Members in the Service Industry: An Empirical Examination of the Relationship between Corporate Social Responsibility Orientation and Directorial Type", *Journal of Business Ethics*, 47(4), 2003.

Ingley, Coral B., "Company Growth and Board Attitudes to Corporate Social Responsibility", *International Journal of Business Governance and Ethics*, 4(1), 2008.

Isidro, Helena and Marcia Sobral, "The Effects of Women on Corporate Boards on Firm Value, Financial Performance, and Ethical and Social Compliance", *Journal of Business Ethics*, 132(1), 2015.

Jamali, Dima, Asem M. Safieddine and Myriam Rabbath, "Corporate Governance and Corporate Social Responsibility:Synergies and Inter—Relationships", *Corporate Governance: An International Review*, 16(5), 2010.

Jensen, Michael C. and William H.Meckling, "Theory of the Firm:Managerial Behavior, Agency Costs, and Ownership Structure", *Journal of Financial Economics*, 3 (4), 1976.

Jensen, Michael C., "Value Maximization, Stakeholder Theory, and the Corporate Objective Function", *European Financial Management*, 12(2), 2002.

Jiang, Fuxiu and Kim, Kenneth A., "Corporate Governance in China:A Modern Perspective", *Journal of Corporate Finance*, 32,2015.

Jing, Runtian, Xuelian Huang and Zeyu Wang, "Assessing Managerial Discretion across Different Industries in China", *Frontier Business Research China*,8(1),2014.

Johnson, Jonathan L., Catherine M. Daily and Alan E. Ellstrand, "Boards of Directors: A Review and Research Agenda",*Journal of Management*, 22(3), 1996.

Johnson, Richard A. and Daniel W. Greening, "The Effects of Corporate Governance and Institutional Ownership Types of Corporate Social Performance", *Academy of Management Journal*, 42, 1999.

Johnson, Scott, Karen Schnatterly and Aaron Hill, "Board Composition beyond Independence:Social Capital, Human Capital, and Demographics", *Journal of Management*, 39 (1), 2013.

Kang, Helen, Mandy Cheng and Sidney J. Gray, "Corporate Governance and Board Composition:Diversity and Independence of Australian Boards", *Corporate Governance:an International Review*, 15(2), 2010.

Kiel, Geoffrey C. and Gavin J. Nicholson, "Board Composition and Corporate Performance:How the Australian Experience Informs Contrasting Theories of Corporate Governance", *Corporate Governance:An International Review*, 11(3), 2003.

Kim, Haksoon and Chanwoo Lim, "Diversity, Outside Directors and Firm Valuation: Korean Evidence", *Journal of Business Research*, 63(3), 2010.

Klein, April, "Firm Performance and Board Committee Structure", *Journal of Law and Economics*, 41(1), 1998.

Knyazeva, Anzhela, Diana Knyazeva, Ronald W. Masulis, "The Supply of Corporate Directors and Board Independence", *Review of Financial Studies*, 26(6), 2013.

Kogan, Nathan and Michael A. Wallach, "Modification of a Judgmental Style through Group Interaction", *Journal of Personality and Social Psychology*, 4(2), 1966.

Parsons, Linda M. and Gopal V. Krishnan, "Getting to the Bottom Line: An Exploration of Gender and Earnings Quality", *Journal of Business Ethics*, 78(1—2), 2008.

Pieterse, Anne Nederveen, Daan Van Knippenberg and Dirk Van Dierendonck, "Cultural Diversity and Team Performance: The Role of Team Member Goal Orientation", *Academy of Management Journal*, 56(3), 2013.

Levinthal, Daniel, "A Survey of Agency Models of Organizations", *Journal of Economic Behavior & Organization*, 9(2), 1988.

Li, Julie Juan, Laura Poppo and Kevin Zheng Zhou, "Do Managerial Ties in China always Produce Value? Competition, Uncertainty, and Domestic vs. Foreign Firms", *Strategic Management Journal*, 29(4), 2008.

Liang, Hao and Luc Renneboog, "On the Foundations of Corporate Social Responsibility", *Journal of Finance*, 72(2), 2017.

Liao, Lin, Teng(Philip)Lin and Yuyu Zhang, "Corporate Board and Corporate Social Responsibility Assurance: Evidence from China", *Journal of Business Ethics*, 150(1), 2018.

Lin, Chen, Ping Lin, Frank M. Song and Chuntao Li, "Managerial Incentives, CEO Characteristics and Corporate Innovation in China's Private Sector", *Journal of Comparative Economics*, 39(2), 2011.

Liu, Xiaohui, Jiangyong Lu, Igor Filatotchev, Trevor Buck and Mike Wright, "Returnee Entrepreneurs, Knowledge Spillovers and Innovation in High—Tech Firms in Emerging Economies", *Journal of International Business Studies*, 41(7), 2010.

Liu, Yunshi, Yi-Jung Chen and Linda C. Wang, "Family Business, Innovation and Organizational Slack in Taiwan", *Asia Pacific Journal of Management*, 34(1), 2017.

Liu, Yu, Zuobao Wei and Feixue Xie, "Do Women Directors Improve Firm Performance in China?", *Journal of Corporate Finance*, 28, 2014.

Luo, Jin-hui, Yuangao Xiang and Zeyue Huang, "Female Directors and Real Activities Manipulation: Evidence from China", *China Journal of Accounting Research*, 10(02), 2017.

Luo, Yadong, "Industrial Dynamics and Managerial Networking in an Emerging Market:The Case of China", *Strategic Management Journal*, 24(13), 2003.

Luo, Yadong, Ying Huangand Stephanie Lu Wang, "Guanxi and Organizational Performance:A Meta—Analysis", *Management and Organization Review*, 8(1), 2012.

Lyandres, Evgeny and Berardino Palazzo, "Cash Holdings, Competition, and Innovation", *Journal of Financial and Quantitative Analysis*, 51(6), 2016.

Mackenzie, Craig, "Boards Incentives and Corporate Social Responsibility:The Case for a Change of Emphasis", *Corporate Governance:An International Review*, 15(5), 2010.

Madhani, Pankaj M., "Corporate Governance and Disclosure Practices in India:Domestic Firms Versus Cross—Listed Firms", *IUP Journal of Corporate Governance*, 13(4), 2014.

Mattis, Mary C., "Women Corporate Directors in the United States", *Women on Corporate Boards of Directors*, 14, 2000.

Maxwell, John W., Thomas P. Lyon and Steven C. Hackett, "Self—Regulation and Social Welfare:The Political Economy of Corporate Environmentalism", *Journal of Law and Economics*, 43(2), 2000.

Meyer, John W. and Brian Rowan, "Institutionalized Organizations:Formal Structure as Myth and Ceremony", *American Journal of Sociology*, 83(2),1977.

Meyer, Klaus E. and Mike W. Peng, "Theoretical Foundations of Emerging Economy Business Research", *Journal of International Business Studies*, 47(1), 2016.

Miller, C. Chet, Linda M. Burke and William H. Glick, "Cognitive Diversity among Upper—Echelon Executives:Implications for Strategic Decision Processes", *Strategic Management Journal*, 19(1), 1998.

Miller, Toyah and María Del Carmen Triana, "Demographic Diversity in the Boardroom: Mediators of the Board Diversity–Firm Performance Relationship", *Journal of Management Studies*, 46(5), 2009.

Mutlu, Canan C., Marc Van Essen, Mike W. Peng, Sabrina F. Saleh and Patricio Duran, "Corporate Governance in China:A Meta—Analysis", *Journal of Management Studies*, 55(6), 2018.

Nekhili, Mehdi and Hayette Gatfaoui, "Are Demographic Attributes and Firm Characteristics Drivers of Gender Diversity? Investigating Women's Positions on French Boards of Directors", *Journal of Business Ethics*, 118(2), 2013.

Nickell, Stephen J.,"Competition and Corporate Performance", *Journal of Political E-*

conomy, 104(4), 1996.

Ntim, Collins G., "Board Diversity and Organizational Valuation: Unravelling the Effects of Ethnicity and Gender", *Journal of Management and Governance*, 19(1), 2015.

Oehmichen, Jana, Sebastian Schrapp and Michael Wolff, "Who Needs Experts Most? Board Industry Expertise and Strategic Change—A Contingency Perspective", *Strategic Management Journal*, 38(3), 2017.

Offstein, Evan H., Devi R. Gnyawali and Anthony T. Cobb, "A Strategic Human Resource Perspective of Firm Competitive Behavior", *Human Resource Management Review*, 15 (4), 2005.

Ortiz-de-Mandojana, Natalia, J. Alberto Aragón-Correa, Javier Delgado-Ceballos and Vera Ferrón-Vílchez, "The Effect of Director Interlocks on Firms' Adoption of Proactive Environmental Strategies", *Corporate Governance: An International Review*, 20(2), 2012.

Peni, Emilia and Sami Vähämaa, "Female Executives and Earnings Management", *Managerial Finance*, 36(7), 2010.

Perry, Tod and Anil Shivdasani, "Do Boards Affect Performance? Evidence from Corporate Restructuring", *Journal of Business*, 78(4), 2005.

Peterson, Craig A. and James Philpot, "Roles of Academic Directors on US Fortune 500 Boards", *Corporate Governance: The International Journal of Business in Society*, 9 (2), 2009.

Pfeffer, Jeffrey and Gerald Salancik, "The External Control of Organizations: A Resource Dependence Perspective", *The Economic Journal*, 89, 1978.

Pinto-Gutiérrez, Cristian, Carlos Pombo and Jairo Villamil-Díaz, "Board Capital Diversity and Firm Value: Evidence from Latin-America", *Working Paper*, 2018.

Post, Corinne and Kris Byron, "Women on Boards and Firm Financial Performance: A Meta-Analysis", *Academy of Management Journal*, 58(5), 2015.

Pugliese, A., Bezemer, P. J., Zattoni, A., Huse, M., Van den Bosch, F. A. J. and Volberda, H. W., "Boards of Directors' Contribution to Strategy: A Literature Review and Research Agenda", *Corporate Governance: An International Review*, 17(3), 2010.

Rao, Kathyayini and Carol Tilt, "Board Composition and Corporate Social Responsibility: The Role of Diversity, Gender, Strategy and Decision Making", *Journal of Business Ethics*, 138(2), 2016.

Rutherford, Matthew A., Ann K. Buchholtz and Jill A. Brown, "Examining the Relationships between Monitoring and Incentives in Corporate Governance", *Journal of Management Studies*, 44(3), 2007.

Sahin, Kader, Cigdem Sahin Basfirinci and Aygun Ozsalih, "The Impact of Board Composition on Corporate Financial and Social Responsibility Performance: Evidence from Public—Listed Companies in Turkey", *African Journal of Business Management*, 5, 2011.

Sambharya, Rakesh B., "Foreign Experience of Top Management Teams and International Diversification Strategies of U. S. Multinational Corporations", *Strategic Management Journal*, 17(9), 2015.

Schmitz, Jan and Jan Schrader, "Corporate Social Responsibility: A Microeconomic Review of the Literature", *Journal of Economic Surveys*, 29(1), 2015.

Setó - Pamies, Dolors, "The Relationship between Women Directors and Corporate Social Responsibility", *Corporate Social Responsibility and Environmental Management*, 22, 2015.

Shleifer, Andrei and Robert W. Vishny, "A Survey of Corporate Governance", *Journal of Finance*, 52(2), 1997.

Shrader, Charles B., Virginia B. Blackburn and Paul Iles, "Women in Management and Firm Financial Performance: An Exploratory Study", *Journal of Managerial Issues*, 9 (3), 1997.

Singh, Aparajita, Carol A. Burke, Brett Larive and Sastri, S. V., "Do Gender Disparities Persist in Gastroenterology after 10 Years of Practice?", *American Journal of Gastroenterology*, 103(7), 2008.

Stiles, Philip, "The Impact of the Board on Strategy: An Empirical Examination", *Journal of Management Studies*, 38(5), 2001.

Sun, Pei, Helen W. Hu and Amy J. Hillman, "The Dark Side of Board Political Capital: Enabling Blockholder Rent Appropriation", *Academy of Management Journal*, 59 (5), 2016.

Tarus, Daniel Kipkirong and Federico Aime, "Board Demographic Diversity, Firm Performance and Strategic Change", *Management Research Review*, 24(12), 2014.

Terjesen, Siri A., "Senior Women Managers' Transition to Entrepreneurship: Leveraging Embedded Career Capital", *Career Development International*, 10(3), 2009.

Terjesen, Siri A. and Val Singh, "Female Presence on Corporate Boards: A Multi—Country Study of Environmental Context", *Journal of Business Ethics*, 83(1), 2008.

Terjesen, Siri A., Ruth V. Aguilera and Ruth Lorenz, "Legislating a Woman's Seat on the Board:Institutional Factors Driving Gender Quotas for Boards of Directors", *Journal of Business Ethics*, 128(2), 2015.

Terjesen, Siri A., Eduardo Barbosa Couto and Paulo Morais Francisco, "Does the Presence of Independent and Female Directors Impact Firm Performance? A Multi—Country Study of Board Diversity", *Journal of Management and Governance*, 20(3), 2016.

Torchia, Mariateresa, Andrea Calabro and Morten Huse, "Women Directors on Corporate Boards:From Tokenism to Critical Mass", *Journal of Business Ethics*, 102 (2), 2011.

Triana, Maria del Carmen, Toyah L. Miller and Tiffany M. Trzebiatowski, "The Double—Edged Nature of Board Gender Diversity:Diversity, Firm Performance, and the Power of Women Directors as Predictors of Strategic Change", *Organization Science*, 25(2), 2014.

Useem, Michael and Jerome Karabel, "Pathways to Top Corporate Management", *American Sociological Review*, 51(2), 1986.

Ward, Charles, Chao Yin and Yeqin Zeng, "Institutional Investor Monitoring Motivation and the Marginal Value of Cash", *Journal of Corporate Finance*, 48, 2018.

Wiersema, Margarethe F. and Karen A. Bantel, "Top Management Team Demography and Corporate Strategic Change", *Academy of Management Journal*, 35(1),1992.

Zahra, Shaker A. and John A. Pearce, "Boards of Directors and Corporate Financial Performance:A Review and Integrative Model", *Journal of Management*, 15(2), 1989.

Zahra, Shaker A. and W. W. Stanton, "The Implication of Board of Directors' Composition for Corporate Strategy and Performance",*International Journal of Management*, 5,1988.

Zona, Fabio and Alessandro Zattoni, "Beyond the Black Box of Demography:Board Processes and Task Effectiveness within Italian Firms", *Corporate Governance:An International Review*, 15(5), 2007.

Zona, Fabio, Mario Minoja and Vittorio Coda, "Antecedents of Corporate Scandals: CEOs' Personal Traits, Stakeholders' Cohesion, Managerial Fraud, and Imbalanced Corporate Strategy", *Journal of Business Ethics*, 113(2), 2013.

后　记

本书得到了国家社科基金项目"民营企业董事会多元化的治理有效性研究"（批准号：17BGL080）和中央高校基本科研业务费专项项目"民营企业董事会多样性的治理效率和价值效应研究"（批准号：2019CDJSK02XK16）的资助，在此表示感谢。

在课题研究过程中，课题组成员尽心、尽力、尽责地完成了预定的研究任务。课题的撰写分工如下：绪论、第三章、第四章、第六章由魏锋和丁滨延完成，第一章由魏锋、丁滨延和周磊完成，第二章由魏锋和陈莹莹完成，第五章和第七章由魏锋和周磊完成，感谢课题组成员。感谢重庆大学冉光和教授在项目申报过程中的指导以及结题时对初稿提出的许多建设性意见；感谢重庆大学刘星教授对本书初稿提出的中肯建议；感谢课题结题时几位匿名审阅专家提出的宝贵建议，让本书的文字、结构和逻辑更完善。虽然我们对本书的初稿进行了多次修改和校正，但书中难免有缺点和错误之处，一些内容和观点仍然可能存在不完善之处，期待广大读者特别是同行专家的批评指正。

本书在撰写过程中，参阅、借鉴和引用了国内外学者和同行专家学者的大量研究成果，在此向他们表示诚挚的谢意。

在本书的出版过程中，人民出版社的编辑们为本书的出版付出了大量的心血，特别是吴焰东副主任在疫情期间以及校对过程中与我在微信、电话里对文稿字斟句酌的沟通和讨论,让文稿增色不少,也让我收获良多。谨此致以衷心的感谢!

作 者

2020 年 12 月于重庆

责任编辑：吴焰东
封面设计：石笑梦
封面制作：姚　菲
版式设计：胡欣欣

图书在版编目（CIP）数据

民营企业董事会多元化的治理有效性研究/魏锋 著. —北京：人民出版社，
　2020.12
ISBN 978－7－01－022473－2

Ⅰ.①民…　Ⅱ.①魏…　Ⅲ.①民营企业-上市公司-董事会-企业管理-
研究-中国　Ⅳ.①F279.245

中国版本图书馆 CIP 数据核字（2020）第 170089 号

民营企业董事会多元化的治理有效性研究

MINYING QIYE DONGSHIHUI DUOYUANHUA DE ZHILI YOUXIAOXING YANJIU

魏　锋　著

人民出版社 出版发行
（100706　北京市东城区隆福寺街 99 号）

中煤（北京）印务有限公司印刷　新华书店经销

2020 年 12 月第 1 版　2020 年 12 月北京第 1 次印刷
开本：710 毫米×240 毫米 1/16　印张：17.5
字数：240 千字

ISBN 978－7－01－022473－2　定价：70.00 元

邮购地址 100706　北京市东城区隆福寺街 99 号
人民东方图书销售中心　电话 （010）65250042　65289539